语言历史论丛（第十九辑）

Papers on Languages and History
Volume 19

四川师范大学文学院
中国·成都·2023

College of Liberal Arts, Sichuan Normal University
Chengdu, China, 2023

巴蜀书社

《语言历史论丛》(第十九辑)

主　编　周及徐　　副主编　袁雪梅

编辑委员会

顾　问(以姓氏笔画为序)

向　熹(四川大学)

梅维恒(Victor H. Mair, University of Pennsylvania, 美国)

潘悟云(上海师范大学)

编　委(以姓氏笔画为序)

王立军(北京师范大学)　　冯　蒸(首都师范大学)

臼田真佐子(日本爱知大学)　朱晓农(香港科技大学)

刘海燕(四川师范大学)　　严修鸿(广东外语外贸大学)

张玉来(南京大学)　　　张维佳(北京师范大学)

竺家宁(National Chengchi University, 中国台湾)

施向东(南开大学)　　　俞理明(四川大学)

黄树先(首都师范大学)　　雷汉卿(四川大学)

执行编辑　周　岷

编　务　古　婷　王　倩　李　勤　王紫薇

目 录

岷江嘉陵江流域方言的语音特征和分区 …周及徐　周　岷（1）
《中原音韵》部分争议字归部问题探究………………刘　易（49）
江西新余姚圩话古入声的演变 ………………………温爱华（61）
《宣讲集要》的辞书编纂价值（一）　　　　　　　罗舒婷（78）
双音节形容词重叠范围的变化
　　——以"可可爱爱"为例 …………孟晓慧　徐新慧（98）

江津话语音的南路话特征 ……………………………周　岷（112）
贵州威宁县方言语音研究 ……………………………聂　志（121）
成山方言中的异调分韵 ………………………………王　帅（143）

福建石狮市区方言音系 ………………谢嘉晴　周俊勋（161）
乐山话双音节词声调分析 ……………………………田海丁（185）
重庆话"儿"缀研究 …………………………………王紫薇（205）

Contents and Abstracts

The Phonetic Characteristics and Geographic Division of Dialects in the Jialing River (嘉陵江) Basin and the Minjiang River (岷江) Basin ·················· *Zhou Jixu, Zhou Min* (1)

Abstract: This article is an explanation of the dialect divisions in the "Jialing River Basin Phonetic Vocabulary—20th Century Sichuan Phonetic Systems" (to be published). The first half introduces the problems of Sichuan dialect zoning and the basis for rezoning, while the second half introduces the specific situation of each dialate, the geographical range and phonetic characteristics of each dialectsegment and sub-segment. Based on the field investigation materials of Sichuan dialects that we have accumulated over the past decade, the overall conclusion is that modern Sichuan dialect is roughly divided into two parts along the Minjiang River: the Huguang Dialect (湖广话) in the northeast of the Minjiang River, i. e. the Chengyu dialect (成渝话) and the Nanlu Dialect (南路话) in the southwest of the Minjiang River, which can be called the Minjiang dialect (岷江官话). The two dialects belong to two different historical levels.

Key words: Minjiang River; Jialing River; Dialects; Phonetic Characteristics; Division

(Zhou Jixu, Zhou Min, College of Liberal and Arts, Sichuan Normal University, Chengdu, Sichuan, 610068)

A probe into the attribution of some controversial characters in *Zhongyuan Yinyun* (《中原音韵》) ················· *Liu Yi* (49)

Abstract: *Zhongyuan Yinyun is a rhyme book that summarizes the rhyme used in Beiqu* (北曲) *and provide guidelines for Beiqu. Some of the rhyme characters it summarizes differ from the actual rhyme used in Beiqu* (北曲). *This article takes the six characters* "琼、咱、徙、塞、媸、蛋" *as examples, aiming to clarify the problem of their classification and explore the reasons for their differences in classification.*

Key words: *Zhongyuan Yinyun*; characters'rhymes; 琼; 咱; 徙; 塞; 媸; 蛋

(Liu Yi, Chongqing Three Gorges University, Chongqing, 400000)

The Evolution of the Ancient Entering Tone of Yaoxu (姚圩) Dialect in Xinyu (新余), Jiangxi Province ··············· *Wen Aihua* (60)

Abstract: According to preliminary statistics, there are 412 frequently-used characters with ancient entering tone (Rusheng) in Yaoxu dialect today, of which 388 are still ancient entening tonal characters and 24 characters have been transformed from entening tone into laxtone. The present characters with ancient entening tone have experienced ending rhyine division at first and tone aspiration division then. Both of them belong to a discrete tone-division in characteristics and a self-changing evolution. The present characters with ancient entening tone which have been transformed from entering tone into lax mostly go to the departing tone (Qusheng) and high-level tone (Yinping), and the specific causes of laxity may be the influence of Mandarin, the influence of voiced initials, the source of the latter 5 rhyme groups, the low position of the tongue of the main vowels, reading as the neutral tone, the vacancy of lax tone in phonetic structure, and acting as a polysyllabic word.

Key words: Yaoxu dialect; ancient entering tone; ending rhyme division; tone aspiration division; characteristics of laxity; causes of laxity

(Wen Aihua, Institute for International Education, Guangdong University of Foreign Studies, Guangzhou, Guangdong, 510420)

Xuan Jiang Ji Yao's (《宣讲集要》) Value of Compiling Dictionaries ················· *Luo Shuting* (77)

Abstract: *Xuan Jiang Ji Yao* is a vernacular preaching novel in Bashu Area Qing Dynasty, Taking *Great Chinese Dictionary* and *Chinese Dialects Dictionary* as the objects, this article explores *Xuan Jiang Ji Yao's* value of compiling dictionaries from three aspects: supplementing word, replenishing interpretation and providing the earlier documentary evidence.

Key words: Preaching novels in Qing Dynasty; Sichuan dialect; Compilation of dictionaries

(Luo Shuting, College of Liberal Arts, Sichuan Normal University, Chengdu, Sichuan, 610068)

Changes in the Overlapping Range of disyllabic Adjective
——taking 可可爱爱 (kekeaiai) as an example
··· *Meng Xiaohui*, *Xu Xinhui* (97)

Abstract: This paper investigates 849 disyllabic adjectives involved in *the dictionary of Chinese adjective usage* (compiled by Zheng Huaide and Meng Qinghai) by corpus retrieval and draws the conclusion that the overlapping range of disyllabic adjectives has expanded. Besides, this paper divides the overlapping adjectives into three categories according to the overlapping ability. Taking the disyllabic adjective Ke'ai (cute) as an example, this paper discusses the reasons for the change of its overlapping ability, such as the influence of analogy, the semantic erosion of the word forming morpheme (Ke) and the subjectivity of overlap.

Key words: adjective; overlap; category; *kekeaiai*

(Meng Xiaohui, School of Literature and Media, Taishan University, Tai'an 271021; Xu Xinhui, 12 Middle School of Ningyang County, Tai'an 271406)

The Nanlu Dialect's (南路话) Phonetic Characteristics in Jiangjin (江津) Speech ·································· *Zhou Min* (111)

Abstract: In terms of dialect division, Jiangjin speech belongs to Minjiang sub-section (岷江小片), Guanchi section (灌赤片) of Southwest Mandarin dialect. In addition to the independence of entering tone, are there any other characteristics in the pronunciation of initials and finals in Jiangjin dialect that are consistent with those in Nanlu dialect? Through comparison and calculation, we explore the Nanlu dialect's characteristics in Jiangjin speech from the aspects of initials, finals and tones, and then explains the historical level of the dialect.

Key words: Jiangjin speech; Nanlu dialect; phonetic characteristics; historical level

(Zhou Min, College of Liberal Arts, Sichuan Normal University, Chengdu, Sichuan, 610068)

A Phonetic Study on Dialect in Weining County (威宁县), Guizhou Province ·········· Nie Zhi (120)

Abstract: The phonetic features of Weining dialect are quite different from those of Sichuan-Guizhou dialect in Guizhou. This paper discusses its origin, internal differences, phonetic features, and changes. Weining dialect has many similarities with Yunnan dialect and Nanjing dialect.

Key words: Weining dialect; internal differences; phonetic features; phonological changes

(Nie Zhi, Guizhou Normal University, Guiyang, Guizhou, 550001)

Tone-evoked Variation of Finals in Chengshan Town's (成山镇) Dialect ·········· Wang Shuai (142)

Abstract: The [-ian] final of Xian (咸) final group and Shan (山) final group falls into [-ian] and [-in] types according to their different tones in the present Chengshan Dialect. The phenomenon of tone-evoked variation of finals shows age differences and regional differences. Based on the description of the phenomenon, we use the method of experimental phonetics to investigate the relationship between the tone pattern, tone pitch, tone duration and the phenomenon of tone-evoked variation of finals in Xian (咸) final group and Shan (山) final group in Middle Chinese, on this basis, to infer the cause of this phenomenon of tone-evoked variation.

Key words: Chengshan dialect; tone-evoked variation of finals; Xian (咸) final group; Shan (山) final group

(Wang Shuai, School of Literature, Nankai University, Tianjin, 300071)

The Phonological System of Shishi(石狮) Urban Dialect in Fujian Province ·························· *Xie Jiaqing, Zhou Junxun* (160)

Abstract: The urban dialect of Shishi City in Fujian province belongs to Quanzhou (泉州) sub-dialect of Minnan (闽南) dialect. This dialect have 15 initial consonants, 71 finals and 6 tones. There are four cases of tone sandhi in disyllable, level tone with voiced initial, rising tone, departing tone, and entering tone with voiced initial. On the basis of describing the phonological system in detail, this paper sorts out the homophony syllabary of Shishi Urban dialect.

Key words: Minnan dialect; phonological system; homophony syllabary; tone sandhi

(Xie Jiaqing, Zhou Junxun, School of Literature and Journalism Sichuan University, Chengdu, Sichuan, 610207)

A Study on the Tonal Values of Disyllabic Words in Leshan (乐山) Speech ································· *Tian Haiding* (184)

Abstract: The monosyllabic words and the disyllabic words differ in their tones of the dialect, the latter one is more representative of the real situation of the dialect. Leshan dialect retains the entering tone, with five tones in monosyllable words and 25 tonal combinations in disyllabic words. Herein, the method of experimental phonetics is adopted to analyze the tones of the Leshan dialect. First, we investigate the actual situation of tones in the speech stream and the differences between the monosyllabic words and the disyllabic words. Then, we explain the reasons for these observations and summarize the patterns and trends of the tones in the disyllabic words in the Leshan dialect.

Key words: Leshan dialect; disyllabic words; tonal sandhi; acoustic analysis

(Tian Haiding, School of Chinese Language and Literature, Beijing Normal University, Beijing, 100875)

A study of er (儿) Suffix in Chongqing Dialect

Wang Ziwei (204)

Abstract: The "er" (儿) suffix in Chongqing dialect contains two forms: The suffix -er (儿尾) and retroflexed suffixation (儿化). The suffix -er is the addition of the syllable "er" [le↓] to the end of the word, while the retroflexed suffixation refers to the rhotacization of the final syllable's vowel. Based on field research, this study discusses the development and evolution of the "er" (儿) suffix in Chongqing dialect, comparing it with Chengdu dialect and Beijing dialect. Taking phonetic characteristics and diachronic development as clues, the paper explores the evolution and historical layers of the Chongqing dialect "er" suffix.

Key words: Chongqing dialect; the suffix of-er (儿尾); retroflexed suffixation (儿化); historical layers

(Wang Ziwei, College of Liberal Arts, Sichuan Normal University, Chengdu, 610068)

岷江嘉陵江流域方言的语音特征和分区[①]

周及徐　周岷[②]

摘　要　本文为《嘉陵江流域方音字汇——20 世纪方音大系之二》（待出版）中的方言分区说明。前半部分介绍了四川方言分区存在的问题和分区的依据；后半部分介绍了各区的具体情况，以及各方言片、小片的地理范围和语音特征。以上研究依据的是十多年来积累的四川方言田野调查材料，并形成总的结论：现代四川方言沿岷江大致分为两块，岷江东北的湖广话（即成

[①]　本文是国家社科基金后期资助项目"嘉陵江流域方音字汇——20 世纪四川方音大系之二"（20FYYB039）的阶段成果。
[②]　周及徐，成都人，四川师范大学文学院教授，博士研究生导师。研究方向：汉语史及汉语方言。周岷，成都人，四川师范大学文学院副教授，硕士研究生导师。研究方向：汉语方言及语音学。

渝片方言）和岷江西南的南路话（可称之为岷江方言），它们属于两个不同的历史层次。

关键词 岷江；嘉陵江；方言；语音；分区

一、四川方言的分区

（一）四川方言分区中的问题

根据《中国语言地图（第一版）》[11]①，北方官话有八个次方言：北京官话、东北官话、北方官话（冀鲁官话）、胶辽官话、中原官话、兰银官话、西南官话和江淮官话。李荣划分北方官话的八个次方言，标准就一条：古清声母入声字的归派。其中前六个次方言的特点是古清声母入声字分别归入阴阳上去四声，古入声调消失；后两个次方言的特点则是古入声字分派，江淮官话古入声字今仍读入声调，西南官话则是整个入声字归阳平调。用一个语音标准"一刀切开"八个次方言区，除了北京官话和东北官话界线不够清晰之外②，这是一个简洁的划分。北方官话八个次方言依入声字的归派实际上分为两类：一类是古入声字不分派，整体归入他调或保持独立；一类是古入声字依古声母的清浊分类归派其他声调。

在西南官话次方言的划分中，存在一个问题：西南官话是以

---

① 本文涉及的方言划分讨论，除特别说明以外，都依据（《中国语言地图集（第一版）》）划分的方言区。

② 根据《中国语言地图（第一版）》，北京官话和东北官话的分区是根据东北官话中"古清声母入声今读上声的字比北京多得多"这一特点来划分的。这一条标准不是依据的语音特征的性质，而是依据的同一特征的字的数量多少。

"入归阳平"为特点的，但是其中有一部分区片没有"入归阳平"，而是表现为入声调独立或入声字整体归入其他声调。这种情况以位于四川西南地区的灌赤片岷江小片为代表（另有云南的丽川小片、湘南片等①），这些地区以入声调独立为特征。灌赤片的其他几个小片，还有古入声字归入去声（仁富小片）或阴平（雅棉小片）的情况。这与西南官话"入归阳平"的划分标准不相符合，却仍算在西南官话里。黄雪贞在《西南官话的分区（稿）》中说："古入声今读阳平的是西南官话，古入声今读入声、阴平和去声的方言……即调值与成都、昆明、贵阳等六处（本文作者按：还有重庆、武汉和桂林）的调值相近的，也算作西南官话。"[6]方言入声字归调情况不符合西南官话的标准，又拉上调值来做补充，也算作是西南官话，有凑合之嫌。《中国语言地图集（第二版）》沿袭了这样的处理[12]。

西南官话入声调归阳平，江淮官话则保留了独立的入声调，但二者同属一个类型：古入声调不分派。属于这一类型的四川地区方言还有灌赤片中的岷江小片，也是古入声字独立成调，不分派。按照上述的官话次方言划分标准，岷江小片应该被划分为一个次方言，与江淮官话和西南官话在同一个层级，可称之为"岷江官话"。这类似于李荣对于晋语的划分，依据晋语有入声调的特征而将它独立出北方官话。有人说晋语还有其他的语音特征，而"岷江官话"也另有其他语音特征（见本文第三节），不过我们认为它仍应是官话方言的一个次方言。

---

① 丽川小片在云南西部，"声调的系统跟调值很像南京派的江南官话而不像西南官话"（赵元任《云南方言调查报告序》，台湾"中央研究院"历史语言研究所，1969），这种特征应是另有来源，这里暂不讨论。

北方官话中,"入声合一"类的音系比"入声分派"类的音系处在更古老的地位。从语音发展历史上看,江淮官话、西南官话和"岷江官话"的入声是一类,不因入声字声母的清浊而三分或二分,历史层次俱早于《中原音韵》音系的入派三声音系,这类方言的语音特征距《切韵》系统更近,而离《中原音韵》音系远。其他北方官话次方言的入声字依声母清浊三分或二分,如东北官话、北京官话、胶辽官话、冀鲁官话、中原官话和兰银官话等,这一类与《中原音韵》"入派三声"的音系近,属同一系统的继承和发展。

西南官话次方言的范围很宽,地域包括湘、鄂、云、贵、川、桂数省,地域广大,人口众多。根据《中国语言地图集(第二版)》的统计,西南官话是北方官话八大次方言中人口最多(2.7亿)、县市数最多(549个)的次方言区。这些统称为西南官话的方言,实际上有不同的历史来源,它们是以中国北方地区为源头的汉语方言在西南地区的历史沉积。西南官话内部有相似的成分,也有很多分歧。这些分歧形成的历史原因有很多我们还不能知晓。现在我们忽略分歧,暂时统称它们为西南官话。随着方言调查研究的深入,还会出现更详细、更合于现状的细节划分,这些划分将与历史来源的解读相联系。总之,"官话方言内部高度一致"的观念,是建立在对少数省会城市方言初步了解之上的。在近二三十年来深入到区县甚至乡镇村的广泛的方言调查中,这种旧的观念早已破除了。同时,四川方言的调查和研究,已经发展到应探寻这些方言之间差别产生的原因的阶段。

十多年来,我们对四川方言进行了全面的调查,涉及上百个方言点。基于对所收集资料的分析,我们认为:原《中国语言地图集（第一版）》中的西南官话灌赤片可以重新划分为官话方言的一个次方言①，以入声独立为主要语音特征，与入归阳平的西南官话并立。由于它沿岷江分布，有明确的地理分布区域，可以命名为"岷江官话次方言"。岷江官话次方言与江淮官话次方言都有入声调独立的特征，而江淮官话入声有喉塞音尾，岷江官话无②。我们的研究证明，从音系特点来看，岷江官话（入声独立）与西南官话成渝片方言（入归阳平）不仅语音特点不同，而且有不同的历史来源。简要地说，四川方言不是连续演变到今天的，由于明清时期的战乱和移民迁入，四川方言可以分为两部分：一是西南官话成渝片方言（当地俗称"湖广话"），来自明清时期的"湖广填四川"移民；二是岷江官话方言（当地俗称"南路话"），是当地土著方言，在本地流传的历史可以上溯至宋元时期[15]。在语音特征上，成渝片方言没有入声调，也并不是像普遍认为的那样，是从四川的入声调独立的方言"入归阳平"演变而来的。岷江官话方言（南路话）和成渝片方言（湖广话）都保持了它们原来的声调类别特点，并不是同一方言的分化的结果。否则就难以解释为何在短时间内（不到百年）入声独立的方言中岷江北岸部分演变成了入归阳平的方言，而岷江西南部分却仍是入声独立。两类方言源于"同一方言的分化"这种极为简单的推测有太多的漏洞，经不起详细的音系分析的考察。最能说明这一点的，是两种方言的声母系统，尤其是韵母系统存在的

---

① 其中的仁富小片除外，见本文第四节。
② 部分岷江官话方言有喉塞尾，如左福光《宜宾方言本字考和宜宾湘方言研究》[26]所记，宜宾话、南部县伏虎镇话（四川师范大学研究生梁浩所记，2017）入声字也有喉塞尾。

明显差异，这些差异有很多都不能用同一个音系有条件的分化或合并来解释[14]。

（二）四川的两支方言——湖广话和南路话

综上，我们的观点是：现代汉语中四川和重庆地区的方言来源不同，主要有两支。一支叫作岷江官话（南路话），另一支叫作西南官话川渝鄂片（湖广话）。岷江西南岸入声独立的方言称为"南路话"，成渝地区入归阳平的方言称为"湖广话"。这两个方言名称是四川民间广泛流传的称呼①，同时还表明了方言的来源，所以我们也采用了这两个来自民间的方言名称。在调查研究四川方言多年以后，我们才恍然大悟：我们用语言学方法对四川方言的语音特征和历史关系的多番考察和论证，最终都不过是证明了"湖广话"和"南路话"这两个民间传承的方言名称含义的历史真实性。这让我们清醒地认识到民间口头传说中承载的厚重历史，对于以前轻视民俗口碑的书生气深感惭愧。

岷江官话次方言即"南路话"，它是北方官话在西南地区的分支，现主要分布于四川的岷江、长江西南沿线（图一）。"南路话"是四川人对本地的一种方言的俗称，指岷江以西及以南，特别是成都西南的都江堰、温江、崇州、大邑、邛崃、蒲江和新津一带的方言。在更大的范围上，有这种语音特征的方言沿岷江以西一直向南分布，经乐山、宜宾直至泸州地区，再折向东北进

---

① 南路话，又称南路腔，比较早的书面记载见现代成都作家李劼人（1891—1962）反映清末民初成都地区生活的小说作品。例如："见她说话带南路腔，便问：'听口音，你是南路人？'"（李劼人《天魔舞》）

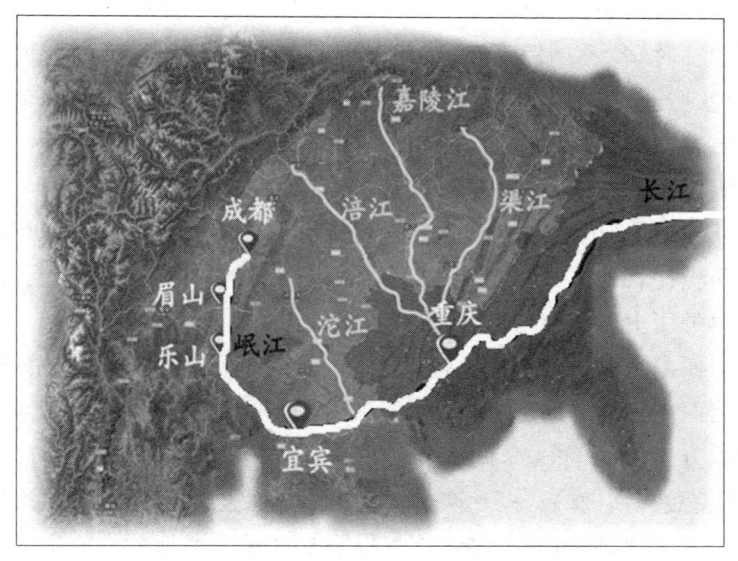

图一 四川湖广话与南路话的界线

入今重庆市境内,直至相邻的贵州省黔北地区①。南路话在语音上有自己的特征,例如有阴平、阳平、上声、去声和入声五个声调,多数方言不分平翘舌声母、不分尖团、入声韵母的读法不同于湖广话。最明显的不同于"湖广话"的语音特征是古入声字今读入声调,不归阳平。南路话的词汇也不同于湖广话,而保留了中古汉语的词汇特征。例如:多音节名词多用"子"尾、少用儿化尾,双音节词变调规则不同于湖广话。南路话口语词与湖

---

① 在黔北调查时,作者曾夜投遵义市区一家小旅馆。我用南路话与老板交谈,老板听后说:"老师,你是我们当地人啊?"

广话多有不同,例如:湖广话说"找",南路话说"寻";湖广话说"你猜",南路话说"你估";湖广话说"雨停了",南路话说"雨住(驻)了";湖广话说"想念(某人)",南路话说"牵(某人)"("牵"去声,《广韵》苦甸切);湖广话说"一个人",南路话说"一介[kai]人""一某人";湖广话说"老孃儿"(老妇人),南路话说"老娘子";等等。南路话在当地的历史比较悠久,与明代的《蜀语》记录的音系相关联[23],其更早的历史来源有待进一步研究。

西南官话川渝鄂片方言,《中国语言地图集(第一版)》称之为西南官话成渝片方言。"湖广话"原是四川人对成都和重庆等地方言的俗称,今湖南、湖北两省在元明时期称"湖广行省",故称从湖南、湖北两省移来巴蜀之民及后裔为"湖广人",其方言为"湖广话"。湖广话指以成都和重庆两地的方言为代表的通行于成渝地区的方言,主要分布于四川、重庆和湖北三省市,具体分布在岷江以东以北的四川中东部地区、重庆直辖市大部地区和湖北省西部地区。从地理位置上看,四川盆地除去岷江以西以南的部分,都是"湖广话"地区。而湖广话在岷江以东以北,主要分布于入川通衢大道上的地市级城市,这是湖广话最明显的地理标志,也正表明了湖广话与明清时期大移民向西进入四川盆地有关。从音系特征上来看,湖广话具有西南官话的共同特征,例如有阴平、阳平、上声和去声四个声调,古入声字归阳平;湖广话自身的特征是,不分平翘舌声母,不分尖团音,不分鼻边音声母,韵母[eŋ][iŋ]变为[en][in],等等。成渝两地方言之间差别很小,从当地人对方言的认识上说,通常说的"四川话"就是成渝两地话为代表的"湖广话",操这种方言的人被称为"湖广人"（因为他们的祖先来自"湖广"）[14]。湖广话的词汇更近于现代汉语北方话，例如：多用儿化词尾（重庆话尤其如此）、少用"子"尾，口语同义实词与北方官话相同而不同于南路话，等等。

　　汉语方言分区是根据语音特征划分的，这是汉语方言研究的一贯方法，赵元任、杨时逢、袁家骅、丁声树、李荣、侯精一和李小凡等前辈都是这样做的。在理论上，词汇和语法特征都可用于方言分区，但在实际操作中却常常遇到困难①，在范围相对较小的方言区片的划分中尤其如此。我们以语音特征划分得到的方言分区与方言地理分布相当吻合，这能反映出根据方言语音特征进行分区的合理性。

　　方言分区与方言的历史来源有一定关系，但并不等同于严格从历史来源划分的语言（或方言）谱系树，更不能把相邻的区、片的方言都简单地看作是同一支方言的下级分支。例如：把同处于四川盆地的原成渝片方言和灌赤片方言看作是同一方言的近亲分支，就是走进了误区。这两支方言虽然同在四川又紧邻，但却有不同来源。经过长期的调查研究，我们认识到："南路话"是明代以前四川本地的方言，当时遍布四川地区。"湖广话"是明清时期主要从湖北西部随移民来到四川重庆地区的方言。明清时期二者在四川相汇，形成传承保留和填补替换两种类型，也有少

---

　　① 李小凡、项梦冰《汉语方言学基础教程》[7]："汉语方言的分区历来采用语音标准，实践证明这是行之有效的。"（第31页）"词汇语法特点的同言线不一定与语音同言线吻合，其分布地域常常大于根据语音特征划分的方言区，并常呈现不连续分布状态。"（第136页）

量的叠置融合类型。这就是四川方言在近古以来发展的特殊之处①：相较于多数地区的汉语方言的连续过渡和演变，明清之际四川地区的历史浩劫造成了四川方言的部分中断和再填补。上图（图一）所显示的沿岷江和长江的方言界线，正是明清时期湖广大移民带来的方言替换的历史投影。

从汉语方言划分的角度说，"南路话"应该是官话方言的一个次方言，与江淮官话的地位相当。《中国语言地图集（第一版）》把它划为西南官话次方言区的"灌赤片"，但是它却没有西南官话的方言入归阳平的语音特征。我们依四川南路话入声独立的语音特征将其调整为官话方言的一个次方言，改称岷江官话，这与"南路话"的现有的方言特征和历史发展都相符合。而四川的另一支方言"湖广话"则是西南官话的一支，《中国语言地图集（第一版）》将其划为西南官话的"成渝片"，地跨成渝和湖北省西部地区，是基本正确的。我们现在称为西南官话川渝鄂片，是因为它主要的方言代表城市是成都和重庆，同时还包括了湖北省西部地区的方言。据我们考证，鄂西地区的这些汉语方言，正是明清大移民之前"湖广话"的原住地[13]。

总的来看，"南路话"内部分歧多，语音差异更多，显示出这种方言在当地相对长久的演变历史；而"湖广话"内部相对一致，分化程度小，显示出这个四川、重庆地区的主流方言在当地发展的历史其实并不长。

---

① 在这一时期与之相伴而来的还有少量的湘方言和客家方言，但是影响的人口数量相对较少，只在四川境内形成规模较小的零星的方言岛，如本书《字表》里的中江、龙泉点，这里暂不讨论。

二、岷江嘉陵江流域方言分区的依据

四川方言的区、片、小片的划分，我们主要依据的是方言的语音特征及其反映出来的方言间的关系。所以，方言点的第一手田野调查材料是我们研究的基础。同时我们也参考前人对四川方言的区划分析，例如《中国语言地图集》[11][12]和《四川方言音系》[8]等资料。在方言区划分之后，我们再探究这些方言区域与当地的地理环境（如山脉、河流、平原和道路等）的联系，发现二者有密切的关系，从中还可以发现一些方言发展演变的线索。所以，我们从以下三个方面对方言分区的依据进行讨论：地理环境、语音特征和方言间的关系。

（一）地理环境

地理环境是影响方言的重要因素。地理环境是方言发展形成的现实环境，既包括自然环境，也包括社会环境。方言的地理位置既与山川河流、地理通道和形势通塞等自然因素有关，也与城镇发展、人口迁移、方言毗邻和历史兴替等社会因素有关。我们发现，越是在当地孕育发展、延续传承的方言，与地理环境的联系就越深厚；外来移民的方言，则往往与地理上的交通路线相联系，而且往往跨越自然地理界限，或者分布不连续。有人提出"方言地理学"的概念，我们倒是觉得比照"地缘政治学"叫"地缘方言学"更恰当，即考虑地缘因素的方言学。这也促使我们对方言及其历史有更全面的观察。

我们以"岷江流域""嘉陵江流域"这样的地理名称来概括所研究的方言，既是出于地理环境与方言关系的思考，也是出于四川方言的分布与地理关系的现实考虑。四川地区入声调独立的南路话方言基本上分布于岷江流域，无入声调的湖广话方言则基本上分布于嘉陵江流域。这是一个不争的事实，基于这个事实来命名方言区是合理的。同时，这两个地区也与四川方言近代历史的形成密切相关，方言的社会性决定了方言的分布不是与自然地理划分完全一致的。例如位于岷江和嘉陵江流域交界处的内江市、资阳市等地多数讲湖广话，这是由于强势方言的扩张；个别特殊地区的差异，如岷江和嘉陵江流域上游交界处的阿坝羌族藏族自治州的少数民族地区，我们计划在后续课题"20世纪四川方音大系之三"中集中处理这些民族地区的汉语方言；嘉陵江流域的剑阁、西充等地则是存留的南路话方言岛。所以我们所说的"岷江流域方言""嘉陵江流域方言"是就绝大部分方言而言，不应要求方言的分区与之地理区域完全符合。

我们也不是首先按照地理环境来划分方言，相反，我们是依据语音规律划分出方言的区片之后，对照地理环境，才发现这些方言区片的语音特征有明确的地理界限。这证实了地理因素与方言形成之间的密切关系。例如，岷江官话的青（衣江）大（渡河）片方言，显示为青衣江小片逆青衣江向上游迁移扩展，大渡河小片逆大渡河河谷向上游迁移扩展。这是处于汉地的岷江中片方言沿当地主要河流向上游少数民族地区发展的结果。所以，青大片方言及其分支的语音特征可以从与岷江中片方言的地理关系上来解释。

（二）语音特征

语音特征是方言的语言学属性，是方言的本质特征。方言区划分理想的方法，是根据方言在语音、词汇和语法三个方面的特征来划分。但是在实际的方言分区操作中，历来是以语音特征为主要依据的。这是因为方言在语法方面的差别小，而方言词汇因其易于传递、变化频繁的特点而难以在划分中确定，这二者都不易于实际操作。而方言的语音特征在音系方面的规律性强，将其用于方言划分是十分有效的。《现代汉语方言概论》中划分汉语北方方言也主要依据了4条语音标准[5]：1. 古全浊声母今读清音，塞音和塞擦音平声送气、仄声不送气。2. 鼻辅音尾只有-n、-ŋ两个（-m并入-n）。3. 浊上声归去声、去声不分阴阳、声调类别少。4. 大多数地区没有入声。后面还附列了4条词汇和语法标准，但是在方言划分中难以有效使用。李小凡、项梦冰的《汉语方言学基础教程》则更是明确地提出"汉语方言的分区历来采用语音标准，实践证明这是行之有效的"[7]。

　　随着方言研究的深入和细化，在更小层次的方言分区中，语音划分标准还应更加详细。因为，在北方方言区内部的划分中，全浊声母清化、塞音和塞擦音平声送气、仄声不送气等标准，都是一致的，只凭上述标准已经难以再进一步划分出下一级方言区了。我们认为，同一区、片和小片的方言语音特征的差异是分层级的：第一级是声调类别的差异，第二级是声母类别的差异，第三级是韵母类别的差异。这三类语音特征是由它们在汉语方言中的使用频率决定的。以官话方言为例，在每一个方言中，声调（四五个）的使用频率最高，声母（二十多个）的使用频率次之，韵母（四十个左右）的使用频率最低。调、声、韵三者在汉语方言中的使用频率决定了它们在方言演变中的稳固性依次降低，变异的概率依次增大。这也决定了汉语方言差异的层级：调类不同的方言差别最大，调类相同而声母有了改变的方言差异次之，调类、声母相同而只是韵母发生改变的方言之间差异最小[14]。语音特征差异的层级和多少显示出方言之间相似度和历史演变的距离。这在我们对四川方言的分析中屡屡得到证明。在西南官话方言的分区方法中，前人的研究着重于声调调类的异同，乃至调型和调值的相似程度，对方言的声母和韵母特征与方言分区的关系很少做系统的分析，所以对方言区的划分难以进一步深入。我们则力求对方言的声调、声母和韵母进行了全面的考察，参照上述的语音特征层级关系进行分析，对方言区、片和小片进行划分。

(三) 方言间的关系

方言间的关系，是在以上两个要素（方言的地理位置、方言的语音特征）的基础上，对方言分区的形成和方言的历史发展所做的探讨。方言的地理位置和方言的语音特征，尤其是后者，是方言发展的结果。它们形成的过程，就是方言发展的历史，对这个问题的讨论不可或缺，这是汉语史研究的目标。方言的语音特征和方言的地理位置都是对方言历史的一种注解，关键在于我们是否正确理解它们。方言间关系的研究是探索性的，因为同一结果的形成往往具有多种可能性，同时方言的语音特征所提供的资料常常是不完整的，能够从中得到十分明确的答案的情况反倒是少有的。这正体现了汉语方言史研究复杂性的一面。所以本文关于方言间关系的讨论是尝试性的，希望能够起到抛砖引玉的作用。另外，能够为方言间关系研究提供重要参考的，还有方言词汇的研究，这也是一个值得探索的方向。

模仿历史比较语言学的方法，进行四川方言的"原始语构拟"，这也是一种方言间的关系研究。但是，在方音材料有限、对方言相关的历史了解不充分的情况下，不要把语言历史比较简单化了。这常有两个误区：一是把湖广话和南路话这两派不是一分为二关系的方言放在一起做比较构拟，类似于强行嫁接，创造出一种历史上不曾有过的"四不像"方言；二是虽然在南路话或湖广话内部构拟，但方言资料太接近，历史跨度太短了，达不到"四川方言祖语"的历史深度。就像只在汉语方言内部比较，构拟不了上古汉语音系一样，需要找到亲缘关系更远的方言做比较，构拟才有意义。总之，调查描写和分类是重要的第一步工作，做得越扎实越好，才能得到比较可靠的方言材料。由于历史上的汉语文献资料并不是方言语音的准确记录，语言学意义上的汉语方言史的研究是很受限制的，很大程度上要依靠方言田野调查。方言调查和分析只能脚踏实地、一步一步来，不要奢望坐在书斋中凭几种书面文献，一跃千年，以一斑窥全豹，用主观想象填补阙如的语音环节，就认为已经找到了方言的历史脉络。我们用了十多年的努力，才根据田野调查和其他资料把四川方言的历史向前推进到三百多年前的明清时期，仍如履薄冰、争议颇多。要了解更早的方言史谈何容易！

现代四川方言的变化和发展，可以以 1980 年前后为时间点。1980 年以前，方言变化很慢，四川地区的主要方言是省府成都话，它对周边方言，包括南路话有一定的影响；1980 年以后，国家经济迅速繁荣，交流频繁，方言变化明显加快，普通话成为影响整个四川方言的主要因素。四川方言可分为"湖广话"和"南路话"两个大区。这两类方言有不同的语音特征，既形成四川方言分布的两个大区，也反映了四川方言的两个历史层次。下文绘有两个层次结构图（见图二、图三），分别示意岷江官话

（南路话）和西南官话川渝鄂片（湖广话）的分布和关系，后文依次说明。下文所列举方言点包括《岷江流域方音字汇——20世纪四川方音大系之一》（四川大学出版社，2020年）和《嘉陵江流域方音字汇——20世纪四川方音大系之二》（待出版）的方言点，也包括经过调查但因篇幅所限未列入这两本书的一些方言点。

三、岷江官话及其分片

岷江官话（南路话）共同的语音特征

岷江官话（南路话）有5个声调（阴平、阳平、上声、去声、入声），主要位于岷江西岸和南岸，呈L形长条状。其分布区域小于湖广话，而其内部的差异远远大于湖广话。《中国语言地图集（第一版）》西南官话成渝片方言（湖广话）不分小片，这与湖广话内部语音特征比较一致的事实相当。其以入声调独立、入归阴平、入归去声为划区标准将灌赤片三分为岷江小片、雅棉小片和仁富小片[1]，这符合南路话内部有明显差别的事实。但这是依据方言现状（入声字归调）来划分的，如果从方言演变的历史看，前二者（岷江小片、雅棉小片）都是古代南路话的后裔，只是入声字归调的方向不同。根据语音特征，我们则认为仁富小片应归属于西南官话川渝鄂片（湖广话），称之为川南小片（见下文）。我们将岷江官话（南路话）分为6片7小片

---

[1] 《中国语言地图集（第二版）》改原灌赤片名为西蜀片，改原三个小片名称分别为岷赤小片、江贡小片和雅甘小片，所辖地区与第一版大致相同。

（见图二），既有共同的语音特征，又有各自的语音特点。

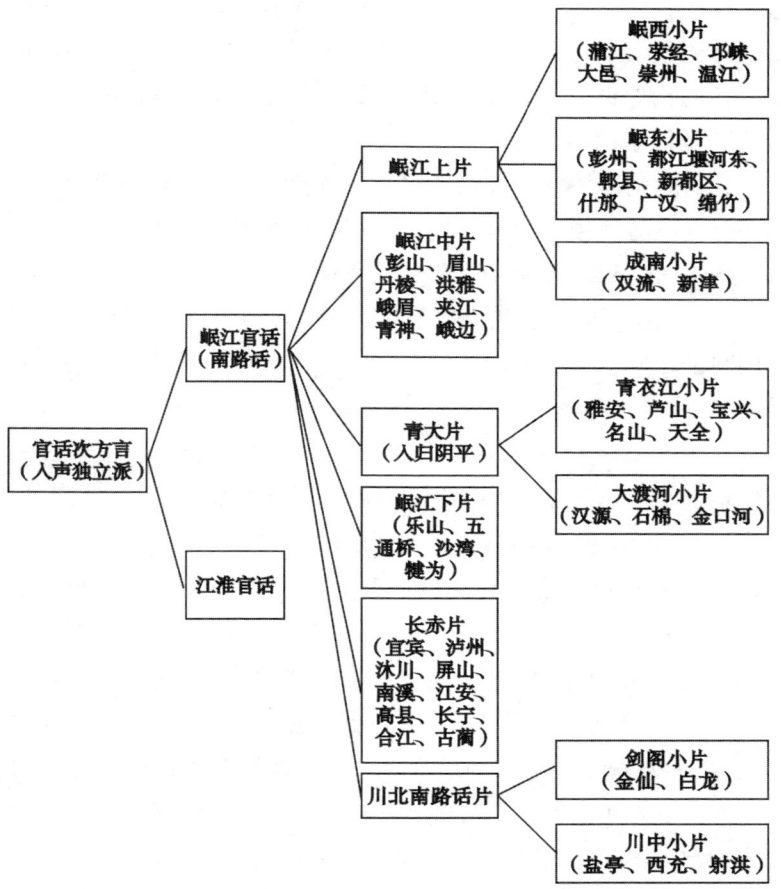

图二　四川岷江官话（南路话）分区结构图

岷江官话的分布有很明显的地域特征。根据方言语音特征做出方言划分，再对照地理环境，我们发现这些方言区片一般是以江河和山脉为界限。这正是方言在当地逐步发展演变的历史痕迹。因此，我们多用其所在地的江河来命名这些方言区片，并以层次结构图表示它们之间的历史演变关系。[参见图二"四川岷江官话（南路话）分区结构图"、图三"西南官话川渝鄂片（湖广话）分区结构图"]

在讨论南路话和湖广话各自的语音特征之前，有必要简要归纳一下北方方言中四川重庆地区方言共有的语音特征。

四川重庆地区方言共有的语音特征

1. 本地区方言主要有湖广话与南路话两类，听起来其语音有明显的不同，除了入声调的有无之外，韵母也有规律化的不同的读音。

2. 湖广话有4个声调（阴平、阳平、上声和去声，如成都城区话和重庆城区话），南路话一般有5个声调（阴平、阳平、上声、去声和入声，如都江堰话、乐山话和宜宾话）。

3. 知系声母字多数地区读平舌音，少数地区读翘舌音（如自贡地区）。

4. 泥来母字有洪细全混（例如重庆城区"老脑"同音，"连年"同音）和洪混细分（例如成都城区"脑=老"，"连≠年"）两种情况。泥来母的洪音字在整个四川重庆地区声母不对立，记作n-或l-；在泥来母细音字区分的地区，泥疑母的细音字读作n̠-或零声母，来母细音字读音与洪音同，读作n-或l-。

5. 见系二等字一部分读洪音（不限于蟹摄），例如"鞋街窖敲间苋咸项巷"。

6. 非组字和晓组字的声母在合口呼前有混读现象，其中以晓母字在-u韵母前读f-为最普遍，例如"湖壶虎户"。

7. 多数地区方言不分尖团音，少数地区分（如川北地区）。

8. 曾梗摄与深臻摄字韵母相混，变为-en、-in，如"登蒸彭经生省行"等字。

9. 臻摄一三等端系字失去合口介音变为开口，如"钝论村遵笋"。

10. 流摄明母字一部分读 moŋ，如"某亩茂谋"。

四川重庆地区方言共同的主要语音特征如上所述，各地详细的语音特征见下文。四川地区还有其他方言，如客家方言、湘方言等，因为人口数量不多，只是零星的方言岛，所以这里不详述①。

岷江官话（南路话）共同的语音特征

1. 大部分方言点中的古入声字独立成调，少部分点归入阴平[14]。

2. 蟹山摄舒声合口一等端组（山摄又泥组）字一部分读开口，如"对端暖乱"。

3. 果摄一等帮端系字与遇摄一等字同读-u，如"多都朵堵"，遇摄一等部分字老派南路话读-o，如"图肚故"（如蒲江、崇州）。

4. 麻三精组见系字韵母读-i，如"姐爷"与"几姨"同音。

5. 咸深山臻曾梗开口一二三等入声字韵母读-æ/-ɛ，"答腊白色国"同韵，与音系中的-a 韵（如"麻花沙下瓜"）对立。

6. 山臻曾梗通合口和宕江开口入声字大部分韵母读-o/-io，

---

① 详见《嘉陵江流域方音字汇——20世纪四川方音大系之二》（待出版）中的中江广福镇、顾县和成都龙泉驿区三个方言点来了解它们的语音特征。

"拨不夺毒"同韵,"月越药曲"同韵。

7. 咸山、深臻曾梗三四等开口入声字帮端见系韵母读-ie,如"接结集节极积"音同 tɕie⁵。

8. 深臻曾梗开口三等知系入声字韵母读央元音-ɐ/-ə 或-ʅ,如"十侄直石",不同于止摄的"是迟师诗"。

9. 大部分点"泥来母洪混细分",如"脑=老"而"年≠连"。

此外,还有一部分南路话方言有平翘舌音和尖团音之分(见下文)。

以上岷江官话(南路话)的语音特征,第 1 条是每一个南路话方言点所必备(青大片方言点除外)的,其余大部分特征也同时具备,具体分布情况见下文各方言点的描述。

岷江官话共分 6 个片、7 个小片,计有岷江上片、岷江中片、青(衣江)大(渡河)片、岷江下片、长(江)赤(水河)片和川北南路话片。方言片区之间的关系参见图二"四川岷江官话(南路话)分区结构图"。

(一)岷江上片

1. 地理位置

整个岷江上片位于岷江上段(都江堰至新津)两侧的川西平原,西面紧靠四川盆地西部边缘的邛崃山脉,东面是北南向的川陕大道和其南端的成都市城区。岷江上片包括"岷(江)西小片""岷(江)东小片"和"成(都)南小片"3 个小片。

岷(江)西小片位于成都平原西部,包括蒲江、邛崃、大邑、崇州、温江等市区县。这是一块新月形区域,由都江堰以西的岷江外江(金马河),新津西南的梨花山经蒲江县朝阳湖至洪雅县槽鱼滩一线的长秋山脉,和四川盆地西面呈弧形边缘的邛崃山山脉（以西岭雪山为中心）三段围成。南北长约 100 千米，东西宽约 40 千米，周长约 250 千米。这里是肥沃的岷江冲积平原的西部，是成都平原发达的农业区，也是典型的南路话保存地。温江区在岷江以东，也属南路话区。20 世纪 50 年代，南路话区一直东达成都城西郊，今在成都话（湖广话）的扩张下向西退至岷江一线。岷西小片的荥经县另处一隅，在青大片的青衣江小片包围之中，是属于岷西小片的方言岛。它原来与岷西小片连成一片，后来因青衣江小片的发展而被隔开了[16]。

岷（江）东小片位于成都市西北，包括都江堰（河东地区）、郫县（郫都区）、彭州、新都、广汉、什邡、绵竹和北川县八个市区县。这是一块近长条四边形的地区，南边是岷江外江，北边直通北川羌族自治县，西边以龙门山中段为界，东边是金牛古道（今为川陕公路和宝成铁路线等进出川主要交通干线）。这是一块面向成都市区的开放地区，南北约长 85 千米，东西约宽 40 千米。

成（都）南小片位于成都市南面，包括双流区、新津区，距离成都市区最近。20 世纪 80 年代以后该地区经济发展迅速，现大部分城镇已与成都市区连成一片（有公交线路和地铁相连），成都双流机场也在此区域。这两个区县原是南路话区，见 1945 年的调查（杨时逢《四川方言调查报告》1984）①，现在县城以外的村镇乡仍讲南路话。

---

① 杨时逢《四川方言调查报告》"75. 双流""76. 新津"两方言点均同"74. 温江"，所记温江话入声独立。

2. 语音特征

岷江上片以岷西小片方言为南路话核心区，岷东小片为南路话外围区，成南小片为南路话与湖广话的重叠区。

岷西小片方言具有现代南路话最为典型的语音特征，如：有阴阳上去入五个声调，古入声字读入声调，泥来母洪混细分，精组见系麻三字韵母读-i，果摄一等字韵母读-u（并入模韵），模韵字部分韵母读-o（蒲江），臻通摄入声字韵母读-o/-io，咸山曾梗一二（三知系）等入声字韵母为读-ɛ/-æ（与-a 对立），等等。

岷东小片语音仍保留了入声调，大部分古入声字读入声，但其他一些南路话特征发生了改变，例如：精组见系麻三字韵母由-i 改读-ie、果摄字韵母由-u 读改读-o（与模韵分立）、咸山曾梗一二三等入声字主元音由-ɛ/-æ 改为读-a 和-e（与麻韵同），这些特征的改变是在成都话影响下发生的，逐渐与成都湖广话趋同。

成南小片（双流区、新津区）的乡村部分，仍然保留着岷西小片的语音特征。而在双流的城区部分，在成都话的影响下，入声调现在大部归入阳平，变成阴阳上去四个声调；精见组麻三字韵母改读-ie、果摄字韵母读改读-o、咸山曾梗一二三等入声字主元音改读-a 和-e。这些特征变化与成都湖广话相同。

3. 方言关系

岷江上片方言位于沿岷江南路话分布带的最西端，深居川西边缘（再向西就是少数民族地区），受外来扰动最少，长期独立发展。这里是著名的都江堰灌区，土地肥沃，居民世代农耕，精耕细作，夏稻冬麦，四季绿畴，明末清初四川战乱及清初大移民也未能对这里的方言造成撼动。岷东小片和成南小片地理环境则呈现向成都市区开放的态势。20世纪50年代以后，成南小片语音受成都湖广话影响发生变化。1980年以后成都城市经济的发展更加速了这种变化。随着城市化的进程，紧邻成都市区的郫都区、双流区、新都区和广汉市的方言逐渐被成都话同化，多数青年人已不讲南路话，改讲成都湖广话。

（二）岷江中片

1. 地理位置

岷江中片位于岷江中段（新津区至青神县），在龙泉山脉南半段以西、长秋山脉以东的"八"字形地区，包括彭山、眉山、丹棱、洪雅、夹江、青神、峨眉山和峨边等市县。岷江中片地域内是岷江中游、青衣江下游的冲积平原，由龙泉山脉（北南走向形成东侧边）、长秋山脉（西南走向形成西北边）和青衣江两岸（东南走向形成底边）围成。西北边的长秋山脉长约90千米，起于新津区西南，向西南方向蜿蜒，经蒲江县南的樱桃山、朝阳湖，至洪雅县境的槽渔滩与青衣江相遇。长秋山脉形成岷江中片方言与岷西小片方言的分界：山脉西北侧说岷西小片南路话（蒲江话为代表），山脉东南侧说岷江中片南路话（眉山话为代表）。峨眉山市和峨边（彝族自治县）则是本区向南延伸出去的一块，是岷江中片与岷江下片的过渡区。岷江中片区内土地肥沃，居民世代以农耕为业。

2. 语音特征

岷江中片方言语音特点有南路话的共性，如：有阴阳上去入五个声调，入声调独立；精组见系麻三字韵母读-i，"姐爷"与"几姨"同音；果摄一等字韵母读-u（同模韵），"果古"同音；臻通摄入声字韵母读-o/-io，"突骨"与"木绿"同韵；等等。但岷江中片方言在整个南路话中有一个明显的语音特征：咸山曾梗开口一二等入声字、咸深山臻曾开口三等知系入声字，如"北、德、策、革、涉、舌、测"等字，岷江中片方言大部分读做-ai（彭山、眉山、丹棱、洪雅、夹江），而这些字岷西小片等南路话是读作-æ的[17]。这一点，峨边、峨眉山和青神同岷西小片。在声调调值方面，峨眉山、峨边、夹江、洪雅和丹棱的入声调值已接近阴平，甚至个别字高于阴平调了。这些点的入声调值虽然还没有并入阴平，但已经与青大片的"入归阴平"十分接近。

岷江中片的7个方言点中，彭山话与岷西小片南路话最一致，例如彭山话还保留了南路话蟹山摄舒声合口一等端组、山摄端泥组字读开口的特征，如"堆、腿、端、乱"等字韵母失去u介音，读-ei/-an。其他的几个方言点不同程度地受到湖广话影响，语音特点有所改变。例如，夹江、峨眉山和峨边泥来母洪细皆混，与乐山话相同；洪雅、夹江、峨边果摄一等读-o、遇摄一等字读-u，与成都湖广话一致。

3. 方言关系

岷江中片处于岷江中段的西岸，北与岷西小片相邻，南与以乐山为中心的岷江下片相邻。岷江中片地理边界明显，有江河和山脉分隔，长期处在相对独立的地区。岷江中片在当地经过了漫长的发展，从古代南路话中发展出了独有的音系特征：入声接近阴平，咸山曾梗开口一二等入声字韵母读-ai。这两个特征传递给了青大片方言（见下文）。

（三）青大片

1. 地理位置

青（衣江）大（渡河）片包括青衣江小片和大渡河小片。

青大片位于今雅安市境内，包括青衣江流域中上游全境和大渡河中下游地区，与《中国语言地图集（第一版）》西南官话灌赤片的雅棉小片大致相同。这里自古以来是川藏通道和川滇通道的交汇要冲。青大片看起来也是由青衣江和大渡河在交汇之前围成的三角形地区，但是不同于平原地区的是，它是中国地形由第二阶梯（四川盆地）向第一阶梯（青藏高原）抬升的过渡山区，人口聚居的城镇都是沿江河谷地分布的，大面积的山林地区人烟稀少。青衣江和大渡河流域历史上是藏羌彝等少数民族的居住区，近代以来汉族人口逐渐增多，现代则成为以汉族为主的地区，城镇规模扩大，经济和文化迅速发展。

2. 语音特征

青衣江小片包括青衣江流域的雅安雨城区、芦山、名山、天全、宝兴等县，甘孜州的泸定县也属于这一方言小片。在语音特征方面，有阴阳上去四个声调，古入声字归阴平；曾梗一二等开口入声字以及咸深山臻曾梗三等知系入声字读-e，如"北、德、策、革、涉、色"，同成都湖广话；麻三精组见系字韵母读-ie（雅安、芦山、泸定）；泥来母字洪混细分（宝兴、芦山、天全）或泥来母字洪细全混（雅安雨城区、名山）。天全话以及芦山、宝兴话（一部分）在藏语音系的影响下形成了自己的语音特点，原来以t-、th-为声母的细音字腭化为tɕ-、tɕh-，如"顶天钉定"等字[18]。

大渡河小片包括大渡河沿岸的汉源、石棉、金口河等县。在语音特征方面，有阴阳上去四个声调，古入声字归阴平；曾梗一二等开口入声字以及咸深山臻曾梗三等入声字读-ai，如"北、德、策、革、涉、色"，同岷中片南路话；麻三精组见系字韵母读-i（石棉）；泥来母字洪混细分（汉源、石棉）。

3. 方言关系

青衣江流域和大渡河流域原是藏、彝等少数民族地区，青大片方言是汉地的岷江中片、岷江下片方言沿青衣江和大渡河向上游少数民族地区扩展的结果。方言沿青衣江向上游迁移扩展形成青衣江小片，沿大渡河河谷向上游迁移扩展形成大渡河小片。所以青大片方言不同程度地带有岷江中片和岷江下片方言的语音特征。相较于大渡河小片，青衣江小片具有更多的近于湖广话的语音特点，这是由于这一小片更靠近成都，在地理位置上更为开放，更多地受到以成都为代表的湖广话的影响。处于深山峡谷的大渡河小片的语音则更为保守，例如咸山曾梗开口一二等入声字、深臻曾开口三等庄组入声字读-ai（石棉、汉源），就是源自岷江中片的语音特征。由于成都湖广话的同化，这个特征在青衣江小片消失了。雅安雨城区的泥来母洪细全混的语音现象则可能是岷江下片乐山话的痕迹。至于作为青大片地区方言语音标志的"古入声字归阴平"，其实是源于南路话声调系统的一个直接的变化，入声调值从33调逐渐变高，以至于与阴平调45/55合并了（参见岷江中片的语音特征）。在"入归阴平"的同时，南路话的其他语音特点还在青大片方言里不同程度地保留着，相互之间还可比较顺畅地通话。荥经县在大相岭（泥巴山）之北，被分割包围于青衣江小片之中，而荥经方言仍保持着岷西小片的音系特点——入声独立，形成方言岛。从这个情况看，青衣江小片方言的形成比岷西小片晚，可能是随着近现代雅安城市的发展才沿青衣江扩展而形成，逐渐覆盖、分割了原岷西小片方言。

(四) 岷江下片

1. 地理位置

岷江下片包括乐山市中区、五通桥区、沙湾区、犍为县等。岷江下片位于岷江下游（北南流向）西岸和青衣江、大渡河下游围成的一块不大的三角形地区，底边是西东向的马边河下游段，顶点在大渡河以北（乐山市中区），周长约180千米。三角形地区的北部是青衣江、岷江冲积扇，南部是山区。三角形地区的东面是隔岷江相望的川渝鄂片川南小片（入归去声片）方言区，西边是凉山彝族地区的东缘山区，南边以马边河为界，是川南的另一南路话大区——长赤片。在这块三角形地区里孕育了古老的乐山话（南路话的一支）。

2. 语音特征

岷江下片方言属南路话区，有南路话共同的语音特征，如：有阴阳上去入五个声调，古入声字读入声，麻三精组见系字韵母读-i，蟹山摄舒声合口一等端组（山摄又泥组）字读开口，咸深山臻曾梗开口入声一二三等字韵母读-æ/-ɛ（与-a 韵对立），等等。岷江下片方言也有不同于岷西小片南路话的特征：如泥来母字洪细全混（乐山、五通桥、沙湾、犍为）；果摄一等字读-o，遇摄一等字读-u 等等。还有一个语音特点在岷江下片方言中十分突出：咸山摄二三四等精组见系舒声字失去鼻音尾，读-iɛ（乐山市中区、五通桥、沙湾），如"监盐免边天"等字。

3. 方言关系

南路话岷江下片方言以乐山市中区为中心。乐山是历史悠久的古城，唐代就已是经济发达城市，且是水陆交通要冲。由于青衣江和大渡河两条大河形成的天然地势，方言边界明显，方言在这里经历了千年的发展,在南路话中发展出了不同于岷西小片和岷江中片的特点。在明末清初四川大战乱中,乐山军民成功地抗击了张献忠的进攻,在著名的"江口镇之战"中大败张献忠,避免了张献忠屠城,人口损失少。因此乐山在清初没有发生大移民的人口替换,乐山方言完好地保存至今[20][21]。

(五) 长赤片

1. 地理位置

长赤片,主要包括沐川、宜宾市翠屏区、南溪、长宁、泸州市江阳区、合江、古蔺,共7个市区县;屏山、高县、珙县、兴文、江安、叙永和泸州市龙马潭区、纳溪区8个地区因语音相近未列出。本片起于沐川县岷江下游、止于合川县长江上游,沿岷江、长江以南形成长条形的冲积平原,长轴东西向,弧弯向北,长约210千米,宽约50至80千米。长赤片位于川渝滇黔四省市交界处,区域内水陆互通,灌溉便利,农业发达,自古是川南富庶地区。长赤片整个区域主体在大江以南,而有一小部分,如宜宾市北部、南溪区、泸州市龙马潭区和泸县南部,延伸到江北,进入西南官话川渝鄂片川南小片的地域。沐川县、屏山县所在的岷江以南、金沙江以北的小三角形地区,是岷江下片(乐山、犍为等)与长赤片的过渡带。处于川滇边界的筠连县则是川渝鄂片湖广话川南小片的一个方言岛(见下文)。

2. 语音特征

当地民谚说:"岷江千里路,口音是一处。"长赤片方言是岷江官话在四川东南的又一个大区,具有南路话的共同语音特点:如有阴阳上去入五个声调,调值相近;部分地区泥来母字洪混细分,如"怒=路"而"泥≠离"(泸州、合江、南溪、长宁、沐川），宜宾话则是泥来母洪细皆混；麻三精组见系字韵母读-i，如"谢姐爷"（宜宾、泸州、合江、南溪、长宁）；咸深山臻曾梗开口入声一二三等字韵母读-æ/-ɛ（与-a 韵对立），如"杂罚答杀"（宜宾、泸州、合江、南溪、长宁）；等等。也有一些特点发生变化而与湖广话相同：如蟹山摄舒声合口一等端组（山摄又泥组）字不读开口，如"端短"读 tuan（泸州、宜宾、南溪、合江）；果摄一等字读-o、遇摄一等字读-u（泸州、宜宾、南溪、合江、古蔺、长宁）；等等。还有一些方言有自己的特点，主要是韵母的：例如沐川、合江、长宁等宕江摄舒声开口呼字的-ŋ 尾读同咸山摄的-n 尾，如"帮章当港"等字；古蔺咸山摄舒声字失去-n 尾，韵母成为-æ、-iæ、-uæ、-yæ，接近乐山话；宜宾话的韵母-ian 和-yan 读为-iai、-yai，如"贬浅""权院"。

3. 方言关系

长赤片方言以宜宾市和泸州市为中心，小部分在江北，大部分向长江南岸扩展，遍及这一地区的各县区，蔓延至重庆市的江津区和綦江县，以及黔北地区。这一地区的方言具有南路话诸多的共同点，也有本地区南路话的区域特点，同时还有各地方言自己的一些音系特点，主要体现在韵母的变化，如沐川、合江、古蔺、长宁等地的方言。这些地区都处于四川南部的边缘地带，与外界相对隔绝，当地方言在南路话的基础上长期发展演变，形成了独有的音系特征。

(六) 川北南路话片

1. 地理位置

川北南路话片是位于西南官话川渝鄂片湖广话包围之中的南路话方言岛，有两个邻近的小片：川中小片和剑阁小片。川中小片有盐亭县、射洪县和西充县，南充的龙蟠镇①、遂宁的蓬溪县也属于这一小片。川中小片地处嘉陵江和涪江之间的南部丘陵地区。剑阁小片是剑阁县西南地区的一些乡镇，有金仙镇、普安镇、白龙镇、木马镇等十余个乡镇，地处嘉陵江西岸的山区，更为偏僻②。从方言分布的角度看，川北南路话片主要分布在四川北部远离交通大道的山区。从东面入川的大道经重庆、广安、南充、遂宁、简阳至成都一线（今成渝公路铁路线），从北面入川的大道从广元、江油、绵阳、德阳至成都一线（古金牛道、今川陕公路铁路线）。这两条入川大走廊地带都是湖广话区，而川北南路话片位于这两条通道之外的三角形地区中，形成地理上相对封闭的孤立区。

2. 语音特征

川中小片方言有南路话的共同语音特点：如有阴阳上去入五个声调；泥来母字洪混细分，"南=蓝"而"年≠连"（盐亭、西充、射洪、龙蟠、蓬溪）；麻三精组见系字韵母读-i，如"也野"（盐亭、西充、龙蟠、蓬溪）；咸深山臻曾梗开口入声一二三等字韵母读-æ，"搭达"与"他巴"等-a 韵字不同韵（龙蟠）。也有与川渝鄂片湖广话相同的特点：如咸深山臻曾梗开口入声一二三等字韵母读-a，"他麻答杀"等字同韵（盐亭、西充、射洪）；果摄一等字读-o、遇摄一等字读-u（盐亭、西充、射洪）。还有本地自己的语音特点：如西充话知系入声字读卷舌

---

① 南充的龙蟠镇只是一个代表，阆中、南部、南充邻近川中小片的一些乡村也讲如龙蟠镇的南路话。
② 白龙、木马等十余个乡镇的音系请参看陈鹏《剑阁、南部相邻山区方言音系调查及其历史比较》[2]。

声母 Tʂ，例如"直质吃十"；龙蟠话也有舒声和入声字读卷舌声母，但是精组与知系字已经相混；老派西充话唇音声母拼 -i 韵时，增生过渡浊擦音，如"皮"phzʅ2、"米"mzʅ3。

剑阁小片方言有南路话共同的语音特点：如有阴阳上去入五个声调；泥来母字洪混细分，"南＝蓝"而"力≠泥"（金仙、普安）；麻三精组见系字韵母读-i，如"姐借"（金仙、普安）；果摄和遇摄一等字同读-u，如"罗炉"nu2（金仙、普安）。也有与川渝鄂片湖广话相同的特点：如咸深山臻曾梗开口入声一二三等字韵母读-a，"麻答"同韵（金仙、普安）。剑阁小片同时有自己的语音特点：如咸山摄一二等舒声字读舌根鼻音尾韵母-aŋ，如"暗参（~加）蓝耽干"；咸山摄舒声开口三四等字鼻韵尾丢失，多读-iɛ，如"贬编煎点天"。剑阁小片最主要的语音特点是古入声独立、精组字读尖音（如"借"tʃi4、"且"tʃhi3）、知系字读翘舌声母。

3. 方言关系

川北南路话片剑阁小片方言同时具有四川其他汉语方言不齐备的三个语音特征：古入声独立、精组字读尖音、知系字读翘舌声母。这些特点不仅与《广韵》音系对应[9]，而且与三百多年前明末四川遂宁人李实所著《蜀语》对应。《蜀语》音系也有这三个特点，这可以说明《蜀语》音系和剑阁小片方言之间的继承关系，《蜀语》音系因之可称为古南路话[23]。由此，可以推知现代四川南路话也是《蜀语》的后裔，岷江官话的其他的几个片和小片都不同程度地发生了一些变异，而川北南路话片剑阁小片方言则保留了《蜀语》音系的这三个主要特点，这是因为剑阁金仙等乡镇处在偏僻的山区，方言受外界干扰比较少。《蜀语》的时代,"湖广填四川"移民还未发生。《蜀语》音系与岷江官话(南路话)音系的对应,是当代南路话可以追溯至明代四川当地土著方言的证据。遂宁的"蜀语音"在明末发生的"湖广填四川"移民运动中被湖广话替代了,而剑阁小片方言的"蜀语音"却因封闭的地理环境而保存了下来[22]。

四、西南官话川渝鄂片(四川部分)及其分片

四川方言中,除了岷江官话(南路话)以外的另一分支,就是原西南官话成渝片,我们称川渝鄂片。因为这一方言片分布于今四川省大部分地区、重庆市和湖北省西部地区,我们依其今天所在的行政区范围称之为"川渝鄂片"。四川和重庆民间称这种方言为"湖广话"。《中国语言地图集(第一版)》将其划为西南官话次方言成渝片,分布地区大致相同,其内部没有再划分下一层级(参见本文)。我们则根据川渝鄂片方言的语音特征,做了进一步划分,将其分为川西小片、川渝小片、川南小片、川北小片和鄂西小片,共五个小片①(图三)。下面说明川渝鄂片方言四川省内的部分。

川渝鄂片方言,在《中国语言地图集(第一版)》被划分为"西南官话成渝片",这是基本合于实际的。但《中国语言地图集(第二版)》以渝、鄂政区界限,将原成渝片方言割裂为川黔片的成渝小片(在四川和重庆)和湖广片的鄂中小片(在湖北

---

① 因本课题的研究范围在四川省内,川渝鄂片的重庆市和湖北省内部分的方言暂不涉及。

西部)。这是以省界分方言，而不以方言的语音特点来划分。笔者曾在 2010 年到宜昌、恩施等地调查，当地方言音系与成都话极为接近，其声调调类和调值与成都话的相似程度，甚至超过了重庆市区话与成都话的相似程度。在这样的事实面前，我们才深深地体会到"湖广填四川"是真实的，同时也震惊于方言特征传承的力量。

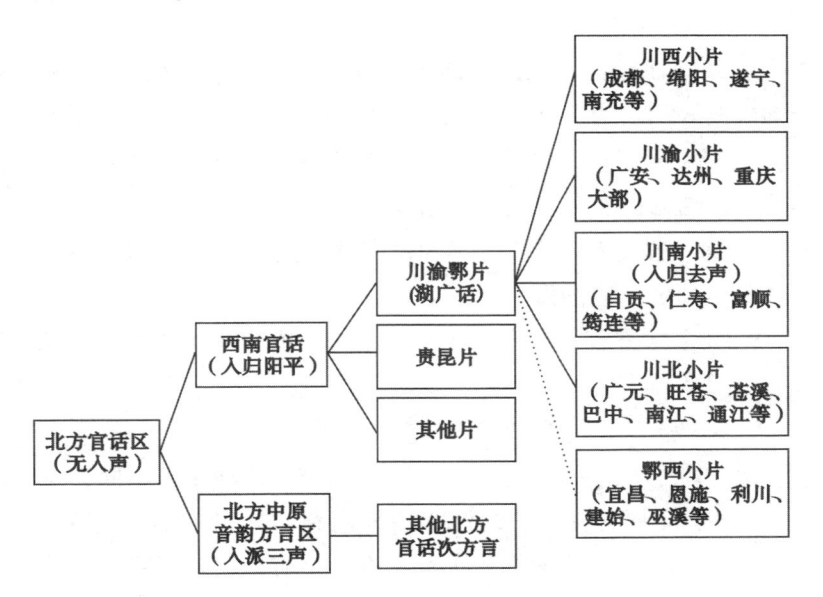

```
                                    ┌─ 川西小片
                                    │  (成都、绵阳、遂宁、
                                    │   南充等)
                                    │
                                    ├─ 川渝小片
                                    │  (广安、达州、重庆
                                    │   大部)
                                    │
                     ┌─ 川渝鄂片 ───┼─ 川南小片
                     │  (湖广话)    │  (入归去声)
                     │              │  (自贡、仁寿、富顺、
                     │              │   筠连等)
     西南官话 ───────┤              │
     (入归阳平)      ├─ 贵昆片      ├─ 川北小片
                     │              │  (广元、旺苍、苍溪、
北方官话区 ──────────┤              │   巴中、南江、通江等)
(无入声)             └─ 其他片      │
                                    └─ 鄂西小片
     北方中原 ────── 其他北方          (宜昌、恩施、利川、
     音韵方言区      官话次方言         建始、巫溪等)
     (入派三声)
```

图三　西南官话川渝鄂片（湖广话）分区结构图

川渝鄂片方言（湖广话）共同的语音特征

基于本课题的研究范围，本文只讨论四川省境内的西南官话川渝鄂片方言。川渝鄂片方言（湖广话）不同于岷江官话（南路话）的语音特征有：

1. 蟹山摄舒声合口一等端组（山摄又泥组）字读合口，如"端乱"不同于"单烂"。

2. 果摄一等字多数读-o，遇摄一等字读-u，"多锅"不同于"都姑"。

3. 麻三精组见系字韵母读-ie，"姐爷"与"几姨"不同音。

4. 咸山开口入声一二等字韵母读-a，如"答腊"与"茶拿"同韵。

5. 臻曾梗通合口入声字韵母读-u，山宕江开口入声字大部分韵母读-o，"不木"与"拨莫"不同韵。

6. 咸山入声三四等开口帮端见系读-ie，深臻曾梗入声三四等开口帮端见系读-i，"接结"与"集极"不同音。

7. 深臻曾梗入声开口三等知系字读同止摄字，"十侄直石"与"是至师史"同韵母。

8. 大多数方言有阴平、阳平、上声、去声 4 个声调，古入声字归阳平。

9. 多数方言不分平翘舌声母。

10. 少数方言分尖团音，"精经""清轻""西希"不同音。

上述十条语音特点是岷江官话（南路话）没有的。前八条是多数川渝鄂片方言（湖广话）共有的。有所不同的是：川南小片方言入归去声、知系声母字读翘舌声母，不同于第 8、9 两条；川北小片分平翘舌声母、分尖团（部分），不同于第 9、10 条。至于泥来母洪混细分（如"老 = 脑"、"泥 ≠ 离"）这一条，在川渝鄂片方言中大致是：川西小片洪混细分（如成都、绵阳、南充、遂宁），川渝小片洪细全混（如重庆、达州、广安）。

（一）川西小片

1. 地理位置

川西小片位于嘉陵江以西、川陕大道（金牛古道）以东，沱江以北，形成两个四边形地区：一个在南，是中心区，以绵阳、成都、内江和南充为顶点，周长约600千米，包括成都、德阳、绵阳、南充、遂宁、资阳和内江等；一个在北，要小一些，以青川、平武、江油和梓潼县为顶点，周长约400千米，包括青川、平武、江油和梓潼，是入川北路沿线。川西小片是湖广话在四川的核心区。本区内主要以平原和浅丘为主，交通便利，北端是四川通向汉中盆地的北大门广元，南端是四川的中心城市成都，东边经南充沿嘉陵江通向重庆，西边是压缩成条带状紧邻四川西部山区的岷江官话（南路话）区。川西小片西面与岷江官话的岷江上片相邻，东北面与川北南路话片相邻，东面隔嘉陵江与川渝鄂片的川渝小片相邻，南面隔沱江与川渝鄂片的川南小片相邻。

广元市是四川方言的交汇区，以老川陕道和嘉陵江在广元的交汇处为界，地形与方言相应的分为东西南三部分：西部山区的青川和江油、平武（属绵阳市）属于西南官话川渝鄂片川西小片，南部剑阁和盐亭、射洪、西充则属于南路话的川北方言岛（参见下文），东部旺苍、苍溪属于川渝鄂片川北小片。

2. 语音特征

川西小片以成都话为代表，有四川湖广话的典型语音特征。上文所述的10条川渝鄂片湖广话的语音特征，成都、德阳、绵阳、遂宁、资阳、青川、平武、江油话都具备，此外，川西小片泥来母洪混细分（如"老＝脑"、"泥≠离"），加上这一条共11

条语音特征。

3. 方言关系

成都话是四川湖广话的代表，是四川省的地方通语，川西小片方言基本与之相同。与川西小片相邻的岷江官话的岷西小片（崇州话、邛崃话等）是四川南路话的典型方言，在地理上呈现出湖广话和南路话二者共处于四川盆地西端，挤在成都平原内的局面，这是由于明清时期湖广移民与原土著方言南路话相遇而形成的。湖广话和南路话之间明显的方言界限，很难用方言的连续演变来解释。都江堰和新津区之间的岷江，东西两岸都有南路话分布，南路话向东越过温江区直抵成都市区西南面（距市中心只有不到10千米）[25]，所以在这一地区湖广话和南路话之间的地理分界原是越过岷江的更靠东的。现在以岷江为界，东为湖广话、西为南路话的格局是20世纪80年代以来成都话迅速扩张以后的情况。80年代以前两块方言的分界就是成都市的一环路（老城墙），向西出城，就是南路话区了。成都湖广话是清代初年湖广移民大量"填空"成都形成的，在此之前，整个成都平原（包括成都市区）都是南路话的天下。至今成都市区的北（新都区）、西（温江区）、南（双流区）三面都有南路话存在，这就是这种方言历史分布的证明。至于成都东面（金堂、龙泉、简阳）的湖广话区，则正是清代湖广移民向西进入成都的大道，他们从这里越过低矮的龙泉山脉，进入当时在战乱中已化为废墟的成都老城区，重建了被张献忠毁弃的成都①。同时，清代移民

---

① 参见《语言历史论丛》第五辑至第十一辑《蜀乱纪实》《蜀难叙略》《蜀碧注释》等清代文献系列注译。

在龙泉山一带留下了从湖广地区带来的客家人和方言。清代从鄂省东来的湖广移民洪流抵达的最西端就是成都，经历上千里的跋涉到此，其势已成强弩之末，再往西去的农村地区在战乱中受到的破坏不如城区大，原本存留的人口较多，少有空间留给移民。成都平原地区相邻的两种方言，成都湖广话是明清湖广移民带来的，与东面的川渝鄂片相一致；岷西小片南路话是明代以前方言的存留，与沿岷江西南的岷江官话一致。二者的历史来源不同，这就是川西地区（成都平原）最主要的方言关系。

(二) 川渝小片

1. 地理位置

川渝小片位于嘉陵江以东，长江以北，巫山以西，大巴山以南的四川盆地东北部。以四川的阆中、重庆的巴南区和巫山县为三个顶点形成一个底边朝北的三角形地区，周长约 1050 千米，另外加上南充、内江和重庆渝中区构成的三角形地区（大部分属重庆市），加起来就是这个方言区的大致范围。川渝小片大部分在重庆市的区域之内，在四川境内的部分主要是广安和达州两个地级市的区域，包括广安、仪陇、岳池、邻水、渠县、大竹、达州、宣汉、开江等市县区。依方言语音特征，嘉陵江边的蓬安县归川西小片，大巴山南缘的平昌县和万源市归于川北小片（见下文）。川渝小片西临川渝鄂湖广话川西小片，北靠川北小片，东接鄂西小片，南隔长江是黔北少数民族地区。川渝小片西、北、东三面都是川渝鄂湖广话区，南界长江。故以重庆城市为中心的川渝小片是川渝鄂湖广话的核心地区。

2. 语音特征

川渝小片以重庆话为代表，有四川湖广话的典型语音特征，上文总结的西南官话川渝鄂片的十个语音特征也都具备。虽然成都、重庆话语音特征很相近，但当地人听来二者区别还是明显的。川渝小片有以下几个不同于川西小片的语音特点：（1）泥来母洪细全混，"老＝脑"，"泥＝离"（广安、达州、重庆）（2）声调调值不同。去声调值高于川西小片（213/212）、去声调尾上升，成为川渝小片明显的特征。例如：去声调值广安324、达州325、重庆24。（3）臻、通摄合口入声细音字读-iu，不读-y，如"橘""局""菊"音 tçiu31（重庆、邻水）。前两个特征很明显，第三个特征由于普通话的影响，在青年人中正在消失。

3. 方言关系

川渝小片处在川渝鄂片的中央，是湖广话的核心区，历史上它也是湖广移民入川的第一站。湖广移民从江汉平原向西，在越过了长江三峡和长江南岸群山之后，来到富庶的四川盆地定居，首先到达的就是重庆地区。我们认为，重庆地区的湖广移民明代洪武年间就来到这里了，明末清初战乱以后又再次补充[15]。而成都地区的湖广移民则是清代康熙年间战乱平息以后才来到当地的。所以，虽然都是"湖广填四川"，重庆湖广移民比成都湖广移民要早三百多年。因为二者同样是来自湖广地区（主要是湖北江汉平原），所以方言的语音相近。

（三）川北小片

1. 地理位置

川北小片位于四川省北部，嘉陵江以东、大巴山南侧的地区。以广元市朝天区、苍溪、平昌和万源市为顶点围成一个不规则的四边形地区，周长约450千米，这就是川北小片的大致区域。本区域内主要是山区，北高南低，嘉陵江、巴江水系从北向南流过。区域内主要有广元、巴中两个地级市，包括广元（城区）、朝天区、旺苍县、苍溪县、巴州区、恩阳区、南江县、平昌县、通江县、万源市等。为了保存更守旧的语音特点，广元话音系以朝天区话为代表，而不用变化较大的城区话。川北小片位于四川省北部边缘地区，北部群山封闭，崎岖的河谷与汉中地区相连通（即古代的四条南北向"蜀道"）。例如万源市深入到了大巴山深处，为通向湖北的汉江河谷地带，当代才修建了铁路（1973 年）和高速公路（2021 年）。本地区虽远离四川中部，但是有北南向的嘉陵江、东河、巴江等河流，南面向四川中部川渝小片区域开放，是本区对外界的主要交流通道。

2. 语音特征

四川湖广话的十个典型语音特征，川北小片大多具备。如：1. 蟹山摄舒声合口一等端组（山摄又泥组）字读合口，如"端乱"不同于"单烂"（广元朝天区、旺苍、苍溪、巴中、南江、平昌）。2. 果摄一等字多数读-o，遇摄一等字读-u，"多锅"不同于"都姑"（广元朝天区、苍溪、巴中）。4. 咸山开口入声一二等字韵母读-a，如"答腊"与"爬拿"同韵（广元朝天区、旺苍、苍溪、巴中、南江、平昌）。5. 臻曾梗通合口入声字韵母读-u，山宕江开口入声字大部分韵母读-o，"不木"与"拨莫"不同音（广元朝天区、旺苍、苍溪、巴中、南江、平昌）。8. 古入声字归阳平（广元朝天区、旺苍、苍溪、平昌）。这些湖广话的语音特征很多点都是一致的。川北小片也有一些独特的语音特点，特别是以下三条：（1）知系字声母读翘舌音，精组洪音声母读舌尖前音（广元朝天区、旺苍、苍溪、巴中、通江、平昌、南江、万源）。（2）声母分尖团（广元朝天区、苍溪、巴中、通江、平昌、南江、万源）。某些情况下调查选点在城区或发音人相对年轻，分尖团的语音特征则消失了。川北小片多数方言分尖团音，精组细音声母 Tʃ-组分别与精组洪音声母 Ts-组、见系细音声母 Tɕ-组相区别，再加上知系翘舌音声母 Tʂ-组，共有四套塞擦音。从声母音位互补的角度考虑，也可以将精组细音字和洪音字合并处理为一套声母，但是这样则不能体现出精组细音字声母介于 Ts-、Tɕ-之间的发音特色，所以我们选择了有区别地描写其语音特点。（3）部分方言有独立的入声调（巴中、通江、南江），另外还有广元朝天区、旺苍北部、苍溪等部分地区的方言还保留入声调[4][10][24]。

3. 方言关系

川北小片的主要语音特征与川渝鄂湖广话的是相同的，而又部分地保留了分平翘、分尖团、有入声三个特征。这与湖广话和现代南路话都不同，却与川北南路话片的剑阁小片相似（参见下文）。从语音类型上看，这是湖广话方言和南路话剑阁小片方言叠置的类型。从地理位置上看，川北小片地处比较封闭的四川省北部边缘山区，西面南路话剑阁小片邻接，南面与湖广话川渝小片邻接，存在受二者方言影响的可能性。从地理形势来看，川北小片比剑阁小片更开放，故受到移民带来的湖广话的影响更大，故在南路话的底层上更多地表现出湖广话的语音特征。

（四）川南小片

1. 地理位置

川南小片在《中国语言地图集（第一版)》中被称为西南官话灌赤片仁富小片。川南小片位于一山两江围成的大半月形中，其西北边是东北向西南逶迤的龙泉山脉西南段（起于成都龙泉驿区，止于乐山），西南边是岷江下游（起于乐山止于宜宾）和长江上游（起于宜宾止于泸州），以上两段构成弓背；东北边界沱江（从简阳市至泸州汇入长江），构成弓弦，周长约530千米。这个区域的东南角的一部分，被泸州、南溪和宜宾等南路话方言区的江北部分占据。整个川南小片区域是位于岷江下游东北的平原地带，岷江水系（沱江是岷江一大支流）灌溉这一方沃土，农业发达。中心地区自贡、富顺和荣县自古以来是四川著名的井盐产区，钻井采卤煮盐技术鼎盛于明清，以繁荣的经济吸引了大量移民聚集。川南小片包括仁寿、井盐、威远、隆昌、自贡市、富顺、内江市（一部分）和泸县（北部）等市区县。地处川滇交界处的筠连县是远离本地区的一个方言岛，在长赤片南路话包围中。荣县话的语音特征与川南小片不同，形成一个外来的方言岛，经考证是湖北省东部明清时期移民带来的方言[19]。

2. 语音特征

《中国语言地图集（第一版）》把仁富小片划在西南官话灌赤片之下，即归在了南路话之下。而本研究把川南小片归在西南官话川渝鄂片（即原成渝片）之下，这是由于它的语音特征大多数是湖广话的。其语音特征有：1. 果摄一等字韵母多数读-o，遇摄一等字读-u，"多锅"与"都姑"不同音。2. 麻三精组见系字韵母读-ie不读-i，如"姐爷"与"几姨"不同音。3. 蟹山摄舒声合口一等端组（山摄又泥组）字读合口，如"端"tuan、"暖"luan。4. 咸山开口入声一二等字韵母读-a，"答腊"与"爬茶"同韵。5. 山臻曾梗通合口入声主元音读-u，宕江开口入声字大部分主元音读-o，"不木"与"拨莫"不同韵。6. 咸山摄三四等开口入声字帮端见系读-ie，如"接结"；深臻曾梗三四等开口入声字帮端见系读-i，如"集节极积"，二者不同韵。7. 深臻曾梗摄开口三等知系入声字韵母同于止摄舒声字，"十侄直石"与"是迟师诗"同韵。川南小片这7条语音特征都是同于湖广话而不同于南路话的。川南小片的"泥来母洪混细分"这一条特征，是南路话（如崇州话）和湖广话（如成都话）方言共有的。川南小片最明显的不同于周围方言的语音特征有两条：一是古入声字读去声，二是知系字声母读卷舌音。这两条语音特征既不同于湖广话，也不是南路话的共有特征。综观其语音特征，川南小片总体上是接近于湖广话的。

3. 方言关系

川南小片方言的语音特征大部分更近于湖广话，因此，川南小片方言应归于湖广话。为何川南小片的古入声字归去声、知系字读卷舌声母？这两条特征是四川湖广话所没有的。有两种可能：一种是川南小片方言原是古代南路话在岷江北岸发展的又一分支，其与岷江南岸的南路话同样古老，都是继承于古南路话的，只是原独立的入声归了去声并保持了原有的知系翘舌声母。《蜀语》音系（古南路话）有分尖团、分平翘、入声独立三大特征[23]。在明清时期湖广移民，进入这一地区，湖广话的多数语音特征渗入当地的方言，形成湖广话与古南路话的叠置。这种情况与川北小片的分平翘、分尖团的语音特征有类似之处，其历史来源也有共同处——都有古南路话的底层特征。川南小片明显的地域界限（两江一山为边界）也能佐证它在本地发展的长期历史。另一种可能是明清湖广移民时期有类似于今湖广话的方言向西入川，此方言语音特征略有不同，入声字归去声，并有平翘舌声母之分。但目前尚未在长江中游地区发现这样的源方言。

方言的语音特征多数是传承的。川南地区位于岷江北岸，水陆畅通，有适合明清时期移民的开放的地理环境。川南小片方言的大部分语音特征与湖广话相近，形成川南小片的语音表层，应属于川渝鄂片湖广话；同时，川南小片又分平翘舌声母、入归去声，这是古南路话留下来的底层特征，所以我们认为川南小片方言应归属于湖广话的一支。

《中国语言地图（第一版）》把川南小片叫作"仁富小片"，归在西南官话灌赤片之下[11]，即属南路话为一个方言片。《中国语言地图（第二版）》的西南官话划分中也做了类似处理（名称不同）①。这种划分实质上是因为对方言的历史来源的不同认识：川南小片方言是以外来移入为主，还是从明清以前的本地方言发展而来为主。根据川南小片方言不同于岷江官话（南路话）的大多数语音特征，我们做出了与前人不同的划分。

川南小片与川北小片都属于西南官话川渝鄂片，位于四川盆地的南北两侧，两小片的语音特征都兼有湖广话和南路话两类特点。而位于四川盆地中部、横贯东西的川西小片和川渝小片，则只有湖广话的语音特征。四川方言的这种分布态势，正好解释了明清时期湖广移民运动对四川方言的填补和改变：盆地中部是移民主流所在，所以方言被完全替换为湖广话；而在盆地南北两侧，则部分保留了明代以前的四川原方言的底层特征。这种分布也说明，明代以前原岷江官话（南路话）方言是覆盖全四川的，明末清初湖广大移民以后才形成了今天的四川方言格局。

---

① 《中国语言地图（第二版）》改原灌赤片为"西蜀片"，改"仁富小片"为"江贡小片"，四川境内所属市县方言划分与《中国语言地图（第一版）》大致相同。

五、其他方言

四川汉语方言中，除了岷江官话（南路话）和西南官话川渝鄂片（湖广话），另外还有少量的客家话和湘方言，以方言岛的形式存在。这些方言大都分布在川渝鄂片湖广话区，这与清初湖广移民有关。客家话移民和湘语移民同湖广移民同时来到四川地区，定居在四川中部，主要是在川西小片和川渝小片。由于这两种方言的使用者不多，不是四川的主要汉语方言，有学者对其进行专门研究[1]，本文不做更多的分析。三百多年来，这些方言点在湖广话的包围之中，原来的语音特征发生了很多的变化。

龙泉客家话，分布在成都市区东面的龙泉山麓，距成都市区约 15 千米。有的客家话已经深入到成都市区东北角。在湖广话包围之中，客家话仍保持了许多原有语音特征：如保留了 6 个声调，入声分阴阳，古浊塞音和塞擦音声母仄皆读送气音，部分浊上、去声字读阴平，如"坐"tsho1、"每"mei1 等。同时也发生了很多改变：如不分尖团音、见系声母腭化、不分平翘舌声母等，这些都是川渝鄂片湖广话的语音特征。由于客家话与湖广话沟通困难，客家人能双语，对内讲客家话，对外讲湖广话。所以虽处于川渝鄂片湖广话的包围之中，客家话的音系特征仍保留得比较好。

四川湘方言的变化就相对较大了。例如湘方言中江县广福镇方言的音系，就有阴平、阳平、上声和去声四个调类，去声不分阴阳，无入声调，甚至调值也接近于湖广话了。但广福话还有一些北部湘语的特征，如：大部分全浊平声字读不送气音，如

"爬途从锄"；部分匣母洪音字读为零声母，"黄王"同音，古非、晓组声母混读；等等[3]。顾县话也有这些语音特点，但更接近川渝鄂片湖广话一些。有的湖广话甚至受到了湘方言的影响，变成了带有少量湘方言语音特点的湖广话，如川渝小片的一些方言点非组字和晓组字混读，如"房" xuaŋ2、"黄" faŋ2、"飞" xuei1、"欢" fan1、"昏" fen1、"分" xun1 等现象，就是在湘方言影响下形成的。

六、结语

以上就是我们对四川省岷江流域和嘉陵江流域的汉语方言所做的区片划分。上文简要地介绍了方言分区所依据的地理位置和语音特征，对方言间的关系和历史发展也做了一些讨论。我们的方音材料的来源是《岷江流域方音字汇——20世纪四川方言大系之一》（2019）和《嘉陵江流域方音字汇——20世纪四川方言大系之二》（2020 稿）两书中的 80 个方言点的语音资料，还参考了其他方言点的语音资料，以上资料都是我们团队通过实地调查得来的，是多年的积累。《岷江流域方音字汇——20世纪四川方言大系之一》和《嘉陵江流域方音字汇——20世纪四川方言大系之二》是对当代四川方言语音的记录和整理，这是其最重要的价值。我们还参考了前贤对四川方言语音的研究成果，如《四川方言调查报告》（杨时逢 1984）、《四川方言音系》（四川大学编写组 1960）、《中国语言地图（第一版）》和《中国语言地图（第二版）》等。

流逝的时光有时是一个高明的骗子，它像粉刷匠一样，总是抹去历史的裂痕和沟壑，让过往看起来光滑、连续，像一个天衣无缝的整体。幸运的观察者才能发现破绽，剔除表面的遮盖，洞穿这个蒙人的把戏，看到历史真实的波澜起伏。在广泛调查收集方言第一手资料的基础上，我们对近现代四川方言的历史做了一些探索。基于四川方言分为两个区片的事实，我们提出四川方言分为两个历史层次的观点，这是四川方言研究中一个新的观察结论，它是否正确还有待于更多研究的检验。方言研究的目标之一，是通过现实的语言资料探求语言历史发展的真实面貌，这是一个有难度的任务，我们欢迎意见和批评来帮助我们提高研究水平。

参考文献：

[1] 崔荣昌. 四川境内的湘方言 [M]. 台北：中央研究院历史语言研究所，1996.

[2] 陈鹏. 剑阁、南部相邻山区方言音系调查及其历史比较 [M]. 新北：花木兰文化事业有限公司，2022.

[3] 古婷. 四川中江县广福话音系调查研究 [C] //语言历史论丛（第十六辑）. 成都：巴蜀书社，2021.

[4] 何志春. 四川苍溪方言语音调查研究 [D]. 成都：四川师范大学硕士论文，2017.

[5] 侯精一. 现代汉语方言概论 [M]. 上海：上海教育出版社，2002.

[6] 黄雪贞. 西南官话的分区（稿）[J]. 方言，1986（4）：266.

[7] 李小凡，项梦冰. 汉语方言学基础教程. 北京：北京大学出版社，2010.

[8] 四川大学编写组. 四川方言音系 [J]，四川大学学报，1960（1）.

［9］杨波，周及徐．剑阁县金仙镇方言音系［C］//语言历史论丛（第八辑）．成都：巴蜀书社，2015.

［10］张明．四川广元朝天区方言语音研究［D］．成都：四川师范大学硕士论文，2020.

［11］中国社会科学院，澳大利亚人文科学院．中国语言地图集［M］．香港：香港朗文出版公司，1987.

［12］中国社会科学院语言研究所，中国社会科学院民族学与人类学研究所，香港城市大学语言资讯科学研究中心．中国语言地图集（第二版）·汉语方言卷［M］．北京：商务印书馆，2012.

［13］周及徐．从语音特征看四川重庆"湖广话"的来源——成渝方言与湖北官话代表音系特点比较［J］．四川师范大学学报（社会科学版），2012（3）．

［14］周及徐．南路话和湖广话的语音特点——兼论四川两大方言的历史关系［J］．语言研究，2012（3）．

［15］周及徐．从移民史和方言分布看四川方言的历史——兼论"南路话"与"湖广话"的区别［J］．语言研究，2013（1）．

［16］周及徐．四川雅安地区方言的历史形成及其与地理和移民的关系［J］．四川师范大学学报（社会科学版），2014（6）．

［17］周及徐．四川青衣江下游地区方言的语音特征及其历史形成［C］//语言历史论丛（第八辑），成都：巴蜀书社，2015.

［18］周及徐．藏语对汉语方言音系的影响——以四川天全话为例［J］．民族语文，2016（6）．

［19］周及徐，周亚欧．四川荣县话音系来源考察——明清"湖广填四川"的一项语言学证据［J］．语文研究，2019（4）．

［20］周及徐．传播与演变——明代以来四川方言形成概述［C］//语言历史论丛（第十四辑）．成都：巴蜀书社，2020（1）．

［21］周及徐．成都、乐山两城方言的差异及成因——从四川明清移民看

方言变化［C］//语言历史论丛（第十七辑）.成都：巴蜀书社，2021（1）.

［22］周岷、周及徐.从明代《蜀语》词汇看四川方言的变迁［J］.语文研究，2016（3）.

［23］周及徐，周岷.《蜀语》与今四川南路话音系——古方言文献与当代田野调查的对应［J］.语言研究，2017（2）.

［24］周夏冰.四川旺苍县方言音系调查研究［D］.成都：四川师范大学硕士论文，2019.

［25］周颖异，周及徐.成都苏坡桥话音系及其在成都地区方言史上的意义［C］//语言历史论丛（第六辑）.成都：巴蜀书社，2013.

［26］左福光.宜宾方言本字考和宜宾湘方言研究［M］.香港：华文国际出版社，2016.

《中原音韵》部分争议字归部问题探究[①]

刘 易[②]

摘 要 《中原音韵》作为归纳北曲用韵、为北曲服务的一部韵书，其中的部分韵字与元曲实际用韵存在一定的差异。本文以"琼、咱、徥、塞、媸、蚩"六字为例，旨在厘清这些韵字的归部问题，探讨它们归部差异的原因。

关键词 《中原音韵》；韵字；琼；咱；徥；塞；媸；蚩

"琼咱徥塞媸蚩"六字，在《中原音韵》的归部情况为：琼，庚青韵；咱，家麻韵；徥，齐微韵；塞，支思韵；媸、蚩，

[①] 本文是由重庆三峡学院文学院研究生科研创新项目资助"网络流行语生成的生态学考察"（YJSKY22076）的阶段性成果。
[②] 刘易，女，成都人。重庆三峡学院硕士研究生。研究方向：音韵学。

齐微韵。六字在元曲的实际用韵情况为：琼十一次押庚青，三次押东钟；咱一百三十四次押家麻，两次押监咸，一次押真文；徙字只入韵一次，与支思韵字相押；塞九次押皆来，三次押齐微；媸三次都押支思韵，而蛊字只与支思韵押过一次。李蕊等学者认为《中原音韵》里的这些字应当按照元曲押韵情况，归入相应韵部（即和什么韵部的字押韵，就归入什么韵部）。但语音的发展状况纷繁复杂，《中原音韵》的编撰并非仅靠归纳元曲押韵状况这样简单，这部著作应当是周德清对当时的语音现象做出深入而广泛的分析之后编撰而成的，因此本文针对上述六字的归部问题进行探究。

一、"琼"归庚青一韵并非漏收

"琼"，《广韵》渠营切，平声群母清韵合口三等字，《中原音韵》收入庚青韵。但是在全元曲中此字与两种韵相叶，共入韵十四次，十一次与庚青字相押，三次与东钟字相押。元曲用韵和《中原音韵》的这一差异表现出这一时期清韵合口喉牙音向东钟韵合流的趋势。首先，东钟韵的拟音为 [uŋ iuŋ]，而庚青韵的拟音为 [əŋ uəŋ iŋ ueuiŋ]，这两个韵部都带有后鼻音韵尾，同时庚青韵后两个拟音里的央元音韵腹 [ə] 带有滑音色彩，发音过渡太快，容易产生和东钟韵相类似的音色[1]。现代汉语韵母 ung 是 ueng 的省写，也可佐证这一点。可见，庚青韵与东钟韵的确具备合流的语音条件。同时，《韵镜》中和"琼"同为清韵合口喉牙音地位的有"荣萦倾"三字，其中"荣倾"二字在《中原音韵》中已经收入庚青、东钟两韵，成为又读字。庚青韵字在《中原音韵》中被收作两部兼收字，其实也在反映两韵合流的过程。李蕊（2014）等人研究表明，无论是根据语音演变的一般规律还是元曲用韵的实际情况，"琼"字理应与"荣倾"一样收入庚青和东钟两韵[6]。关于"琼"字是否漏收入东钟韵的问题，事实上涉及《中原音韵》东钟韵与庚青韵又读原因问题的探究。

在《中原音韵》中共有29字被归入东钟、庚青两韵成为又读字。这些字全部属于梗、曾两摄的唇音字和喉牙音字，往前追溯没有发现这些字存在又读的情况，说明这些字是周德清新记载的又音。关于又读问题，一些学者认为，这些又读在一个语音系统里同时存在，如王力（1985）认为东钟读法是正读，庚青读法是存古；杨耐思（1990）认为东钟韵是新音，庚青韵是旧读；刘纶鑫（1991）认为东钟韵是口语音，庚青韵是文读音。如果这两种读音真的同时存在于一个语音系统中，就无法解释一些同属于梗、曾两摄唇音、喉牙音的字没有收归两读，却只单列在庚青韵的状况，如朋甿琼倾等字。而且，现代汉语官话方言中并没有 [uŋ] 与 [uəŋ] 同时存在的情况，根据钱曾怡（2010）所列的42个官话方言点材料，也没有发现这两个韵母共存的情况[2]。因此，关于"琼"字没有另收入东钟韵的原因，本文认可张玉来的说法。张玉来（2017）认为《中原音韵》庚青、东钟又读情况不是对元曲押韵状况的总结，而是周德清对语音现象审音的结果[3]。

首先，张玉来分析了两个韵部在元曲里的押韵情况，发现东钟和庚青两部的韵字，既没有限制声母，韵母相押的范围也远远超过了《中原音韵》审定的范围[3]，最终认为这些又读字是对元代实际语音情况的反映。接着,张玉来对比了《中原音韵》同时期的《中州乐府音韵类编》《蒙古字韵》《古今韵会举要》的材料之后得出结论:"当时的官话及其方言读音存在分歧,有的读[uŋ],有的读[uəŋ],审音的根据不同,处理方式就不同。卓从之全部归了[uŋ],剩余的读[uəŋ]、《蒙古字韵》是将[pp^h]声母的归[uŋ],剩余的读[uəŋ]。""周德清应该既听闻过《中州乐府音韵类编》的形成,也听闻过《蒙古字韵》的形式,他干脆将之两归。"[3]张玉来还提到,而喉牙音的字还留下一些小韵或字不见于东钟韵,说明《中原音韵》类之不尽,在犹豫两可之间。[3]

二、"咱"字只入家麻

"咱"在元曲中共入韵137次,134次叶家麻,2次叶监咸,1次叶真文,《中原音韵》将其归入家麻韵。

首先,"咱"字家麻韵的来源可从以下两个方面来探寻。一方面,从字形和语音角度来看,吕叔湘(1985)认为"咱"字产生于宋代俗语,字形上,"咱"字所从的"口"旁,往往是俗字的符号,而其又从"自",其字义本该与"自"相关;语音方面,又恰好是"自家"的反切音[4]。另一方面,从字书记载的角度来看,"咱"字首次见于金代字书《四声篇海》,被释为"子葛切,音喳,俗称自己为咱"。分析其反切上下字可得,"子"声母为精,属舌尖音,"葛"曷韵开口一等字。按照语言演变的一般规律,入声曷韵开口舌齿音在《中原音韵》中应当归入家麻韵。同时,与《中原音韵》同时期的《中州音韵》将

"咱"注音为兹沙切。再结合其在元曲中的押韵情况可知，"咱"自宋代产生发展到元代都主要读作［tsa］，因此《中原音韵》收入家麻韵。

其次，"咱"在元代还新产生了另一个读音［tsam］，由于尚处于起源阶段，因此在元曲中的用例较少，但其与监咸韵相押也能显示出一些痕迹。一方面，从合音的角度来看，吕叔湘在论述"咱"与自家的关系时曾说："咱等于咱们，跟上面第三义的自家相当，这里面较晚的例子可能不代表［tsa］，而代表［tsam］或［tsan］。"[4]在原文论述过程中，吕叔湘先生在后汉、北宋、金代这三个时期中各举一个用例，最后举了三个元代的用例。可见，吕叔湘认为，在元代，"咱"是存在［tsam］这一读音的。这一读音产生于"咱们"的合音，也就是"自家们"的合音，在元曲中也就体现为"咱"与监咸韵相叶。另一方面，从异体字角度看，"咱"有"偺喒"两个异体字，这两个字都是以"昝"（《广韵》为子感切）为声旁。"偺"为后起字，《中文大辞典》释为："自我之称也，俗称偺家、偺们，与喒、咱同。〈辞海〉偺同喒。""喒"在《集韵》中为：子感切，音昝，喒喒，味也，平声俗云我也。又《正字通》释其为：俗字，旧注昝，平声，今北音谓我也，与咱音异意同。此处的音异指"喒"与"咱"［tsa］这一读音存在差异，因为"咱"在《正字通》中的反切仍为庄加切，这一差异产生的原因是：在明代，"咱"［tsam］这一读音只在小范围内使用，字书顺应前代如《中原音韵》等书籍的记载，只收录［tsa］音，这时"咱喒"只是异音同义词。然而在同义替换的使用过程中，"喒"（［tsam］）与"咱"（［tsa］）的语音逐渐趋同，再经由 m 韵尾变成 n 韵尾，发展到现代,《国音常用字汇》(1932)和《汉语大字典》等现代汉语书籍就将"咱"确立为两个音读[tsa]和[tsan],如"咱们""咱家"等。总之,由于周德清在编撰《中原音韵》时收字较为谨慎,因此只采纳了使用频率更高,占主流的读音[tsa],这种选择对于当时的语音环境来说是十分合理的,不必如李蕊论文中所言,还应收入监咸韵。

最后,"咱"在元曲中还押入了真文韵一次,见于曾瑞《山坡羊·讥时》:"繁花春尽,穷途人困,太平分的清闲运。整乾坤,会经纶,奈何不遂风雷信,朝市得安为大隐。咱,装做蠢;民,何受窘。"[5]首先,曾瑞好友钟嗣成所作的《录鬼簿》介绍:"曾瑞字瑞卿,大兴人,自北来南,喜浙江人才之多,羡钱唐景物之盛,因而家焉。"[5]但无论是大都话或吴语在元代都不存在将an韵读作en韵的情况。在对比了《全元散曲》和曾瑞散曲研究学者李春祥所著的《曾瑞散曲集校注》后,没有发现该曲子存在错字及错误标点的情况。事实上,"咱"在这首曲中,并不能算作韵脚。就曾瑞所作之曲就能看出,"咱"在"咱,装做蠢;民,何受窘"这类格式的曲文中并不总是作韵脚,如《山坡羊·闺怨》:"孤帏独卧,良宵空过,付能有梦还惊破。病成魔,泪如梭,凄凉无数来着末。凭谁顿开眉上锁。咱,无奈何。愁,无处躲。"[5]又如《山坡羊·妓怨》:"春花秋月,歌舞舞榭,悲欢聚散花开谢。恰和协,又离别,被娘间阻郎心趄。离恨满怀何处说。娘,毒似蝎。郎,心似铁。"[5]综上所述,"咱"在元曲中只与家麻、监咸叶韵,并不存在与真文叶韵的情况。

三、"徙"字应入齐微

"徙"在《中原音韵》中被收入齐微韵符合元代语音情况，并非误收。"徙"《广韵》斯氏切，上声心母纸韵开口三等字，"徙"在元曲中共入韵一次，叶支思韵，见于张可久《雪中酬王一山》枝、卮、徙、至、时。根据语言演变规律，止摄精知章三组的开口三等字均在元代归入支思韵，如"纸、氏、翅、私、二、使、慈"等字。由此，李蕊认为"徙"理应归入支思，而《中原音韵》收入齐微部属于误收。笔者认为《中原音韵》将"徙"字归入齐微韵是正确的，原因有以下两点。一方面是因为韵母齐微与支思韵发音接近，据李蕊统计齐微押入支思的有23个韵段，支思押入齐微的也有65个韵段[6]。可见元曲中支思与齐微常常通押，根据"徙"押入支思一次，难以说明《中原音韵》误收。另一方面，李荣（1982）认为："徙"在中古时期与"死"同音，北京话中没有与"死"同音的字，为了回避这个字，中古时期凡与"死"同音的字都避开了，如"玺、蒽、枲"[7]。由此可见，与"死"同音的几个字的韵母，都没跟随语音演变的一般规律归入支思韵，而是跟随除精知章组声母外的字一起归入齐微韵，保留原有的[i]韵母，读作[si]。随后到17世纪声母又转化为舌面音，声母从[s]变为[ɕ]，读作[ɕi]。如果元代将其收入支思，就难以说明现代普通话读音源起何处。而且"徙"字并非孤例，同音的"玺、蒽、枲"三字，在《中原音韵》中均收入齐微韵，再加上"徙"只入韵一次，也不能排除作者作曲时忽略了避讳的情况，因此笔者认为《中原音韵》将"徙"收作齐微韵,并非误收。

四、"塞"字实应归入支思

"塞"在《中原音韵》归入支思韵并非误收。李蕊认为,"塞"应当归入皆来和齐微两韵,《中原音韵》误收入支思韵[6]。首先,"塞"在《广韵》中共有两个读音:一是先代切,去声心母代韵开口一等字,意为边塞;二是苏则切,入声心母德韵开口一等字,意为"满也,窒也,隔也"。"塞"的前一读音归入皆来不存在争议,问题在于后一读音的归并。向熹(2017)在论述《广韵》与《中原音韵》韵部之间的继承关系时,认为德韵的开口一等字按声母的差异归入齐微、皆来、支思三韵[8],而心母开口一等字正是归入支思韵,且例字也明确举有"塞"字。《中原音韵》韵字之下并不作注,而支思韵"入声作上声"一列三个韵字"瑟澀塞"都附带有批注,其中"塞"字之下注云"音死"。从"塞"字在《中原音韵》中的特殊标注我们可以窥见,周德清对"塞"字十分重视,以添加注释的方式来提醒读者此字的特殊读音,可见该字归入支思韵也一定是综合考虑了诸多因素后形成的结果。同时,除《中原音韵》,还有《中州音韵》也将"塞"归入支思、皆来两韵。其次,"塞"在元曲中共入韵十二次,九次叶皆来韵,三次叶齐微韵,如郑光祖《王粲登楼》的《满庭芳·我如今羞归故里》中的里、己、归、计、眉、衣、齑、内、塞、梯。在上文论证"徙"字归属的过程中提到,在元曲押韵过程中,齐微韵和支思韵因发音接近,时常有通押的情况,因此,"塞"三次叶入齐微,并不能说明"塞"在当时应当读作齐微韵。综上所述，无论是根据语音的演变规律还是元曲的实际用韵情况，都不足以支撑《中原音韵》将"塞"字归入支思是误收的论点，因此目前还是应当以《中原音韵》的归部情况为准。

关于现代汉语"塞"字韵母为 e，不读如舌尖音的原因，或许与支思韵的拟音、方言影响、古音遗留这几个方面有关。首先，《中原音韵》支思韵所包含的韵字今读为 e 的有三个字"瑟澀塞"，学界注意到这一特殊现象，并展开了对支思韵拟音的广泛讨论，自赵阴棠之后，研究者大多认同为拟音为 ï。而陆志韦（1988）也认为支思韵的拟音应当是 ɿ、ʅ 跟 ɨ、ə 中间的一个音，不是实在的舌尖音，借用 ï 符号来表示[9]。其次，中古德韵的拟音为 [ək]，后来随着语音的演变入声韵在元代大都音中完全消失，德韵入声韵尾脱落最终只剩下主要元音 [ə]。同时，王力在《汉语语音史》论述语音不规则变化原因时，认为方言一定程度上也会影响普通话的读音。在南方保留有入声韵的方言里，如粤语和西南官话（保留有少量入声字），塞字仍旧读的是中古入声德韵，因此"塞"字的今读，或也受到南方方言的影响从而保留了古音。

五、"媸蚩"误收进齐微

首先，"媸蚩"在《广韵》中为赤之切，平声昌母之韵开口三等字，依据语音演变的一般规律，支脂之韵的精知章组开口三等字均在《中原音韵》中归入支思韵。其次，在元曲实际用韵中，"媸蚩"也是与支思叶韵，如卢挚小令《红梅》"蟾宫曲"

中的脂、枝、差、时、儿、姿、媸，商衢套数《问花》"月照庭"中的紫、蚩、孜、私。但《中原音韵》却将"媸蚩"收入了齐微韵，这一误收的原因主要在于周德清在归部过程中受到"蚩"本字字音的影响，仍旧将两字按古音归部。张伟丽认为，"欪"是"蚩"的本字，汉魏之后多假"蚩"为"欪"，意为蚩笑，后加义符造出后起字"嗤"[10]。"欪"，《说文解字》《唐韵》《广韵》许其切，《玉篇》许之切，《说文解字系传》轩其反，《集韵》虚其切，又《类篇》呼来切，切上字"许轩虚呼"都是牙喉音晓母字。"蚩"，《广韵》赤之切，《集韵》《韵会》充之切，《玉篇》尺之切，切上字"充赤尺"都是章组昌母字。张伟丽在说明两字的源流关系时认可郑张尚芳提出的说法：上古后期汉代，带有后垫音 j 促使 kj、pj 腭化混同为 tj [ȶ]，再一起变成了中古的章 tɕ 组[10]。"蚩嗤"字出现之后，"欪"字由于使用率太低，字书大都沿袭古书惯例将其注音为许之切，再经由近代的腭化规则影响，"欪"最终读作 [ɕi]。同时，关于《中原音韵》漏收"嗤"字的问题，依据该书以归纳北曲韵字，服务北曲押韵为创作目的，而"嗤"在元曲中又入韵三次，都叶入支思，如无名氏《隔江斗智》"后庭花"中的师、差、使、枝、死、诗、事、儿、嗤、髭、四、之、辞、时、儿。可见，"嗤"应当被添加入支思韵。综上所述，"媸蚩"的声母既然在汉魏以后就变成了章组声母，理应顺从语音演变的一般规律，归入支思韵，周德清在《中原音韵》中将其归入齐微韵应当是受到"蚩"本字读音"欪"的影响。

综上所述，《中原音韵》不将"琼"字归为庚青、东钟两部兼收字的原因在于这两部在当时正处于合流阶段，周德清也处在犹豫两可之间。只将"咱"字收入家麻韵的原因则在于，监咸韵是新产生的读音，尚未得到广泛运用，由此只收入了使用频率占据绝对主导的家麻韵。"徙"字未按语音演变的一般规律归支思韵，是因为该字在当时与"死"同音，用韵时为了避讳便归入了齐微韵。"塞"字不入齐微反入支思也有受避讳字影响的原因在。而《中原音韵》误将"媸蚩"两字收入齐微韵，则是受到"蚩"的本字读音影响，保留了古音。从周德清对这六个特殊字的归部处理研究可以得出，对于当时脱离于语音演变一般规律之外的韵字，周德清始终坚持归纳当时实际语音状况这一基本原则。这一原则并不简单表现为韵字和哪一韵部相押就归入哪个韵部，韵字的归部需要综合考虑文化背景、元曲的创作标准、韵字自身的使用情况等诸多因素，正如上文提到的韵部合流、读音的使用频率、避讳、本字等。总之，《中原音韵》汉字归部基本原则的熟练掌握，对于人们了解《中原音韵》中存在的特殊归部原因具有重要意义。

参考文献：

[1] 朱晓农. 语音学［M］. 北京：商务印书馆，2010.

[2] 钱曾怡. 汉语官话方言研究［M］. 济南：齐鲁书社，2010.

[3] 张玉来.《中原音韵》东钟/庚青韵间的方音性又读［J］. 方言，2017（4）.

[4] 吕叔湘. 近代汉语指代词［M］. 上海：学林出版社，1985.

[5] 李春祥. 曾瑞散曲集校注［M］. 开封：河南大学出版社，2008.

[6] 李蕊. 全元曲用韵研究［D］. 武汉：华中科技大学，2009.

[7] 李荣. 音韵存稿［M］. 北京：商务印书馆，1982.

[8] 向熹. 简明汉语史［M］. 北京：商务印书馆，2017.

[9] 陆志韦.陆志韦近代汉语音韵论集［M］.北京：商务印书馆，1988.

[10]张伟丽.蚥、嗐、哈音转关系考［J］.汉语史学报，2021（24）.

江西新余姚圩话古入声的演变[①]

温爱华[②]

摘　要　据初步统计，姚圩话今常用古入声字共412个，其中388个今仍为入声字，24个发生舒化。入声字经历先发生韵尾分调再发生气流分调，这种变化属"分立型"分调，变化原因属"自变型"演变。发生舒化的古入声字多派入去声和阴平，舒化的具体原因可能有普通话的影响，浊声母的影响，韵摄来源于后五摄，主要元音舌位偏低、读为轻声，语音构造舒声的空位、不单用等。

关键词　姚圩话；古入声；韵尾分调；气流分调；舒化特点；舒化原因

[①] 本文是国家社会科学基金重大项目"环南海国家语言生态研究及语言资源库建设"（16ZDA211）的阶段性成果。
[②] 温爱华，男，江西新余人，暨南大学华文学院博士研究生，广东外语外贸大学留学生教育学院讲师。研究方向：汉语方言学与现代汉语语法学。

引 言

新余市位于江西省中部偏西，市政府设于渝水区，另辖分宜县。姚圩镇地处渝水区东部，袁河下游，东西南北分别与新溪乡、罗坊镇、南安乡、黄土岗镇（属宜春樟树市，与姚圩镇隔袁河相望）相邻。新余市境内通行新余方言，属赣语宜萍片[28]。新余方言内部分北、中、东三片，北片包括水北、人和、鹄山、马洪、北岗、下村、欧里、观巢；中片为城区话，包括水西、珠珊、沙土、界水、河下、良山；东片包括新溪、南安、姚圩、罗坊、南英、东边等乡镇[31]。姚圩话属东片新余话，为本文作者母语。两位同镇发音合作人信息如下：温春芽，男，1959年生，退休教师，大专文化，南河村委老屋村人；张桂兰，女，1959年生，农民，高中文化，河埠村委张家村人。

姚圩话简明声韵调系统如下：声母有 [p、pʰ、m、f、t、tʰ、l、tɕ、tɕʰ、ȵ、s、k、kʰ、ŋ、h、ø] 十六个；韵母有 [œ、i、u、y、A、iA、uA、ɔ、iɔ、uɔ、E、iE、uE、ai、uai、ɔi、uɔi、ui、øi、Au、ɔi、uɔi、Eu、iEu、iou、an、ian、uan、ɔn、uɔn、yɔn、En、Aŋ、iAŋ、uAŋ、ɔŋ、iɔŋ、uɔŋ、in、un、yn、uŋ、yŋ、m̩、ŋ̍、œt、it、uat、yɔt、at、Et、iEt、et、ɔt、uɔt] 五十五个，其中后十个为入声韵母，入声韵尾仅保留了塞韵尾 [-t]；单字调有阴平 [55]、阳平 [31]、上声 [21]、去声 [22]、全短入 [<u>45</u>]、全长入 [45]、次短入 [<u>34</u>]、次长入 [34] 八个。

一、姚圩话古入声的保留

（一）姚圩话今常用入声字

据《方言调查字表》[32]初步统计，姚圩话今常用古入声字共412个。其中今常用入声字388个，今常用舒化字24个。今常用入声字先依塞韵尾［-t］的保留、脱落二分为入声韵字（即短入字，包括咸深山臻摄字、少部分曾梗摄字和极少数通摄字）和入声调字（即长入字，包括宕江摄字和大部分曾梗通摄字），之后入声韵字、入声调字再依今声母不送气、送气四分为全短入（高调短入）和全长入（高调长入）字、次短入（低调短入）和次长入字（低调长入）①。除［pʰ、tʰ、tɕʰ、kʰ］四个送气声母外，今喉擦音声母［h］的分调功能同送气声母，故也以送气声母论。

姚圩话今常用入声字例字如下（不计舒化字24个）。

全短入［45］（157个）：

咸摄：法答搭跌接摄夹甲胛鸽鸭押压劫业聂蹑腊蜡猎纳叶页乏涉协

深摄：急级执汁涩湿吸立笠粒入十习袭

山摄：八拨憋钵髮发掇扎结洁决诀节折_{折断}浙哲杀刷设血歇薛泄屑_{木屑}雪割葛刮别_{区别}括_{包括}末沫抹灭篾蘖月辣癞捋烈列裂劣捺_{撒捺}袜热越粤悦阅伐折_{折本}舌穴滑猾_{狡猾}活

臻摄：不笔必毕忽卒吉橘质失室悉骨一乙密蜜没_{沉没}日律率_{速率}物朳_{朳子}逸佛实术述

---

① 姚圩话舒声调不存在气流分调现象。

曾摄：即织息熄国抑域翼或惑食

梗摄：碧的_目的 滴嫡击激积脊绩适释惜益译液疫席夕核_果子核 获

全长入 [45]（101 个）：

宕摄：博作_工作 略着_着衣 酌脚霍藿_藿香 削索阁各搁恶_善恶 约莫幕弱落烙骆洛络乐_快乐 诺勺_勺子 鄂药跃镬

江摄：剥驳捉桌啄角觉握岳_姓

曾摄：北侧则得德黑墨默肋塞

梗摄：百柏伯壁责摘只格革隔扼麦陌_陌生 脉逆_顺逆 石额划

通摄：肃宿析续竹筑菊粥祝烛嘱足福幅复缩叔谷（稻谷）屋木目穆肉六陆鹿绿录俗熟_煮熟 赎服伏复_复原

次短入 [34]（63 个）：

咸摄：喝_喝酒 瞎叠碟蝶谍杂闸捷合盒_烟盒 狭峡插塔帖_请帖 贴掐磕

深摄：缉_通缉 及

山摄：拔达铡绝辙杰辖_管辖 夺泼撒_撒捺 铁擦切_切开 缺彻撒阔脱

臻摄：疾姪（侄）秩匹_一匹马 出七漆屈窟_窟窿

曾摄：特直值极

梗摄：笛敌狄籍藉僻踢剔戚

通摄：秃畜_畜生

次长入 [34]（43 个）：

宕摄：雀_麻雀 着_睡着 廓凿薄泊_梁山泊 托（拜托）托_手承物 错_错杂 鹊_喜鹊

江摄：学雹戳朴壳确

曾摄：贼测刻_时刻 刻_用刀刻 克

梗摄：籴白泽择核_审核 拍魄劈策册拆尺吃客

通摄：读独毒族瀑_瀑布 扑曲_曲折 哭

声调归并一般遵循调值相同或相近而合并的原则[11]。姚圩话长入虽脱落塞韵尾［-t］，但其调值与舒声调不同，而与短入相同，只是动程更长。因此，长入字应归于入声调字。

（二）姚圩话今常用入声字的双重分调

曹志耘明确指出，新余方言是一个存在韵摄分调与气流分调双重分调的方言[2]42。从入声演变现状来看，姚圩话今入声不依阴阳分调，但韵摄分调与气流分调并存，且今不送气声母字调值高，送气声母字调值低。目前已知存在双重分调的方言点除姚圩外，还有新余水西、水北，以及修水渣津镇司前乡，但具体分调特点稍有不同：水西咸深山臻摄（前四摄）与曾梗二摄文读字保留喉塞韵尾［-ʔ］，其中今声母送气字读入声甲［5］，不送气字读入声乙［24］[22]；水北前四摄字大部分保留塞尾［-t］，宕江曾梗通摄（后五摄）字少部分保留［-ʔ］尾，且各依今声母不送气、送气读短全入［5］和长全入［45］、短次入［3］和长次入［34］[31]；姚圩前四摄、曾梗摄少部分和通摄极少数字保留［-t］尾，后五摄字大部分［-t］尾脱落但仍读入声，且各依今声母不送气、送气读全短入［45］、次短入［34］和全长入［45］、次长入［34］；修水虽也依韵摄前后分前后入，但"修水只有前入发生了气流分调，且古次清声母、全浊声母合流，今读不送气浊音"。且前四摄今声母不送气字读全前入［5］，送气字读次前入［35］，后五摄字一律读后入［42］[21]27。可见，水西的韵摄分调除与韵摄来源有关外，还与文白读有关；水北与韵摄来源有关；姚圩与韵尾有无有关；修水与韵摄来源有关，且修水只有前入发生气流分调，这与新余水西、水北、姚圩不同，次清、全浊声母合流为不送气浊音，这又与大部分赣语次清、全浊声母逢塞音塞擦音合流为送气清音不同。另外,新余渝水未发生韵尾分调只发生气流分调:渝水古入声依今声母的不送气送气分为入声1[5](或[45])与入声2[24](或[34]),韵尾为[-]但正在消失之中,且入声1、入声2调值与阴平1[45]、阴平2[34]接近[15]。

关于韵尾分调与气流分调的发生层次,水西未被提及;水北气流分调早于韵摄分调,但未见理由[31];王莉宁虽提到新余市可能存在两种演变方式,或先发生南丰型韵尾分调(特点为不以阴阳分调且分化出的调值差别较大)再发生气流分调,或先发生峡江型韵尾分调(特点为不以阴阳分调且分化出的调值接近)再气流分调,但实际上这两种演变方式在层次上都是韵尾分调早于气流分调[20];王莉宁还发现修水次前入[35]比全前入[5]调值起点低,符合气流分调送气字调值比非送气字调值低的一般规律,因此据此推断,修水韵尾分调早于气流分调[21]27。

至于姚圩话,本章在姚圩话今常用入声字中已提到层次上韵尾分调早于气流分调,此处补充理由如下。

在韵尾分调与气流分调发生之前,由于塞韵尾使得调长偏短,不送气声母使得调值偏高,因此在姚圩话调值为[45][45][34][34]的四个入声声调中,全短入[45]应为姚圩话入声的本调,其余均为由双重分调后产生的后起变调。根据语言的渐变性原则[19],本调[45]小幅演变为调值相同仅动程更长的全长入[45],比变为调值更低的次短入[34]的可能性更大,而[45]到[45]的演变与韵尾分调有关,[45]到[34]的演变方与气流分调有关。换言之,韵尾分调早于气流分调。同理,修水本调全前入[5]先演变为调值相对接近的后入[42](与韵尾有关),之后发生气流分调,全前入[5]分化出次前入[35]的可能性更大,这也印证了上文王莉宁关于修水的相关结论。

曹志耘归纳了导致声调演变的六种内部原因和三种外部原因,内部原因导致的演变是一种渐变的、系统的"自变型"演变,外部原因导致的演变则是一种突变的、非系统的"他变型"演变[1]89-90。姚圩话今入声字规律系统地先按塞韵尾的有无分短长入,再依今声母的送气与否分次全入。因此,在特点上,姚圩话今入声字的双重分调属"分立型"分调,即韵尾分调按塞韵尾的有无或按塞尾、开尾的不同[21]30而短长入分立,气流分调则依今声母的不送气送气而全次入分立;在原因类型上,属"自变型"演变。

二、姚圩话古入声的舒化

(一)姚圩话古入声舒化的特点

关于新余各方言点古入声舒化的特点,沙土古入声全部舒化,依今声母不送气、送气派入阴平甲、阴平乙[13];城关[26]、市区[2]42、观巢[6]后五摄归阴平;水西宕江通三摄、曾梗二摄白读归阴平[24];渝水、水北、修水未被提及。

姚圩24个常用舒化字的韵摄来源则各摄兼有,派入调类也四声兼备,且其舒化不受地域、年龄、性别、文化程度、受教育水平、文白读等因素的影响而舒入两读。因此,从舒化程度来说,这种舒化属韵、调均舒化的完全舒化,即既丢失塞韵尾、调值也并入相应的舒声调,沙土也是如此,水西则为文白两读的不完全舒化,其余未知。

姚圩话24个常用舒化字具体例字见表1。

表1 姚圩话常用舒化字表

例字	古声母	清浊	摄	今读	今声母气流特征	今调类
摸	明	次浊	宕	[mɔ⁵⁵]	不送气	阴平 [55]
膜	明	次浊	宕	[m·ɔ⁵⁵]	不送气	
督	端	全清	通	[tu⁵⁵]		
犊	定	全浊	通	[tʰu⁵⁵]	送气	
拉	来	次浊	咸	[lE⁵⁵]		
速	心	(全)清	通	[su⁵⁵]		
褥	日	次浊	通	[·u⁵⁵]	不送气	
挖	影	全清	山	[uA⁵⁵]		
茶	泥	次浊	咸	[ɲiA³¹]		阳平 [31]
萨	心	(全)清	山	[s·A³¹]		
饺	见	全清	江	[tɕiEu²¹]		上声 [21]
炸用油炸	床	全浊	咸	[tA²²]		去声 [22]
曝	并	全浊	通	[pʰʌu²²]	送气	
剳用针剂	知	全清	咸	[tan²²]	不送气	
昨	从	全浊	宕	[tʰɔ²²]	送气	
剧戏剧	群	全浊	梗	[tɕy²²]	不送气	
嚼	从	全浊	宕	[tɕʰiEu²²]	送气	
玉	疑	次浊	通	[ŋy²²]	不送气	
射	床	全浊	梗	[sA²²]		
虱	审	(全)清	臻	[sE²²]	不送气	
式	审	(全)清	曾	[si²²]	不送气	
蓄储蓄	晓	(全)清	通	[sy²²]	不送气	
喝喝彩	晓	(全)清	山	[hɔ²²]	以送气论	
亿	影	全清	曾	[i²²]	不送气	

曹志耘指出，考察声调的演变，演变原因是关键，原因直接影响结果[1]89。不过，原因的考察需从结果入手。据表1，我们发现姚圩话古入声舒化呈现以下结果特点：

1. 派入调类

依次为去声（13个）＞阴平（8个）＞阳平（2个）＞上声（1个），"膜、褥、萨"因只能分别充当"薄膜、被褥（被＝盖被，褥＝垫被）、菩萨"的词尾而读轻声。派入去声的字最多，这或许是李荣提到的"《切韵》平上去入四声中去声、入声共享一个调位"[12]的反映。今无入声的赣语中，除自成调类的外，古入声舒化后也以派入去声与阴平居多。例如，蒋平、谢留文发现，波阳（鄱阳）入声舒化后归去声，星子归阴去乙和阳去，湖口归阴去甲、阴去乙和阳去，莲花、萍乡、吉安（市区）、泰和、永新归去声和阴平，其还推断新余（渝水）的两个入声调在入声韵尾脱落后也会分别并入阴平甲和阴平乙[11]77；卢继芳、张晓霞发现，赣语昌都片清入字舒化多归阴去，浊入字今读则存在阳去等多种演变趋向[16]119；等等。这说明，赣语古入声舒化后大部分派入去声与平声，与陈重瑜发现的中古前期"入声＞去声＞平声＞上声"[7]的入声演变规律大体一致。不过，该规律与王莉宁据《汉语方言地图集数据库》[3]的发现却不同①："'入归平声'是一个汉语方言入声演变的重要规律，在入声不分阴阳的方言里，以'入声归阳平'最为常见"，但王莉宁也同时指出，"'入声归去声'也在一定范围内形成了较为广泛的连片分

---

① 下文对王莉宁（2022）研究内容的引用皆来源于其据《汉语方言地图集数据库》的发现，该数据库共收录方言点九百三十个。

布"[22]3。因此，从宏观角度看，古入声派入去声与平声的数量差别不大。

声调归并虽一般遵循调值（调型）相同或相近而合并的原则，但并不绝对，如大同方言古入声并非依据与舒声调型相似、调值接近的方式来归并[22]30。假设姚圩话舒化字舒化前也读短长全次入，则读如全入的字派入阴平较易解释，因为全短入［45］和全长入［45］同阴平［55］的调值相近，但其派入去声却不易解释，因为其调值同去声［22］调值不相近；读如次入的字派入去声、阴平也都不易解释，因为次短入［34］和次长入［34］同去声、阴平的调值都不相近。因此，姚圩话古入声舒化后派入何种调类，可能与以调值相近为依据的合并原则关系不大。而据姚圩话派入去声的 13 个古入声字中除"炸用油炸、刡、昨、嚼、虱"等五个外，普通话均读去声，则可推测派入去声很可能是受普通话影响的结果。这也似乎说明，声调合并原则在"自变型"声调演变中比较适用，在"他变型"演变中则适用性不强。

2. 调值高低

姚圩话的 24 个舒化字中，中低调值字多（16 个），高调值字少（8 个）。王莉宁发现，"在部分清入率先舒化的地点里，阴入与阳入的调值往往呈现'阴低阳高'的面貌。这说明，'低调'似更有利于入声调的消失"[22]2。姚圩话今入声调值的高低与阴阳无关，而与气流有关，今声母不送气字调值高、送气字高调值低。但据舒化字中今不送气声母字多（19 个）、送气声母字少（5 个）推测，如果舒化字舒化前也发生过相同规律的气流分调，则姚圩话情况与王莉宁的发现正相反：不送气高调字更利于入声调的消失，且舒化后以低调字居多。

3. 古声母来源

依次为全清（11个）＞全浊（7个）＞次浊（6个），浊声母字多，清声母字少且无次清声母字，大体同"与古清声母入声相比，古浊声母入声字更容易并入舒声调"[11]73"赣语昌都片方言浊入声字先于清入声字发生舒声化演变"[16]119等现有发现一致。不仅如此，推及全国方言，王莉宁也发现，"浊入字今读入声的地点仅有376个点，另有51个点无论入声是否分阴阳，均表现出浊入字率先丢失韵尾、与其他声调合流的面貌。"[22]2这都说明，古浊入字更易舒化。其中原因，可能与游汝杰提到的"声带一振动，就有气流通过声门后滞留在口腔里，结果是口腔内气压升高，导致喉门上下气压差减小到不足以维持声带振动所需。这就是为什么浊声不容易发，或者即使发了，也不容易维持"[29]有关。浊音既然不易维持，塞韵尾则也可能相应地无法顺利保持气流成阻而同样较难保持，进而发生脱落。

4. 韵摄来源

依次为通摄（7个）＞咸摄（4个）、宕摄（4个）＞山摄（3个）＞曾摄（2个）、梗摄（2个）＞臻摄（1个）、江摄（1个），后五摄字多（16个），前四摄字少（8个）。另据新余城关、市区、观巢舒化字为后五摄字，水西为宕江通三摄与曾梗二摄白读字，可推知发音部分靠后的 [-k] 尾更易弱化并消失，但王莉宁认为"[-k] 尾更易弱化并消失这种演变，目前只见于少量客赣方言或与客家话关系较为密切的土话方言里"[21]34，不具有普遍性。

5. 韵母类型

（1）阴、阳声韵

阴声韵字多（23个），阳声韵字少，仅有"剳"一个。为何只有"剖"保留阳声韵,目前尚不得而知。塞韵尾脱落后容易造成韵尾空位,从而生成阴声韵。施俊将义乌方言入声舒化类型分为"音段型"与"时长型","音段型"一般先开音节化再长化,"时长型"则相反[18]。从舒化字韵母几乎都今读为阴声韵来看,姚圩话入声的舒化在特点上应属"音段型",即塞韵尾先脱落,主要元音开化,调值再延长。

(2) 单、复元音韵母

今单元音韵母多(20个),复元音韵母少(4个)。单元音韵母的形成可能是韵尾空位的结果,至于舒化后仍保留复元音韵母的原因,除"茶"原因尚不明确外,"饺、嚼、曝"可能是受普通话的影响。

饺:"饺子"发源于中原官话区的河南南阳,今大多中原官话区的人称"饺子"为"角子"。"角"本为觉韵字,但在偏中、南、西部的官话中读入歌戈韵,韵母音近今[ye]。"角子"传至北方官话区后,由于元代北方官话口语中"角"已从觉韵并入萧豪韵,韵母音近今[iau],故普通话今读[tɕiau][25]。姚圩话中与"饺"同处觉韵的其余常用字韵母均读入歌韵,今读为[ɔ]。可见,姚圩话"饺"今读[tɕiEu]是受普通话(北方官话)的影响。"嚼"读[tɕʰiEu]与"饺"原因类似。

曝:姚圩话今韵读[Au],但与"曝"同处屋韵的常用字韵母除"秃"读[œt]外,其余均读为[u]。《宋本广韵·永禄本韵镜》"曝"为蒲木切[5],《宋刻集韵》为步木切,并进一步指出"音仆,俗暴字"[8],而"木"属屋韵。据此可推测,"曝"古读屋韵,因其俗字"暴"读豪韵,今读逐渐舒化,最终普通话读为[au]韵,之后姚圩话今读随普通话。

(3) 主要元音的舌位高低

主要元音舌位偏低的多（15 个），偏高的少（9 个）。已有研究表明，主要元音舌位低的入声韵更容易舒化，如黄家教认为"入声韵的主要元音偏低，音时就长，入声韵塞音韵尾就会逐渐模糊"[10]，王洪君发现"山西境内方言入声韵演变的趋向是元音越低，塞尾越易脱落"[23]。

（二）姚圩话古入声舒化的原因

关于入声舒化的原因，目前学界有上文黄家教提到的主要元音偏低、子尾、儿化、重叠、句法、阳入调的消失、普通话的影响[4]，还有语音构造舒声的空位、词尾的影响，连读变调变音合音所引起的变化，文白读的分立，词汇的发展和语法功用的不同，古舒入两读舒声的遗留，入声字是拟声构词[9]，词义分化、使用频率高[14]，全浊声母的影响[31]以及方言接触或通语的影响[26]等。

本文"姚圩话古入声舒化的特点"显示出了姚圩话古入声舒化的部分原因，如普通话的影响、浊声母的影响、韵摄多来源于后五摄、主要元音舌位偏低、读为轻声等。除此以外，语音构造舒声的空位、不单用（充当词尾或词根）等也可能是姚圩话古入声舒化的原因。例如，因语音构造舒声的空位而舒化填补空缺的有"摸、拉、挖、茶、萨、玉"等；因只充当词尾而舒化的有"（薄）膜、（牛）犊、（被）褥、（菩）萨、（连续）剧、（款）式、（积）蓄"等；只充当词根而舒化的有"曝（晒）、昨（日）、虱（婆）(虱子)、喝（只仔）(吆喝声)"等。从上述原因和例字可知，一些字的舒化可以是若干原因综合影响的结果，如"萨"的舒化是受到主要元音舌位偏低、读为轻声、语音构造舒声的空位、不单用等因素的多重影响。

三、余论

本文讨论了江西新余姚圩话古入声的演变，但以下问题仍有待更多材料的发现以进一步探讨：

1. 舒化的原因

关于姚圩话古入声舒化可能的原因，只能根据现有例字在大体上归纳出一般原因。如果对每个例字都进行具体考察，则会发现有些字的舒化原因不易解释，用现有原因来解释均有例外，例如：

（1）普通话的影响：大量今入声字并未受到普通话的影响而舒化。

（2）浊声母的影响：今入声字里也有大量的古浊声母字。

（3）韵摄来源于后五摄：今入声字也有较多来自后五摄。

（4）主要元音舌位偏低：主要元音为 [i、u、y] 等高元音韵母的字如"督、犊、速、褥、剧_{戏剧}、玉、式、蓄_{储蓄}、亿"等也舒化了，主要元音舌位低的入声韵韵母字如"不 [pɐt^{45}]""刮 [kuat^{45}]""月 [ŋyɔt^{45}]""夹 [kat^{45}]""合 [hɔt^{34}]""阔 [kʰuɔt^{34}]"等，以及入声调韵母字如"百 [pA^{45}]""确 [kʰɔ^{34}]"等却又未舒化。

（5）语音构造舒声的空位：一些舒化字有对应同音舒声字，但仍舒化，如"速""撕"；较多入声字无对应同音舒声字，但其仍未遵循语音互补机制而舒化，如"八 [pat^{45}]""略 [liɔ^{45}]""瞎 [kʰɔt^{34}]""哭 [kʰu^{34}]"等。

（6）不单用：一些单用的古入声字仍舒化，如"摸、拉、挖、炸用油炸、剖、嚼、玉、射、亿"等；较多古入声字不单用，但今仍读入声，如"笠"（只在"斗笠"中充当词尾）、"杌"（只在"杌子"中充当词根）。

而且，受到几种原因综合影响的舒化字，其中哪种原因的影响力更大？例如，"蓄积蓄"是高元音韵母字却发生了舒化，但其同时又只能充当"积蓄"的词尾，这是否意味着其舒化是因为其不单用只能充当词尾的缘故，是否又意味着词尾对其舒化的影响比舌位高低更大？又如，"褥"是高元音韵母字却发生了舒化，但"褥"同时又读轻声，这是否意味着轻声对舒化的影响比舌位高低更大？

2. 舒化特点的原因

"剖"今韵母因何为阳声韵？"茶"今韵母因何为复韵母？

3. 舒化字舒化前调值

为何舒化字舒化前的调值偏高，与王莉宁的发现相反？这是否与姚圩话古入声无阴阳分调有关？

参考文献：

［1］曹志耘. 汉语方言声调演变的两种类型［J］. 语言研究, 1998（1）.

［2］曹志耘. 汉语方言中的韵尾分调现象［J］. 中国语文, 2004（4）.

［3］曹志耘. 汉语方言地图集数据库［M］. 北京：商务印书馆, 2008.

［4］曹瑞芳. 山西阳泉方言入声舒化的初步分析［J］. 语文研究, 1996（3）.

［5］陈彭年. 宋本广韵·永禄本韵镜［M］. 南京：江苏教育出版

社，2005.

[6] 陈昌仪. 江西省方言志 [M]. 北京：方志出版社，2005.

[7] 陈重瑜. 中古音之前入声舒化的路线 [J]. 中国语文，1992 (5).

[8] 丁度. 宋刻集韵 [M]. 北京：中华书局，2015.

[9] 何自胜. 六安话入声字舒化现象分析[J].皖西学院学报，2010 (1).

[10] 黄家教. 从"等"来看广州方言入声消失的迹象 [J]. 音韵学研究，1984 (1).

[11] 蒋平，谢留文. 古入声在赣、客方言中的演变 [J]. 语言研究，2004 (4).

[12] 李荣. 切韵音系 [M]. 北京：科学出版社，1956.

[13] 李如龙，张双庆. 客赣方言调查报告 [M]. 厦门：厦门大学出版社，1992.

[14] 刘纶鑫. 客赣方言比较研究 [M]. 厦门：厦门大学出版社，1992.

[15] 李少敏. 朔城区方言的入声舒化和舒声促化现象 [C] //北方语言论丛. 银川：阳光出版社，2011.

[16] 卢继芳等. 昌都阳峰方言研究 [M]. 北京：中国社会科学出版社，2007.

[17] 卢继芳，张晓霞. 赣语昌都片方言中古入声字今读特点与演变规律 [J]. 南昌大学学报（人文社会科学版），2020 (4).

[18] 施俊. 浙江义乌方言入声舒化探析 [J]. 方言，2012 (1).

[19] 王福堂. 汉语方言语音的演变和层次 [M]. 北京：语文出版社，1999.

[20] 王莉宁. 汉语方言声调分化研究 [M]. 北京：语文出版社，2015.

[21] 王莉宁. 汉语方言古入声的韵尾分调[J]. 汉语学报，2016 (1).

[22] 王莉宁. 汉语方言声调演变类型研究 [N]. 金台资讯，2022 –

04-12.

[23] 王洪君. 入声韵在山西方言中的演变 [J]. 语文研究, 1990 (1).

[24] 王晓君. 江西新余赣方言音系 [J]. 方言, 2010 (3).

[25] 邢向东. "饺子"里的语言学 [N]. 光明日报, 2021-02-21.

[26] 辛世彪. 赣方言声调的演变类型 [J]. 暨南学报（哲学社会科学），1999 (3).

[27] 许井岗. 入声舒化的方式与动因——以江苏北部两市有入声方言为例 [J]. 常熟理工学院学报（哲学社会科学），2016 (1).

[28] 颜森. 江西省方言的分区（稿）[J]. 方言, 1986 (1).

[29] 游汝杰. 社会语言学与汉语方言学的新阶段 [C] // 语言学前沿与汉语研究. 上海：上海教育出版社, 2005.

[30] 余跃龙. 山西方言韵母对声调的影响——也谈山西方言的入声舒化 [J]. 北斗语言学刊, 2021 (1).

[31] 张小柳. 赣语水北话的语音特点 [J]. 新余学院学报, 2012 (2).

[32] 中国社会科学院语言研究所. 方言调查字表（修订本）[M]. 北京：商务印书馆, 2015.

《宣讲集要》的辞书编纂价值[1]

罗舒婷[2]

摘　要　《宣讲集要》是清代巴蜀地区的一部白话宣讲小说。本文以《汉语大词典》和《汉语方言大词典》为对象，从补充漏收词目、补充失收义项和提前书证时间三个方面探讨了《宣讲集要》对于辞书编纂的价值。

关键词　清代宣讲小说；四川方言；辞书编纂

---

[1] 本文是四川师范大学重大成果孵化项目"清代民国四川白话圣谕宣讲文献整理及校注"的阶段性成果。资料由项目组成员王勇、常丽丽、罗舒婷、王静、杨丽婷等整理。

[2] 作者简介：罗舒婷，女，四川德阳人，四川师范大学文学院2021级汉语言文字学专业研究生。研究方向：汉语史与汉语方言。

引　言

　　《宣讲集要》（下称《集要》）共十六卷，由清代万县王文选选编，是清代巴蜀地区为百姓宣讲圣谕，以教化百姓的普适性读本。它将圣谕、劝善诗文与民间案证巧妙融合，形成了颇具故事性与互动性的文本。其首卷为总概，讲明体例及章法内容，并辑录皇帝谕旨。其余十余卷皆将条例以故事的形式改撰来发明旨义。

　　《集要》原版刻印于咸丰年间，后来又发现了光绪和宣统年间的刻本[14]467—473。该书除卷一外，其余十五卷皆以方言写就，口语性强；内容涉及重孝悌、守妇约、睦邻里、息争讼、端士习、惜财用、遵法纪、讲道德、敬国家等各方面，广泛反映了清代西南地区的社会风貌，是研究清代四川方言的宝贵资料①[13]98。

　　《汉语大词典》[6]（下称《大词典》）是我国第一部大型、规范的古今兼收、源流并重的历史语文词典。《汉语方言大词典》[15]（下称《方言大词典》）是我国方言词覆盖面最广，所涉方言点最多的汉语方言大型辞书。然而，上述两部极具权威性的大型语文辞书囿于编写条件，且书出众手，难免有所疏漏。《集要》作为巴蜀地区具有代表性的圣谕小说，是清代文学的重要组成部分，可以为《大词典》与《方言大词典》提供真实确切的语料，完善辞书的收词、释义与书证，从而弥补一部分辞书编撰的缺憾。文章以《集要》第一、二卷为语料，尝试讨论其对

---

　　① 汪维辉先生曾提出判断语料价值高低的几条标准："一是反映口语的程度；二是文本的可靠性，包括时代和作者是否明确，所依据的版本是否接近原貌；三是反映社会生活的深广度；四是文本是否具有一定的篇幅。"

辞书编撰的价值①。

一、补充漏收词目

《集要》是清代巴蜀地区的长篇白话宣讲小说,可以提供部分《大词典》与《方言大词典》未收释的词语,有助于大型语文辞书的编修。例如:

1.【包匿】[pau1 ȵi2]②

四戒好勇斗狠,<u>包匿</u>险心深藏不露者同罪。(《宣讲圣谕规则》1/3a)③

按:"包匿"义为包藏、隐藏。"包匿险心"指内心深藏险恶的用心。又如《楼山堂集》:"志盈而气馁,故狃于偏狭,包匿垢耻,使奸雄得以窥吾所深忌。"

"包匿"是同义复词。"包"和"匿"都取藏匿义。《汉书·外戚传上·孝武李夫人》:"既激感而心逐兮,包红颜而弗明。"颜师古注引晋灼曰:"包,藏也。"早在唐代,两词已开始对文使用。唐李白《雪谗诗赠友人》:"包荒匿瑕,蓄此烦丑。"该词《大词典》未收。

2.【悉行】【概行】【尽行】[ɕi1/kai4/tɕin4 ɕiŋ2]

(1) 其旧有申明亭,而现为胥役民人侵占者,查出<u>悉行</u>交

---

① 方言词参考《汉语大词典》《汉语方言大词典》两部辞书,非方言词仅参考《汉语大词典》。
② 由于《集要》的方言属性,文中所有词目均标注成都音,声调标注为成都话阴阳上去4个调类。
③ 为方便查阅,在括号中注明所引《集要》光绪本的案证名、卷数和页码,斜杠前为卷数,后为页码,a 表示书页正面,b 表示反面。

官修葺。(《钦定学政全书讲约事例》1/6a)

(2) 又屡年恩诏,将逃人事件,概行赦免。(《诫逃匿以免株连第十三条》1/58b)

按:"悉行"犹"悉",范围副词,义为完全、全部。又如《钦定学政全书讲约事例》:"应将所奉教民敕谕缮写刊刻,敬谨悬挂,并将旧有一切晓民条约,悉行刊刻木榜。"(1/13a)"悉行"本指全部施行,如《礼记疏》:"言禹立三年,百姓悉行仁道,达于外内。"至迟在宋代成为偏义复词,词义偏向于"悉",后接动词。《五代史平话·周史》卷下:"除常税外,其余科徭悉行革罢,以宽民力。"[10]2907

《集要》中还有"悉行"的换素同义词"概行",如例(2)。又如《尽节全孝》:"崔氏将自己赔奁卖尽,家屋器具,概行卖完。"(5/1a)《大词典》收释了"概行",但未收上述意义。"悉行"与之结构、意义相同,也应该收释。《集要》中,上述二词的换素同义词还有"尽行",《大词典》已收释。用例如下:

(3) 徐氏哭罢,开衣箱取出银翠首饰尽行打烂,颜色衣服尽行烧了。(《友爱全节》5/13a)

3. 【团地】【团转】【团近】【方团】 [tʰuan2 ti4/tsuan4/tɕin4] [faŋ1 tʰuan2]

也不谈人家长短,也不嫌人家饭食,又不看人家妇女,又不爱人家便宜,等团地人个个说好。(《孝字》2/7a)

按:"团地"义为周围、附近。该词或是清代新词,现有文献中仅见上引一例。

表"周围"这个概念,《集要》中还有"团转""团近""方团"等多种说法。它们的用例依次如《和乡党以息争讼》:

"我宅外风水树赛过团转，祖宗手培植了数十余年。"（9/17b）《化蛇报怨》："心想投人与他面理，奈团近都是畏惧他的，谁肯直断公道？"（9/35b）《搜鸡煮人》："若有人惹着他，就骂得一七，因此方团与他取个混名，叫做'姚婆子'。"（10/49b）

这四个词都是清代巴蜀方言词，但《大词典》只收释了"团转"，《方言大词典》仅收释了"团转"和"团近"。

4.【作辍】［tsuo4 tsʰuo2］

闲有良吏斡才，尚不免于作辍，其在循分供职者，几将正德厚生之实政，视为条教号令之虚文。(1/21a)

按："作辍"义为停止、中止。该词本是并列短语，指时作时歇、不能持久。语出汉扬雄《法言·孝至》："有人则作，无人则辍之谓伪。观人者，审其作辍而已矣。"后来发展为偏义复词，词义偏重于"辍"。又如《一三五性情难移》："多情者不以生死易心，好饮者不以寒暑改量，喜读书者不以忙闲作辍。"[17]69

《大词典》收"作辍无常"，但未及"作辍"。

5.【悌弟】［tʰi ti4］

我是个孝子，就得了孝名，显其亲为孝子之亲；我是一个悌弟，就得一个弟名，显其亲为悌弟之亲。（《孝字》2/6a）

按："悌弟"义为尊敬哥哥的弟弟。儒家将敬顺兄长、友爱兄弟的伦理道德称为"弟"（即"悌"）。"悌弟"本来指这种道德观念，后来也作偏正结构的复词，专指某类人。又如《敦孝弟以重人伦》："能为孝子，然后能为悌弟。"（7/43a）

《后汉书·光武帝纪》："其布告天下，令知忠臣、孝子、慈兄、悌弟薄葬送终之义。"列出四类符合儒家纲纪的称谓，其中前三类均被《大词典》收释，但未收"悌弟"。

6. 【嘈噪】［tsʰau2 tsau4］

你们不要嘈噪，听我细细讲明，你们听了漫漫的想，看是与不是。(《孝字》2/1a)

按："嘈噪"义为吵嚷聒噪，"嘈"与"噪"均取喧闹义。又如《会昌县志》："及夜，闻厅中有嘈噪躞蹀声，从隙中窥之，则有峨冠如先先朝者十数人……"《大词典》未收。

7. 【蟜虫】［tsʰau2 tsʰoŋ2］

你们肚中假如生了一根蟜虫，你们也晓得是过不得，十月怀胎岂止一根蟜虫大吗？那母亲又怎过得呢？(《孝字》2/1b)

按："蟜虫"指蛔虫。《名山县新志》记载："蛔虫，俗称蟜虫，形似蚯蚓，亦寄生肠胃中。"据《方言大词典》，该词是西南官话方言词。《大词典》未及。

8. 【普孝】【包孝】【请孝】【喜孝】［pʰu3/pau1/tɕʰin3/ɕi3 ɕiau4］

未闻说开太奠、发普孝之以礼，又未闻说请僧道、做道场之以礼。(《附丧事修斋办》2/11b)

按："普孝"指丧家无论亲疏，给前来吊唁的客人均发的孝布。又如《务本力农》："讲发普孝，父母沾你甚么光？既不沾光，又何必要开普孝？"(10/11a)"孝"指孝布，至于"普"，则是说吊客超出礼法要求守孝的范围，亦即凡来吊唁的客人均分发孝布。《永川县志·风俗》记载："散帛，不计亲疏，谓之'普孝'。"[5]181

《集要》中还有一些与"孝"有关的词。如办丧事将孝布包在头上，谓之"包孝"；而吊丧时在主人处请求一根白布条，表示给故者戴孝，叫"请孝"。如《附丧事修斋办》："就问开孝，只好是那有服的当包孝者，也要他请孝方开。"（2/12a）若人年老而亡，则称为"喜孝"，如《附丧事修斋办》："若是七八十岁的老人死了，他说是个喜孝。"（2/11b）

上述词语都是西南官话区民间丧葬的常用词汇。《方言大词典》仅收"包孝"，《大词典》全部未收。

9.【破地狱】[pʰo4 ti4 io2]

又有破地狱一事，全是那僧道家哄人的假过场，切记莫要信他！（《附丧事修斋办》2/13a）

按："破地狱"是为求逝者灵魂免受地狱之苦，延请法师（民间僧道）在逝者家中为其超生引渡的一种法事。道士依次走到他们所画"地狱"的东、南、西、北方时，击碎提前在那个方向准备好的瓦片，以表示打破了地狱。该习俗流传于川南地区，源于目连救母的传说。又如《附丧事修斋办》："你看他手拿一把剑，斜起眼睛看妇人，那里一剑，这里一剑，就说是破地狱。这地狱怎么破倒？勿论说破不倒，就破倒了，难道阎王老爷肯依你吗？"（2/13a）

《大词典》与《方言大词典》都未收释该词。

10.【见咎】【见尽】[tɕian4 tɕiou1/tɕin4]

（1）皆因是天气寒雪风遍扫，吹上身好一似冷水来浇。因此上儿才把车索失了，望严父不见咎把儿恕饶。（《闵损留母》2/17a）

（2）这银子钱米，弟兄家不要见尽，家囊大，颇倒拿一两百串钱吃亏。（《弟字》2/5b）

按："见咎"义为责备、计较。又如《和乡党以息争讼》："即你家的鸡鸭牛犬，与娃子家践踏人家的禾苗，见你平素把他待得好，都不与你见咎。"（9/10a）此处的"见"用于动词前，代称自己。这种用法，唐代已经产生。如周贺《留别南徐故人》诗："三年蒙见待，此夕是前程。"

《集要》也有"见咎"的换素同义词"见尽"，如例（2）。又《务本业案》："第三要妯娌们一团和气，些小事莫见尽说东说西。"（11/10b）《蜀赖》卷一："不见尽杀个人都不抵命，见尽偷颗针都要受刑。"

"见尽"已被《方言大词典》收入，是西南官话方言词；《大词典》未收。《大词典》与《方言大词典》都未收"见咎"。

11. 【惟愿】【唯愿】［uei2 yɛn4］

惟愿得老天爷大发慈愿，保佑我摘桑椹安安全全。又惟愿满林中桑椹无限，装满了一提篮早些回还。（《蔡顺拾椹》2/25a）

按："惟愿"义为希望、但愿。又如《小楼逢子》："惟愿得神天爷暗中护庇，父亲呀！眷佑我二双亲寿享期颐。"（11/45b）又如《鸳鸯谱》："我骂你，我是坤道人家，有些话又不好出口，我骂你杂种，我惟愿你杂种活不到一百二十岁就短嫩尖……"[7]47 "惟"表示希望，此义汉代已经出现。《史记·刺客列传》："此丹之上愿，而不知所委命，惟荆卿留意焉。"[12]454

《集要》中也见"惟愿"的异形词"唯愿"。如《妬逆遭报》："唯愿得众神圣威灵大显，诛戮此忤逆子命归九泉。"（4/19a）又如《中华谚语大词典》："文章自古无凭据，唯愿朱衣暗点头。"[2]1121

据《方言大词典》，"惟/唯愿"是西南官话方言词。《大词典》未收。

12.【半边风】[pan4 pian1 fuŋ1]

他父半身不遂，他母又患半边风，双亲举动不便。(《杨一哭坟》2/49a)

按："半边风"指偏瘫，即一侧身体发生瘫痪，因其临床表现得名。又如《捕蝇草》："初见方老的时候，他已经患有严重的半边风，整个人斜靠在轮椅上，呈现一种极其古怪又不舒服的姿态。"[8]96

"风"是中医学称呼人体病因的一种方式，一般指外感风邪的症。"偏瘫"俗称"半边风"，又俗称为"半边瘫""半身瘫痪""半肢风"。

据《方言大词典》，"半边风"是西南官话方言词。《大词典》未收。

二、补充失收义项

义项完备、齐全与否是判断辞书编纂质量高低的重要标尺。我们在《集要》中发现了部分《大词典》或《方言大词典》漏收的义项，对这些词进行研究与收释，可以提高辞书的编纂质量。

1.【抛撒】[pʰau1 sa2]

(1) 一戒不孝公婆，二戒不敬丈夫，三戒不和妯娌，四戒打胎溺女，五戒抛撒五谷，六戒艳妆废字。(《宣讲圣谕规则》1/2a)

(2) "我生平又未曾把水当水，有一盆无一盆抛撒淋漓。"(《暴殄天物》10/18a)

按："抛撒"本义为抛弃散落，如元《看钱奴》："你这厮平昔之间，扭曲作直，抛撒五谷，伤残物命，害众成家，你怎生能勾发迹那！""抛撒"的对象多为谷物。例（1）也是如此。

明清时，"抛撒"使用范围扩大，引申出了浪费、糟蹋好东西之义，如例（2）。又如《华西官话方言词典》："哪里没得一点抛撒。"巴蜀地区至今仍多用此义，如"爹灾荒年生，树根泥巴都吃……以后不要抛撒了，你看不起的拿给我们吃，我们都老不死！"[11]286

据《方言大词典》，"抛撒"作浪费义时，北京官话、中原官话和西南官话等地区都在使用。《大词典》未收这一义项。

2.【放胆】[faŋ4 tan3]

眼底无人，必至越礼犯分，做出放胆事来，决非保身全家消息。(《尊敬长上》1/31b)

按："放胆"指大胆而无所顾忌。例中指做事放纵，不加畏惧。又如《无梦园遗集》："自古有小心之人，无放胆之人。"[16]387例中"放胆"就与"小心"对文使用，意义显豁。《大词典》未收此义。

3.【随在】【凭在】【由在】[suei2/pʰin2/iəu2 tsai4]

（1）居此业者，犹言随在居那一业。(《务本业以定民志第十条》1/55a)

按："随在"义为随便、任凭①。"在"取听凭义，如《史记·苏秦列传》："大王诚能听臣，臣请令山东之国奉四时之献，以承大王之明诏，委社稷，奉宗庙，练士厉兵，在大王之所用之。""随在"的随便义已被《方言大词典》收录，而《大词

---

① 如今四川等地也见"随在"的倒序词"在随"。如："做不做这件事在随你。"

典》未及。

《集要》也见"随在"的换素同义词"凭在""由在",用例依次如下:

(2)"我不过背地里替你打算,为不为凭在你,与我何干?"(《高二逐弟》7/33b)

(3)"孝不孝由在他。"(《雷打逆女》6/27b)

《大词典》未及上述"随在"义,未收"凭/由在"。

4.【难得】[lan2 te2]

这件事就是发财人户、有功名的人家,难道说这胎我难得怀,要请人帮怀几天?(《孝字》2/2a)

按:"难得"义为不想,不愿意。"难"指困难、不易。当事情困难、不容易完成时,即引申出不想做的意思。又如《华西官话汉法词典》:"难得跟他缠。"就是不想与他纠缠。据《方言大词典》,该义通行于西南官话区。《大词典》未及。

5.【刻苦】[$k^h\varepsilon 2\ k^h u3$]

(1)他两母子刁起他父亲,百般刻苦,总要把舜致死。(《大舜耕田》2/13a)

(2)我们未拿他吃嘞,说我们在刻苦他两个嘞?这话说出去才好听嘞。(《高二逐弟》7/35a)

按:上引两例中的"刻苦"用作动词,义为苛待、刻薄。"刻"取刻薄、苛刻义。如《吕氏春秋·似顺论》:"齐令周最趣章子急战,其辞甚刻。"[9]402例(1)指苛待舜;例(2)指"我们"对他刻薄。该义多用于川渝地区。又如《川北栈》:"川北栈店主,刻苦贫困,全无侧隐仁慈之心,所以子孙落寞。"[1]335

据《方言大词典》,此义多用于西南官话区。《大词典》

未及。

6.【淘气】【淘力】[tʰɑu2 tɕʰi4/li2]

你们想,不论发财与贫穷的爷娘,自从小时把儿抚养长大来,与娶了亲。漫漫想,父母不知费了多少心,淘了多少气,受了多少苦,我和你方得有个今日。(《孝字》2/6a)

按:"淘气"义为耗费精力、精神,犹言"劳神"。"淘"取耗费义。又如《雷打花狗》:"此去路远多淘气,起盘往来小心些。"(4/12a)

《集要》也以"淘力"表示耗费精神。如《古庙咒媳》:"要提养膳我本意,你说年老难淘力。一家十天服事你,顿顿荤菜不能离。"(7/51b)《独脚板》:"商贾好色难求利,任你划算枉淘力。"(13/37a)

据《方言大词典》,"淘气"作劳神义时,流行于西南官话区。《大词典》失载此义。两部词典都未收"淘力"。

7.【刁】[tiau1]

他两母子刁起他父亲,百般刻苦,总要把舜致死。(《大舜耕田》2/13a)

按:"刁",挑唆。又如《神谴败子》:"在娘家刁嫂子妯娌争战,吵得来邻家人全然不安。"(25a)据《方言大词典》,此义多用于西南官话区。《大词典》"刁"条未载此义。

《集要》也用"刁唆"表示挑唆、教唆义。如《七世同居》:"有一蠢子,爱听妇人的话,那妇人遂向他刁唆,说那几房人多,我们这一房的人少,不如把家分了,各人好积银钱。"(9/2a)《大词典》已收。

8. 【造孽】［tsau4 ȵiɛ2］

（1）天气寒又只见霜雪遍野，可怜我三个儿冷得造孽。(《闵损留母》2/16b)

（2）全不管他老父老母，饿死冻死，见他妻室儿女造孽，全无一点怜悯之心。(《笃宗族以昭雍睦》9/4a)

按："造孽"是形容词，义为可怜。又如《死水微澜》："邓大娘，那真造孽呀！她哩，死人一样，衣裳裤子，扯得稀烂，裹脚布也脱了，头发乱散着，脸上简直不像人样。"[7]189"造孽"原为佛教语，义为做坏事。而坏事的遭受者，令人觉得可怜而心生怜悯之情。由此，"造孽"引申为可怜。

据《方言大词典》，"造孽"用作可怜义时，常见于巴蜀地区。《大词典》未收该义项。

9. 【上算】［saŋ4 suan4］①

这就是些小事不足上算，那一日母病想鲜鱼汤餐。(《王祥卧冰》2/21a)

按："上算"，作数，承认某事有效力。又如《何氏全烈》："为妻各自有主见，夫君你要放心宽，今世姻缘不上算，来生依旧结良缘。"（5/38a）该词是偏义复词，词义偏向"算"。如《暴风骤雨》："'谁敢撵他们？''屯子里说了算的人。'"[18]92

据《方言大词典》，上述"上算"义多用于西南官话区。《大词典》未及。

---

① "上算"或许还可以表示重视、珍视。如《神谴败子》："他在生把五谷全不上算，多喂些鸡合鸭好把肉餐。"（4/35b）现有用例暂时仅见此一例。

10. 【流徒】[niou2 tʰu2]

官不信，命人来家察看，果是真的，官就把丁兰所逐之妻杖二百皮鞭，流徒三百里。(《丁兰刻木》2/30b)

按："流徒"犹"流放"，将犯人送往边远地区服役。"流""徒"均是古代刑法。又如《劝民俚歌》："又有奴婢骂家长，傭工骂主人，该杖一百；打伤的，枷三个月，坐徒三年；伤重的，流徒三千里。"(10/1b) 明代《封川县志》有载："萑苻告警绿林作祟，继之饥馑频仍、天灾洊至，被干戈、遭掳掠，饥馁、疫病、流徒他乡者不可殚述。"

《大词典》未及。

11. 【未必】[uei4 pi2]

(1) 儿是然要吩咐他事母亲，你纵然吩咐他未必肯信。(《孝子还阳》2/45b)

(2) 人吃五谷生百病，未必一害病就要死的不成吗？(《神谴败子》4/22a)

按：《大词典》释"未必"为不一定，如例（1）。

"未必"也作疑问副词，犹"难道"，用于反问，如例（2）。又如《劝孝词十首》："未必自天降，难道从地长？"(16/24b) 此处"未必"与"难道"同义对文。

在《集要》中，"未必"也有同义词"未必然"。"未必然"在《大词典》《方言大词典》中都立有词目且释义完整。而上述"未必"义仅见于《方言大词典》，《大词典》未收。

12. 【坟台】[fən2 tʰai2]

不肖儿守坟台珠泪滚滚，这几日二爷娘安不安宁？(《杨一哭坟》2/50b)

按:"坟台",指埋葬死人所筑的土堆;坟墓。又如《嫌媳恶报》:"出门来对坟台辞母一遍,哭一声儿的父珠泪不干。"(6/35a)《四川总督蒋大人劝谕歌》:"归家去祭坟台,三炮齐响。"(6/42a)至迟产生于元代。如元曲《高则诚集》:"(外哭介)孩儿,你如今去拜舅姑的坟台。"[3]186

《大词典》未收上述义项。

三、提前书证时间

迄今为止,尚未有人专门从词汇的角度对《集要》进行研究,因此《集要》还有大量的语料未被挖掘出来。《集要》可以提前一部分《大词典》滞后的引例。例如:

1.【刑期】[ɕin2 tɕʰi1]

朕临御以来,体好生之德,施钦恤之恩,屡颁赦款,详审爱书,庶几大化,翔洽刑期无刑。(《讲法律以儆愚顽第八条》1/52a)

按:"刑期"是一个司法常用词汇,谓服徒刑的期限,产生并大量使用于清代。《大词典》仅释义,未引书证。

2.【热和】[ze2 xo1]

父母见你饭吃不饱,身上穿不热和,无赖将你送出门去,或与人牧牛,或学生意,或学手艺。(《孝字》2/5a)

按:"热和",暖和;热。多指物体的温度。《大词典》自举一例,未引书证。

上引两例,《大词典》皆缺书证,《集要》所出语例可作补充。此外,《集要》还能为《大词典》提供更早的书证。例如:

《宣讲集要》的辞书编纂价值 ·93·

3.【打胎】[ta3 tʰai1]

九戒打胎溺女,溺爱子女不教者同罪。(《宣讲圣谕规则》1/3b)

按:"打胎",人工流产。《大词典》引茅盾《清明前后》为例,时间偏晚。"打胎"至迟明代产生。如《警世通言》卷三十五:"打胎只是一次。若一次打不下,再不能打了。"

4.【煽骗】[san1 pʰiɛn4]

豫省民愚易诱,少壮习于拳棒,恐被邪教之人煽骗入伙。(《钦定学政全书讲约事例》1/12b)

按:"煽骗"义为诱惑欺骗。《大词典》引《负曝闲谈》第十二回为例,迟于《集要》。"煽骗"是清代新产生的联合复词。"煽",煽动;煽惑。如《顺宗实录四》:"士谔性倾躁,时以公事至京,遇叔文用事,朋党相煽,颇不能平。"[4]464

5.【正名定分】[tsən4 min2 tin4 fən4]

各省督抚,应将有关于忠信孝弟、礼义廉耻、扶尊抑卑、正名定分等事,择其明白浅近之词,刊刻告示。(《钦定学政全书讲约事例》1/14a)

按:"正名定分",辩证名分。《大词典》引鲁迅《且介亭杂文二集·非有复译不可》和钱锺书《围城》为例,时代过晚。"正名定分"至迟出现于宋代。如《全宋文》:"小程春秋公得其髓、正名定分,别嫌明微。"[19]23

6.【祝贺】[tsu4 xo2]

遇时节作庆拜,遇生辰作祝贺。(《孝顺父母》1/30a)

按:"祝贺",庆贺。《大词典》引巴金《三次画像》和康濯《水滴石穿》为例,时代过晚。该词至迟元代产生。如《元典章》:"凡遇盛节元日,礼当诚敬祝贺而已。"

7.【亵视】[ɕie4 sɿ4]

你是卑幼,他是尊长,如何敢亵视他?(《尊敬长上》1/31b)

按:"亵视",犹"轻视"。《大词典》引闻一多《〈烙印〉序》为例,时代过晚。"亵视"一词产生于唐代,如《杜诗详注》卷十六:"有文如此,而人乃亵视,公所以坏思而叹息也。"

8.【直朴】[tsɿ2 pʰu2]

旁征远引,往复周详,意取显明,语多直朴。(《圣谕广训序》1/38b)

按:"直朴"即质朴。《大词典》引端木蕻良《三月夜曲》与周而复《白求恩大夫》为例,时代偏晚。"直朴"是明清出现的新词。如《太平府志》卷二:"太平为郡人多直朴,而各土县鸳鸯尤甚,一言不合,反侧相伤。"《临颍志》卷七:"封君世有显德,但行即直朴。"

9.【全量】[tɕʰyan2 liaŋ4]

(1) 四段诠孝而归于诚愨,因引曾子之言以广孝之全量。(《敦孝弟以重人伦》1/42b)

(2) 五段诠弟而归于敬顺,因引《曲礼》以推弟之全量。(《敦孝弟以重人伦》1/42b)

按:"全量"即全部、所有。《大词典》引巴金《灭亡》为例,时代较晚。"全量"至迟明代出现。如《景岳全书》卷二:"第观从古至今,数千年来,凡得医之全量者为谁?"[20]51

10.【商同】[saŋ1 tʰoŋ2]

通同,通行、商同也。(《诫逃匿以免株连第十三条》1/

59a)

按:"商同",串通。《大词典》引鲁迅《而已集·略谈香港》为例,时代较晚。

11.【欺哄】[tɕʰi1 xoŋ3]

我在做生意,爹妈的心定望我公平交易,货真价实,不欺哄人,免得人家咒骂我父母。(《孝字》2/7a)

按:"欺哄",欺骗;哄骗。《大词典》引冰心《到青龙桥去》为例,时代略晚。该词是明清出现的新词,又如《新修南昌府志》卷八:"各里长仍有在乡欺哄愚民,剥骗甲首者。"

12.【公呈】[kuŋ1 tsʰən2]

比如你父母犯了罪,大老爷丢在监卡里,你为儿子的人,只好请些绅耆去递哀怜公呈,放不放还由大老爷,难道多请些人去打监卡抢出来吗?(《附丧事修斋办》2/13b)

按:"公呈",公众联名呈递政府的一种公文。《大词典》引鲁迅《故事新编·理水》为例,时代过晚。"公呈"最迟出现于宋代。如《宋名臣言行录·别集上》卷八:"文定公被召,命子侄各述所见,公呈十事。"

13.【细娃】[ɕi4 ua2]

早奉盘晚问安,学那细娃舞跳做过场,兜他父母生欢喜心。(《老莱戏彩》2/32a)

按:"细娃",方言,小孩义。《大词典》引《小说选刊》1981年第11期为例,时代略晚。"细娃"是清代新词。又如《定远厅志》卷五:"定远俗称男曰男娃子,女曰女娃子,小曰细娃儿。"

四、结语

文章以《集要》第一、二卷为语料,以《大词典》和《方言大词典》为对象,共增补失收词目12余条,补充失收义项12项,提前13条滞后书证。可见,《集要》待采撷的词语颇丰,还有巨大的辞书编纂参考价值及汉语史研究空间。

参考文献:

[1] 陈莲痕. 同治游春 [M]. 北京:中国戏剧出版社,2000.

[2] 耿文辉编. 中华谚语大辞典 [M]. 沈阳:辽宁人民出版社,1991.

[3] (元)高明. 高则诚集 [M]. 杭州:浙江古籍出版社,2013.

[4] 韩愈. 中国古代名家诗文集·韩愈集 [M]. 哈尔滨:黑龙江人民出版社,2005.

[5] 黄尚军. 巴蜀汉族丧葬习俗研究 [M]. 成都:四川民族出版社,2017.

[6] 罗竹风. 汉语大词典 [M]. 上海:上海辞书出版社,2011.

[7] 李劼人. 李劼人全集 [M]. 成都:四川文艺出版社,2011.

[8] 蔺春华主编. 捕蝇草 [M]. 杭州:浙江工商大学出版社,2019.

[9] (战国)吕不韦. 吕氏春秋 [M]. 哈尔滨:北方文艺出版社,2018.

[10] 马灿杰编. 帝王野史大系4 [M]. 北京:团结出版社,1998.

[11] 强雯. 重庆人绝不拉稀摆带 [M]. 江苏:江苏凤凰文艺出版社,2019.

[12] (汉)司马迁. 史记选 [M]. 北京:外文出版社,2000.

[13] 汪维辉. 汉语词汇史新探 [M]. 上海:上海人民出版社,2007.

[14] 王见川, 林万传编. 明清民间宗教经卷文献 [M]. 台北: 新文丰出版公司.

[15] 许宝华, 官田一郎. 汉语方言大词典 [M]. 北京: 中华书局, 1999.

[16] 严世芸编. 中国医籍通考 [M]. 上海: 上海中医学院出版社, 1990.

[17] (明) 洪应明、(清) 张潮著, 穆易译注. 白话菜根谭·幽梦影 [M]. 长沙: 岳麓书社, 2016.

[18] 周立波. 暴风骤雨 [M]. 吉宁: 时代文艺出版社, 2010.

[19] 曾枣庄, 刘琳主编. 全宋文 [M]. 上海: 上海辞书出版社, 合肥: 安徽教育出版社, 2006.

[20] (明) 张景岳. 景岳全书 [M]. 北京: 中国医药科技出版社, 2017.

双音节形容词重叠范围的变化

——以"可可爱爱"为例[①]

孟晓慧　徐新慧[②]

摘　要　检索语料库《汉语形容词用法词典》中的849个双音节形容词重叠情况,发现双音节形容词重叠范围扩大,且重叠能力呈现等级序列。本文以双音节形容词"可爱"为例,探讨其重叠能力出现变化是受类推作用、构词语素"可"的语义磨蚀和重叠的主观性凸显等因素的影响。

关键词　形容词；重叠；分类；可可爱爱

[①] 本文是泰山学院教师教育研究专项课题(项目编号JY01202225)及泰山学院初中语文名师工作坊的阶段性研究成果。
[②] 孟晓慧,女,河北承德人,泰山学院副教授。研究方向:现代汉语语法学、修辞学。徐新慧,女,山东泰安人,中学二级教师。研究方向:语文基础教育。

一、引言

时下，性质形容词"可爱"经常可以重叠为"可可爱爱"。通过网络搜索发现，这一重叠形式最初出现于微博，后扩展到全网。例如：

（1）按自己的想法把自己的姜饼屋打扮得漂漂亮亮、可可爱爱！（新浪微博，2011年11月11日）

（2）今天是袁隆平90岁生日！他昨天做了一件事，网友：可可爱爱！（《人民日报》2020年8月27日）

（3）海南动物开学大戏来了！可可爱爱，萌翻网友。（人民网，2021年9月1日）

（4）可可爱爱！网友在三星堆里集齐了一座动物园。（央视新闻，2021年9月11日）

这一重叠形式在口语中也被广泛使用，如：

（5）弟弟太可爱了！连喝牛奶都这么可爱！穿粉色也可可爱爱！

（6）快快乐乐，开开心心，可可爱爱，就是我本人！

那么，"可爱"的重叠是属于不规范的流行语，还是属于符合规则的可以被接受的语言事实呢？应该如何对待这种语言现象呢？本文拟从历史发展的角度对形容词的重叠进行研究，首先采用描写主义的研究方法，运用语料库检索对形容词重叠范围的变化进行描写，研究对象为郑怀德、孟庆海编写的《汉语形容词用法词典》。通过调查，关注形容词重叠变化整体情况，根据重叠能力对形容词进行分类，并以此为背景，分析形容词"可爱"

由最初不能重叠到突破限制能够重叠的原因，为形容词重叠范围变化寻找理论依据。

二、现代汉语中双音节形容词重叠的历时背景

（一）《汉语形容词用法词典》的重叠情况

为了便于对现代汉语形容词重叠形式发展情况进行统计，我们调查了郑怀德、孟庆海编著的《汉语形容词用法词典》（简称《词典》），《词典》中共收录1067个词条。由于我们关注的是重叠形式为AABB式的双音节形容词，所以调查仅针对《词典》中符合这一条件的双音节形容词进行（除去以叠音形式呈现的双音节词，如"匆匆、皑皑"等）。通过检索北京语言大学BCC语料库和北京大学中国语言学研究中心CCL现代汉语语料库，统计形容词重叠情况。主要目的是对比《词典》中已经标注能够重叠的形容词范围和语料库调查发现的能够重叠的形容词范围，对形容词重叠范围的变化进行描写和统计。

《词典》中的双音节形容词一共有849个，被标注能够重叠的有88个，其中有三个形容词的重叠方式是ABAB式，为"滚圆、好多、煞白"，能够采用AABB式重叠的只有85个，占双音节形容词总数的10%。虽然《词典》编写之时，其他形容词未必也全都不能重叠，但是也能够大概说明当时形容词重叠的范围相对来讲是比较狭窄的。那么，时至今日，形容词重叠的情况又如何呢？如果单纯根据语感来进行，不同的人得出的结论会有差异，所以我们针对这些双音节形容词进行重叠形式的检索，并剔除出了不合要求的语料。经统计发现，除了原有的85个形容词

可以采用 AABB 式重叠外,另外还有 306 个也可以重叠使用。加上原有的可重叠形容词,采用 AABB 式重叠的形容词数量已经达到了 391 个,占双音节形容词的 46%,数目增长非常明显。

形容词重叠数量和比例变化图表

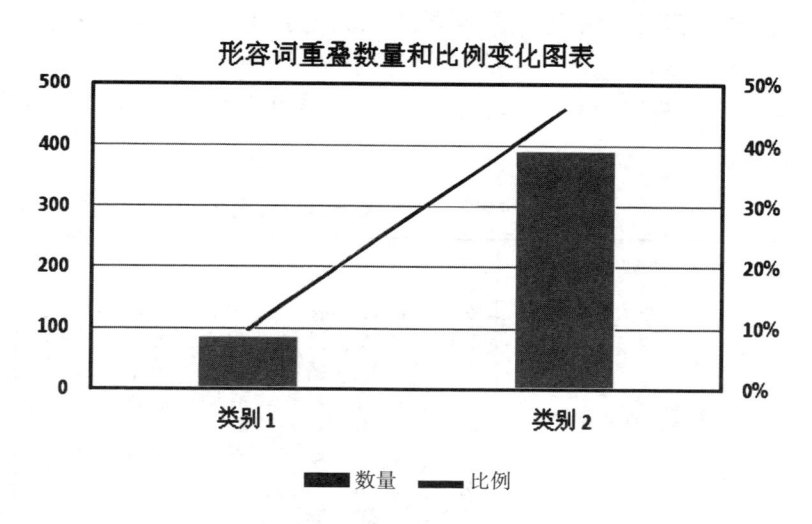

表 1　形容词重叠数量和比例变化图表

语言事实说明,可重叠的形容词并未形成一个封闭的集合,它是一个开放的类,在不断扩大范围,人们可以根据自己的交际需求对形容词进行重叠然后使用[7]。

（二）现代汉语可重叠双音节形容词词表

对能够采用 AABB 式重叠的形容词进行分析可以发现,形容词重叠的能力有一个等级,有非常典型的重叠形容词,重叠用例数量大,使用频率高,语感上可接受度高,重叠能力强;有的形容词重叠用例数量一般,重叠能力中等;有的形容词重叠的数量较少,重叠能力不强,语感上可接受度低,只是进入了能够重叠的范围。我们按照重叠能力大致把形容词分为三类：

A. 重叠能力强的形容词，一般重叠用例在语料库中大于 50 例。

B. 重叠能力中等的形容词，一般重叠用例在语料库中大于 10 例小于 50 例。

C. 重叠能力弱的形容词，一般重叠用例在语料库中小于 10 例。

表 2　可重叠形容词分类及例词表

分类	例　词
A. 重叠能力强的形容词	安心、冰冷、长久、诚恳、从容、高大、健康、精神、紧张、开心、可爱、冷淡、亮堂、渺茫、蓬松、平凡、平静、切实、亲爱、轻巧、轻松、清脆、清淡、曲折、神秘、瘦小、爽快、顺利、妥当、完全、完整、委屈、温柔、文静、无聊、稀疏、潇洒、幸福、严密、真实、真正、正经、正派、正式、自然
B. 重叠能力中等的形容词	矮小、安定、安宁、安生、安逸、肮脏、悲惨、诚实、充实、纯粹、和平、昏暗、活泼、光滑、娇嫩、谨慎、空旷、冷静、明亮、腼腆、浓密、朴素、热烈、散漫、柔软、深刻、瘦弱、舒适、温暖、严密、整洁、正常、悠扬、真诚
C. 重叠能力弱的形容词	暧昧、安闲、暗淡、饱满、悲伤、笨重、憋闷、灿烂、仓促、苍白、苍翠、草率、潮湿、沉寂、沉闷、沉着、迟钝、迟缓、充足、纯洁、纯净、纯正、粗大、粗鲁、单薄、舒畅、响亮、遥远、殷勤、匀称、庄重

上表分类依据的是语料库检索的结果。如："安心"的

AABB 重叠式，在 CCL 语料库中可检索到 48 例，在 BCC 语料库中可检索到 389 例（统计截止 2021 年 10 月 28 日）；"矮小"的 AABB 重叠式，在 CCL 语料库中有 4 例；"暧昧"的 AABB 重叠式，在 CCL 语料库中只有 1 例。这个现象说明了形容词的重叠是处于一个发展变化的状态，重叠能力呈现渐变式的特点。形容词重叠具有易变性。根据石锓（2010），形容词 AABB 式重叠现象首先是由两个连用的形容词 A 和 B 分别重叠，然后通过叠加的方式形成，后来演变成一个性质形容词 AB 的重叠形式[5]。在此基础上，形容词的重叠渐渐只要求形容词整体具备可重叠的语义条件即可，重叠限制条件降低。另外，在形容词重叠形式的发展过程中，类推起到了非常重要的作用。在其强大的作用之下，加之形容词重叠条件的降低，形容词重叠的范围在慢慢扩大。

具体而言，形容词重叠范围变化是形容词重叠能力变化的外在体现，那么又是哪些因素影响了形容词的重叠能力呢？我们将以"可爱"为例进行论述。

三、性质形容词"可爱"的重叠

在形容词整体重叠范围扩大的背景下，从目前语言实际使用情况来看，"可可爱爱"正是重叠范围扩大的用例之一，在口语和书面语中出现频率都较高，已经获得了重叠式的资格。"可爱"一词产生较早，开始并未有重叠形式，其重叠形式在当代出现且在近几年使用频率大幅增长，重叠能力发生较大变化。针对"可爱"重叠能力的变化进行分析，我们可以试着探讨影响形容词重叠能力变化的原因。

(一)"可爱"最初不能重叠的原因

1. 非并列式结构复合词

从语法结构的角度来看,根据对形容词的已有研究,能够重叠的双音节形容词以并列式为主,比如"平安、漂亮、干净、大方、结实、健康"等,主谓式、动宾式、偏正式形容词重叠的几率极小,比如"心酸、胆大、动人、丢脸、省心、顺口、不幸、可恨、能干"等。李劲荣、陆丙甫(2016)认为,原因在于只有形容词性的语素才具有描绘意义,而名词性、动词性或副词性语素缺乏或没有描绘意义[3]。并列式结构形容词的两个构词语素都能够表达性质特点,句子条件合适即可重叠。比如"平安",这个词的两个构词语素"平"和"安",表示"平稳"和"安全",可以重叠为"平平安安",带有描绘性。主谓式结构形容词的两个构词语素,通常前一个语素为名词,后一个为形容词或动词,表达生动的描绘性时,只需要重叠后一个语素,比如"心酸",可以说"心酸酸的",不能够整体重叠为"心心酸酸"。动宾式结构形容词的构词语素为动词性语素和名词性语素,这两个语素独立成句能力强,单个语素缺乏描绘能力,不易重叠。如"动人",单独的语素"动"和"人"都不适合重叠,语言中没有"动动人人"这个重叠式。偏正结构不能重叠的原因也主要是单个语素的描绘性差,比如"不幸",对"不"和"幸"进行重叠都不符合重叠的要求。从这个角度来看,"可爱"属于偏正式结构,"可"作为一个助动词,表示"值得",一般不能重叠为"可可"。所以,从结构上来说,"可"和"爱"不构成并列关系,没有可以重叠的结构条件,重叠能力较弱。

2. 构词语素语义限制

从意义的角度来看,双音节形容词重叠对构词语素有一定的要求,每个构词语素都可以作为一种性质通过重叠表示程度的变化,比如"长久","长"和"久"都可以表示"久远",分别重叠,重叠后程度加深。也可以是形容词整体作为一种性质进行重叠,实现语法意义上的变化,比如"正式",指的是"合乎一般公认的标准的",重叠为"正正式式"后程度加深。

朱景松(2003)认为,如果在说话人的意识里双音节词中的某一个音节无法等分到词义表示性质的一部分,就不会把这些词重叠使用[6]。这个论断说明了形容词重叠需要满足如下语义条件,即构词语素单独能够分别重叠或者作为整体进行重叠。"可"和"爱"两个构词语素情况恰好不符合任何一种情况。首先,"可爱"的两个构词语素都不具备表示性质的特点,无法单独重叠。其次,"可爱"中"可"语义清晰,是作为修饰性成分而存在,这点可以通过"可爱"的词汇化过程看出。

"可爱"在古汉语中原是两个词的连用,表示"值得爱慕、值得喜爱"。如:

(7)放乃更饵钩沉之,须臾复引出,皆长三尺余,生鲜可爱。(《后汉书·方术列传》)

(8)瞻今已八岁,聪慧可爱,嫌其早成,恐不为重器耳。(《三国志·诸葛亮传》)

两例中"可爱"皆以短语身份出现。之后由短语身份词汇化,表示"令人喜爱"。"可爱"由动词谓语到词汇化为形容词,经历了漫长的历史过程,对"可"的解释也由"值得"过渡为"表被动的助词"。然而,"可"这个构词语素,表示"值得"

或者表示"被动"，都无法与"爱"分开，去单独承担整个词意义的一部分，所以在人们思维中，"可爱"的词义不适合于把两个语素分别重叠来表达具有生动态描绘性的语法意义。就前人研究而言，崔建新（1995）[1]，李劲荣、陆丙甫（2016）[3]等人的研究却都没有提到"可爱"一词可以重叠。

综上分析，从理论上来说，"可爱"不具备重叠的结构和意义条件。但是语言是复杂的，人是使用语言的主体，人的主观感受、心理因素以及语言使用的社会环境都会影响语言的使用。

（二）"可爱"进入重叠式的原因

在"可爱"之前，曾经有过一个特例，在不符合形容词重叠的结构和意义条件情况下，依然重叠了，这个词就是"开心"。"开心"作为动宾结构，如前所述，按照理论来讲也很难重叠，但是现在"开开心心"也大量使用。如：

（9）而华侨华人的新年愿望则多是希望在新的一年里身体健康、开开心心、工作顺利、家庭和睦。（《人民日报》2018年1月3日）

（10）比尔说："现在她可以嫁给跟她一样的人，成个家，开开心心过日子了。"（海明威《三天大风》）

根据崔建新（1995）的研究，"开心"重叠的使用源于港台歌曲《真心真意过一生》中的一句歌词："看世间忙忙碌碌，何苦走这不归路。熙熙攘攘为名利，何不开开心心交朋友。"[1]由于流行歌曲的广泛传播性，"开开心心"获得了在普通话中的一席之地。但"开心"能够重叠的原因并未得以揭示。笔者认为，原因有三：第一，"开心"作为一个表示情绪的形容词，虽然是动宾结构，但是已经获得了整体意义，即表示"心情快乐舒畅"

的含义,鲜有人去关注"开心"的内部结构到底如何,其内部结构已经模糊。第二,类推作用。与"开心"同义的"高兴",是很早就具有重叠形式的,在"高高兴兴"这一重叠形式的影响下,"开心"也有了重叠的可能性。第三,作为口语常用词,"开心"使用频率较高,在流行歌曲影响下,重叠形式迅速发酵,有了广泛的使用基础。在这几个因素的影响下,"开心"冲破结构上的阻碍,进入了重叠的范围。"开心"进入重叠范围的语言事实为我们观察"可爱"重叠提供了一种旁证。那么,"可爱"是在何种作用下进入重叠范围的呢?

1. 类推作用

类推是一种普遍存在的语言现象。以一个形式或者规则为模型,模仿这个形式或者规则,类比出新的语言现象,符合语言的经济性原则。双音节性质形容词能够重叠的数量本身已经不少。作为一种形态变化,有其表义上的特殊性。根据李劲荣、陆丙甫(2016),双音节性质形容词重叠具有描绘性、事件性、足量性[3]。形容词重叠能够表示描绘摹状意义,有其生动性,因此具有较强的表达能力。如:

(11) 当然,在其它[他]方面,他也是一个平平凡凡的普通人。(路遥《平凡的世界》)

(12) 她取来一看,信上没有署寄信人的地址姓名,只有简简单单"内详"两个字。(冯骥才《爱之上》)

"平凡"和"简单"重叠后传递出一种程度加强的词汇意义。"重叠式可以满足不同情境的需要而准确地将其特征或状态描绘出来,并使其达到足够的量。因此也常能起到'生动可爱''恰到好处'之功效。"[3]在这种表意的条件下,"可爱"以已有的词义作为基础，也以类推的方式进行重叠，在原式"令人喜爱"的语义基础上又增加了"生动可爱"的词汇意义，程度发生变化，而这一变化完全与形容词重叠语法意义的变化一致。

2. 语义磨蚀

"可爱"词汇化过程中词义整体化导致"可"字的语义磨蚀。"可爱"作为一个形容词，是由助动词"可"加动词"爱"构成的一个句法结构慢慢词汇化后形成的。在形成的过程中，"可爱"作为一个词语变成一个不可分割的语义单位。"可"字的词义逐渐模糊化，"'可'与动词之间原有的词的界限失落，人们不再分析'可'与动词之间的语义关系"[2]。在"可爱"已经被当作一个整体来看待的时候，人们意识当中把它和普通性质形容词等同看待，只表示一种性质，且有可以通过重叠表示生动意义的可能性。这是"可爱"重叠的一个基础语义条件。

在对"可爱"进行分析的过程中，我们发现，由"可"+"X"构成的形容词"可X"，如"可悲、可鄙、可耻、可观、可恨、可敬、可靠、可怕、可气"，虽然部分词语在词汇化过程中，"可"字也有语义磨损，但是并不能重叠。我们分析认为，重叠是一种复杂的语言现象，口语性较强，且一般要突出认知上的形象性。李平（2000）也曾指出"那些从人们认知心理来看是非正常的，不好的状态和性质就不能有重叠或很少重叠的"[4]，这些词语在语义上没有去表达类似于"生动可爱、恰到好处"的意思，不符合形容词重叠后想要突出的性状特征。比如"可恨"表示"令人痛恨、使人憎恨"，"可怕"表示使人害怕，从语义来讲既和重叠想要表达的"生动可爱"毫无关联，也不能表示某种状态，不能表达适度的、足够的量以激发主体显现状态的能动性，缺乏重叠的语义基础。虽然在类推的作用下，年轻人的口语表达中有时会出现"可可怕怕"的表述，B站视频平台上也有"可可怕怕的密室逃脱"的标题，但是受到语义条件的制约，致使类似于"可可怕怕"的表达仍然只是极个别的现象，不具有普遍性，这也进一步说明了语义条件对形容词重叠的影响。

3. 主观性凸显

新颖性、独创性是新的语言现象被追逐使用的原因之一。虽然形容词重叠式古已有之，但作为一个词，"可爱"重叠为"可可爱爱"却是陌生而新颖的表达。

这种重叠方式的使用，是"在具体的事件性场景中对事物的声色形貌或动作的情状方式进行足量的描绘"[3]。相比原形而言，来源于叠音的重叠式在量上的变化更加明显，体现了对所描绘事物的强烈主观感情色彩。这一主观性的凸显既满足了人们主观感情表达的需求，又迎合了人们在使用语言时求新求异的语用心理，为抒发情感提供了一种新的可供选择的表达方式。

四、余论

纵观语言发展的历史长河，我们对"可可爱爱"进行分析，发现"可爱"的这一重叠形式符合形容词重叠范围扩大的整体形势，也有广大的受众空间，符合语言发展的规律和语法规则。受"可可爱爱"这一重叠形式影响，在语言使用中也迅速出现了"可可怕怕""可可怜怜"等用法，但是整体来讲，可接受度不高，使用者较少，这一现象也符合重叠形式对形容词结构、语义等方面的要求。

从具体语例调查来看,"可爱"在 20 世纪七八十年代就已经出现了"可可爱爱"的重叠形式,如:

(13) 志翔惊觉到暑假之将逝,而自己的"工作"仍无踪影时,丹荔用那么可可爱爱的声音对他说:"反正,暑假已经快完了,你找到工作也做不了几天!"(琼瑶《人在天涯》1974)

(14) 她笑着拉过我的手臂,把脸靠过来,可可爱爱地说了声:"哥!"(凯子《挪威森林记》1988)

(15) 他的嘴角又上扬了一度,沉稳的他早已不像记忆中那个可可爱爱的小男孩。(骆玟《纯属虚构》1998)

从句法位置来看,早期的"可可爱爱"主要出现在定语和状语的位置,起到修饰限制的作用,数量上是极少的。进入当代汉语,"可可爱爱"的使用呈现井喷式增长,且句法位置也多样化,除了定语和状语位置外,还主要出现在谓语位置或者独立成句。如:

(16) 生活奇奇怪怪,你要可可爱爱!(腾讯网,2022 年 6 月 5 日)

(17) 可可爱爱!萌宠现身世纪广场,"星"气十足。(澎湃网,2022 年 5 月 22 日)

我们发现,已经出现的语言现象在一段历史时期内使用较少,而当代汉语中又广泛存在,其语义及句法实际发生了一定的变化。今后我们将进一步深入探讨影响形容词重叠范围扩大的因素,深挖影响范围和影响层级的差异,合理解释当代汉语中的形容词重叠现象。

参考文献：

[1] 崔建新. 可重叠为 AABB 式的形容词的范围 [J]. 世界汉语教学，1995（4）.

[2] 董秀芳. 词汇化：汉语双音词的衍生和发展（修订本）[M]. 北京：商务印书馆，2011.

[3] 李劲荣，陆丙甫. 论形容词重叠式的语法意义 [J]. 语言研究，2016（4）.

[4] 李平. 试论汉语动词、形容词重叠的认知基础 [J]. 黄山高等专科学校学报，2000（1）.

[5] 石锓. 汉语形容词重叠形式的历史发展 [M]. 北京：商务印书馆，2010.

[6] 朱景松. 形容词重叠式的语法意义 [J]. 语文研究，2003（3）.

[7] 朱妍娇. 形容词 AABB 重叠式的泛化特点及动因 [J]. 伊犁师范学院学报（社会科学版），2014（4）.

江津话的南路话语音特征

周　岷[①]

摘　要　重庆江津话在方言分区上属西南官话灌赤片岷江小片，该方言点以保留古入声为显著特征。除了入声独立外，江津话在声母、韵母的读法上是否还存在其他和南路话一致的特征？本文通过对比和计算，从声、韵、调等方面来全面探究江津话语音的南路话特征，进而说明该方言的历史层次。

关键词　江津话；南路话；语音特征；历史层次

一、江津话概述

重庆市江津区位于长江中上游，四川盆地东南部，距重庆城

---

① 周岷，成都人，四川师范大学文学院副教授，硕士研究生导师。研究方向：汉语方言及语音学。

区 60 千米左右。江津区东邻重庆市大渡口区、巴南区和綦江区，南靠贵州省习水县，西接四川省合江县，北连重庆市永川区、璧山区和九龙坡区。根据黄雪贞（1986）[1]对西南官话的分区，江津话属于西南官话灌赤片岷江小片，其典型特征是入声独立。从方言的地理分布看，江津以北的方言属西南官话成渝片，其以西、以南的方言属西南官话灌赤片岷江小片，如图所示①：

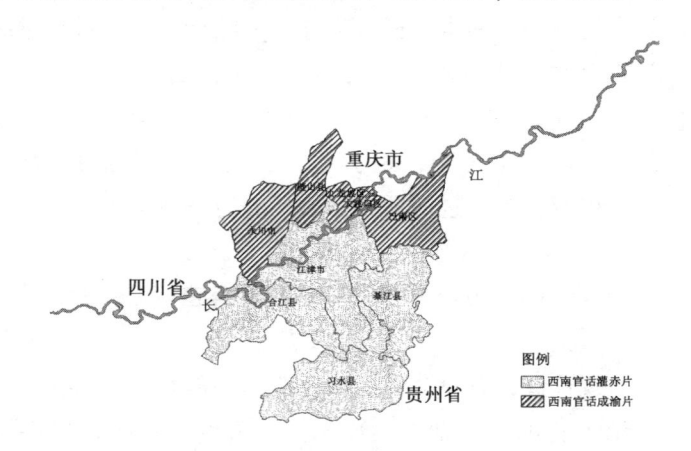

图一　江津及其周边方言分区情况

不少学者对江津话进行过研究、钟维克（2001[2]，2002[3]）对江津话音系进行了描写，并列出了江津话的同音字汇；张惠淑（2002）[4]从语音、词汇和语法等方面对江津话进行了分析和描写；金小梅（2005）[5]以江津话和重庆城区话为例，从历时的角度探讨了古入声字在重庆方言中的演变；左福光（2015）[6]以江

---

① 该图利用美国环境系统研究所（ESRI）开发的地理信息系统软件 Arc GIS 10.8（2019），以黄雪贞（1986）的方言分区数据绘制。

津话、宜宾话以及洛带客家话为例，对比分析了这些方言入声演变的三个阶段；马宇、谭吉勇（2016）[7]，马宇（2017）[8]对江津话的声调特别是入声调做了语音实验研究；黎新第（2018）[9]通过归纳《振振堂（联稿）》对联所注叶音，分析了江津话百年来的一些语音演变；万霞（2018）[10]通过对重庆江北、江津、綦江、巴南、永川以及万盛等六方言点的调查和比较研究，认为江津话的语音特征正在向重庆城区话靠拢。综上，这些对江津话的研究，特别是对江津话入声问题的研究为我们提供了丰富的材料。但是，对江津话的语音特征所体现出的方言历史层次问题分析还不足。本研究在这些研究的基础上，主要尝试通过归纳总结江津方言的语音特征，进而探寻江津话的历史层次问题。

二、江津话与重庆等方言点的语音特征对比

前人对现代汉语方言分区的主要依据是声调，特别是古入声字在今汉语方言的归并情况。比如，黄雪贞（1986）根据古入声字读阳平、阴平、去声还是读入声对西南官话进行了分区。重庆地区除江津、綦江两地入声独立外，绝大部分地区入声都读阳平，因此江津、綦江两地的方言历来被视作重庆方言中最特殊的。除了入声独立外，江津话还有什么不同于周边方言的特征吗？我们参考已有研究提供的语料，借鉴他们提出的一些研究方法，对这一问题展开探讨。

周及徐（2012）[11]65-67提出，通常我们所说的四川话其实是指"以成都和重庆两地的方言为代表的通行于成渝地区的方言……覆盖了东起万州西至成都岷江以东的地区……是明洪武及

清前期移民的结果"[11]65，所以我们通常称操这种口音的人为"湖广人"，他们讲的方言叫"湖广话"。从方言分区看，湖广话的分布区域大概相当于西南官话成渝片的区域。而"南路话"在当地人的概念中，则是与湖广话有明显区别的另一种方言，它指"在岷江以西及以南，特别是成都西南的都江堰、温江、崇州、大邑、邛崃、蒲江和新津一带的方言……最明显的不同于'湖广话'的语音特征是入声独立。在更大的范围上，有这种语音特征的话沿岷江以西一直向南分布，经乐山、宜宾直至泸州地区，再折向东北进入今重庆市境内"[11]65。在地图上南路话区域由西北向东南呈L型分布，从方言分区看，南路话的分布区域大概相当于西南官话灌赤片岷江小片的区域。

按照上述提法，江津话应是南路话的一种。周及徐（2012）提出了21个语音特征，"这些语音特点选择的依据除少数共同点外，主要是南路话与湖广话音系分歧的地方"[11]67。我们参照这些语音特征，通过对比重庆城区（江北）、永川（与江津相邻或对江津话影响较大的湖广话）、合江[12]（与江津相邻的南路话）、乐山[13]、崇州①（川南、川西南路话代表）的语音特征来考察江津话②中究竟有多少和南路话一致。

下表根据周及徐（2012）提出的21个语音特征，表格中"＋"号表示与该条语音特征的描述一致，"－"号表示与该条语音特征的描述不一致，"＋/－"号表示与该条语音特征部分一致。

---

① 乐山话、崇州话的语音材料主要参考周及徐（2012）。
② 江津话的语音材料主要参考钟维克（2002）、万霞（2018）。

语音特征 \ 方言点	江津	重庆城区(江北)	永川	合江	乐山	崇州
古晓组字-u 韵前读为 f-,其余的韵母前读 x-	+	+	-	+	+	+
ts-与 tʂ-相混	+	+	+	+	+	+
古泥母三四等字读 ɲ-,其余泥来母读 n-/l-	-	-	-	+	-	+
臻摄一三等端泥精组合口字失去-u-介音	+	+	+	+	+	+
蟹摄舒声合口一等端组、山摄端泥组字读开口	-	-	-	-	-	-
果摄一等元音为-u,见系为-u/-ɯ/-ɤ	-	-	-	-	-	-
麻三精组见系字韵母读-i	+	-	-	+	+	+
"者蔗"读-ai	-	-	-	+	-	-
模韵帮系端组字（老派）读-o	-	-	-	-	-	-
咸山宕摄入声一等开口见系读-ə/-e	-	-	-	-	+	+
咸山开口入声一二三等帮端知系字读-æ	-	-	-	+	+	+
曾一、梗二开入声帮端知见系字读-æ	+	-	-	+	+	+
深臻曾梗入声二三等开口庄组读-æ	+	-	-	-	+	+
山摄合三四等、宕江开二三等入声精组见系字读-io（"绝、月"与"学、脚"是否同韵?)	-	-	-	-	+	+
臻入声合口一三等帮知系端泥组读-o	-	-	-	-	+	+
臻入声合口三等精见组读-io①	-	-	-	-	-	+
深臻曾梗入声三四等开口帮端见系（缉质迄职昔陌₂锡）读-ie,与咸山三四等开口帮端见系（葉业帖薛月屑）同	-	-	-	-	+	+

① 表中所列方言点除崇州外,其余各点均读为-iu 或-yu。

续表

语音特征 \ 方言点	江津	重庆城区（江北）	永川	合江	乐山	崇州
深臻曾梗入声三等开口知章组（缉质职昔）字读央元音-ə/-e/-ɻ，不读-ɿ①	-	-	-	-	+	+
曾梗入声三等合口见系、通入三精组见系读-io②	-	-	-	-	+	+
通摄入声帮知系、端泥组读-o	-	-	-	-	+	+
入声独立，不归阳平	+	-	+	+	+	+

我们参考周及徐（2012）提出的方言点之间相似度的计算方法③，列出江津话与上述各方言点的语音特征数及权重数值表。

对比方言点	相似特征数	加权的相似特点条和加权值	相似特征权重数
江津—重庆	17	1/2/3；1+1+1=3	17+3=20
江津—永川	16	2/3；1+1=2	16+2=18
江津—合江	16	1/2/21；1+1+7=9	16+9=25
江津—乐山	12	1/2/3/21；1+1+1+7=10	12+10=22
江津—崇州	7	1/2/21；1+1+7=9	7+9=16

将上表中的相似特征权重数值转换为百分比，得到江津话与其余各方言点语音相似度表。

---

① 根据曾艳萍（2011）、万霞（2018）的调查记音，合江、江津二点此部分字韵母读-i，其中合江点声母未腭化，读 ts-, tsʰ-, s-；江津点声母腭化，读 tɕ-, tɕʰ-, ɕ-。
② 重庆、永川、江津、合江等四方言点此部分字读-iu 或-yu。
③ 相似度计算法详见周及徐《南路话和湖广话的语音特点——兼论四川两大方言的历史关系》，《语言研究》2012 年第 3 期，第 72—74 页。

相似度 \ 对比方言点	重庆	永川	合江	乐山	崇州
江津	65%	58%	81%	71%	52%

三、结论

从上表的对比和计算可以看出，江津话在语音上与合江话和乐山话的相似度最高，和崇州的相似度最低，在北部与之相邻的重庆、永川和它的相似度则在60%左右。从共时平面上，我们可以从以下几方面进行解释。

第一，江津与合江地理位置邻近，在方言分区上又同属于西南官话灌赤片岷江小片（南路话），这就不难理解二者在语音上相似度最高。

第二，永川虽然在地理位置上与江津相邻，但与江津话属于不同的方言分区（永川话属湖广话），因此二者的相似度不足60%；同属于湖广话的重庆话，是该区域最强势的一种方言，对江津话影响较大，所以与其相似度略大于同永川话的相似度。

第三，乐山位于岷江下游，崇州位于岷江上游，成都平原西部，乐山话和崇州话虽同属于南路话，但由于地理位置差异，二者的语音还是存在着一定区别；江津话更接近位于岷江下游的乐山话（川南南路话），与位于岷江上游的崇州话（川西南路话）相似度较低。

我们认为，"就音系特征而言，湖广话和南路话属于两个不同的历史层次。湖广话是明清'湖广填四川'移民带入四川地区的,南路话则是元末之前就存在于四川地区的土著方言。从历史上看,南路话在四川的历史比湖广话要久远得多,且多主要分布在川西、川南农村。这是湖广移民潮主要波及川中东部地区,较少波及川西南地区形成的"[14]。前面的对比和分析再次印证了这一观点:江津话的底层是南路话,但是由于其地理位置在位于南路话 L 型分布的最东端,长江中游地区,受湖广移民影响较大,再加之周边强势方言的影响,其南路话特征保留不多;而顺着 L 型往长江上游、岷江中上游回溯,合江、乐山、崇州等地的南路话特征就越来越明显。

注释:

[1] 黄雪贞. 西南官话的分区(稿)[J]. 方言,1986(4).

[2] 钟维克. 重庆江津方言音系研究[J]. 渝州大学学报(社会科学版),2001(2).

[3] 钟维克. 江津方言同音字汇 [J]. 方言,2002(2).

[4] 张惠淑. 江津方言研究. 重庆:西南师范大学硕士学位论文,2002.

[5] 金小梅. 论重庆方言中的古入声字演变 [J]. 西南师范大学学报(人文社会科学版),2005(3).

[6] 左福光. 四川客家话与江津话、宜宾话入声演变比较 [J]. 乐山师范学院学报,2015(7).

[7] 马宇,谭吉勇. 江津方言声调语音实验研究 [J]. 语文教学通讯,2016(12).

[8] 马宇. 江津方言入声调现状研究 [J]. 晋中学院学报,2017(2).

[9] 黎新第. 振振堂联稿叶音所见百年前江津方音属性 [J]. 重庆师范大学学报(社会科学版),2018(1).

［10］万霞. 重庆永川等六区县方言语音调查研究［D］. 成都：四川师范大学硕士学位论文，2018.

［11］周及徐. 南路话和湖广话的语音特点——兼论四川两大方言的历史关系［J］. 语言研究，2012（3）.

［12］曾艳萍. 合江方言语音研究［D］. 重庆：西南大学硕士学位论文，2011.

［13］马菊. 泸州等八市县方言音系调查研究［D］. 成都：四川师范大学硕士学位论文，2011.

［14］周岷，周及徐. 《西蜀方言》的音系性质辨析［C］//汉语史与汉藏语研究（第十一辑）. 北京：中国社会科学出版社，2022.

贵州威宁县方言语音研究[①]

聂 志[②]

摘 要 威宁方言的语音特点与贵州川黔方言的语音特点有较大差异。本文对威宁方言的源流、内部差异、语音特点及语音变化等方面进行梳理，发现威宁方言与云南方言、南京方言有较多相似之处。

关键词 威宁方言；内部差异；语音特点；语音变化

周楚庠和明茂修曾专门对贵州威宁方言（本文中指汉语威宁方言）语音进行研究。周楚庠《威宁汉语方言调查报告》总

[①] 本文是贵州省2022年度哲学社会科学规划一般课题"近代贵州方言文献发掘整理与研究"（22GZYB45）的成果。
[②] 聂志，男，彝族，贵州威宁人，文学博士，贵州师范大学文学教育与文化传播研究中心、出土文献及近代文书研究中心研究员，硕士生导师。研究方向：近现代西南官话。

结了威宁城区方言的音系，整理出威宁城区方言的同音字表[29]。明茂修《贵州威宁方言单字调声学实验分析》从实验语音学的角度，对威宁城区方言单字调的调值及时长进行研究[14]。此外，《威宁彝族回族苗族自治县志》也对威宁方言音系进行归纳，并列出方言同音字表[23]。以上研究对本文的研究具有重要的参考价值。

一、威宁概况及历史沿革

威宁彝族回族苗族自治县地处贵州省最西部，三面与云南接壤，是黔西北云贵两省交界的重要门户，面积6298平方千米，辖41个乡镇（街道）、623个村（社区），平均海拔2200米。至2022年末，户籍人口159.8万，居住着汉、彝、回、苗等37个民族，少数民族占总人口的24.02%，是贵州省面积最大、海拔最高、人口最多的县①。

威宁一带，先秦时属彝族先民建立的卢夷国、朱提国，秦汉时先属夜郎国，后隶汉阳县、犍为郡等。蜀汉建兴三年（225）之前，彝族乌撒部自滇跨牛栏江入黔，至康熙三年（1664）的一千多年，该区域一直为乌撒部领地。后"乌撒"部名演变为地方政权名及地名。唐时为南诏国"乌蛮三十七部"之一，北宋时属绍庆府，南宋时属大理国。

元至元十年（1273），乌撒附元，后改称乌撒路、乌撒军民

---

① 威宁彝族回族苗族自治县人民政府《威宁简介》，http：//www.gzweining.gov.cn/zjwn/rkmz/202005/t20200515_60455542.html，2023-02-12.

总管府、军民宣慰司等,隶云南行省。元统三年(1335)改隶四川行省。明洪武十四年(1381),乌撒女首领实卜向明称臣,置乌撒土府,隶云南布政司[23]30。十五年,置乌撒卫指挥使司,隶云南都司,十六年,改隶四川布政司,十七年,升为乌撒军民府。永乐十二年(1414),改隶贵州都司。

清康熙五年(1666),在乌撒进行"改土归流",将乌撒军民府改为威宁府,仍隶贵州省。雍正七年(1729),降威宁府为州,属大定府。民国二年(1913),改威宁州为县,民国五年析出赫章县。1954年成立威宁彝族回族苗族自治区,1955年改称威宁彝族回族苗族自治县至今。

二、威宁方言的源流

最早在今威宁定居的是彝族先民。先秦时期的卢夷国、朱提国的主体人群即为彝族先民。秦开"五尺道",有少量汉族先民迁入,汉治"西南夷道"及新莽在西南采取军事行动,亦有部分汉族人口流寓[24]332。总的来说,秦汉至唐宋,虽时有置羁縻州县,但只是名义上的管理,进入今威宁数量不多的汉族人口,基本都从了"夷俗"。在这漫长的历史时期,汉语在这一带如盐之于江河,消弭于无形。

元初乌撒内附,至元二十七年(1290)在乌撒驻军屯田,后军士多有逃亡,又从湖广派兵充实[24]333。这些屯戍的士兵多为汉族,但由于人口规模不大且不断流失,他们说的汉语难以形成影响,乌撒的汉语方言无法形成。

明初傅友德大军征云南,开辟乌撒全境。洪武十五年

(1382)设乌撒卫,辖5个千户所[3]314。大兴屯垦,在乌撒所设之"四十八屯",遍布交通便利的平原坝区。屯所之地往往形成新兴的市镇,大量汉族人口的定居使这一带的经济文化具有汉文化的特征,周围之地逐渐"同于中州"。嘉靖年间,有内地罪犯被发配乌撒,也有部分流民入境。随着汉族人口不断增多,加之汉族在政治、经济、军事及文化上的优势,至迟到明中叶,乌撒的汉语方言应该已经形成。

清初平息吴三桂叛乱,随军迁入部分汉民。雍正年间深入"改土归流",又有大量汉民涌入。当时大定府的10048户客民中,威宁州就有4502户[3]158。如按照1户4口人计算,则近2万人。到了晚清的道光二十六年(1846),威宁有汉民15294户,87569人[24]336。此时,"夷多汉少"的人口布局已彻底改变,土著民族退居山巅水湄,成为少数民族,威宁方言应该已经占据绝对的统治地位。

民国时期汉族手艺人、商人及难民进入威宁,解放后干部南下等,由于人数不多,来源地分散,他们的方言对威宁方言未产生实质性的影响。

三、威宁方言的内部差异

威宁方言的内部差异,主要体现在城乡之间,以往的研究没有专门论及威宁方言的内部差异。一是乡村方言直接承袭自南方官话,其特点近于云南方言。明初驻守云贵的军队,以今苏皖二省籍人为主,因此使得昆明话与江淮官话有不少相似的成分[3]117。威宁乡村方言有卷舌音声母、古泥来母全分的特征,与云南方言的代表昆明话相似度高。龙异腾将贵州安顺屯堡人的祖先来源地确定为"江南",包括今江苏、安徽、上海及江西[11]29。威宁各卫所移民的来源地大体也是以应天府(南京)为中心的"江南"。明天启以后,卫所渐弛,部分逃军流落到少数民族聚居区,尚以同乡关系结合而自称"南京人"[24]334。明代乌撒的江南汉族移民总体上不是上流社会中人,但他们自认为来自天子脚下,以南京官话为代表的南方官话对他们有强大的影响力和凝聚力,因此世代传承下来。

二是城区方言已被川黔派西南官话覆盖,其特点近于四川方言。清代云贵地区接受的移民主要来自四川、湖南和江西[3]117。清初改土归流时期,湖广、川陕等地的灾民络绎不绝地涌入威宁[12]20。威宁当时还是云南昭通、东川运铜矿去四川泸州的必经之地,"人夫背负,牛马装驮,终岁络绎不绝,兼之州属所产黑背铅子厂林立,砂丁炉户均系客民"[1]。清代进入威宁的汉族居民,多居住于城区,主要从事工业和商业。一则乡下偏远,宜居之地已被老移民占据,二则县城谋生机会更多,交通便利。可以想见,在清代威宁城区新老移民的交流中,由湖广话发展形成的、音系更简明、使用人口更多的四川话战胜了湘、赣语等方言,并逐渐覆盖了老移民使用的南方官话。而乡村较为偏远,受城区方言影响小,且乡村老移民感情上不愿改变传承了三四百年的"正统"母语,致使威宁方言城乡差别较大。这个特点一直保留至今。李荣先生也认为,贵州省各县城之间,比起县城和乡村之间来,方言差别要小得多[7]40。

由于威宁是民族杂居之地,各民族在使用汉语交往的过程中,口音会互相影响。具体来说,零星散居在汉族人口密集地方的少数民族，其汉语口音与周围汉族的汉语口音几乎完全相同；而杂居在汉族人口占多数地方的少数民族，其汉语口音往往带有自身特色。零星散居于龙街、雪山等少数民族聚居地的汉族，其汉语口音的少数民族特色非常明显，他们中的老一辈往往掌握流利的少数民族语言；而杂居在少数民族聚居区的汉族，其汉语口音也会带上一定的少数民族特色。少数民族人口较少，他们的汉语口音总体对威宁方言影响不大；少数民族聚居地全在乡村寨落，他们的汉语口音逐渐向乡村方言语音靠拢。此外，威宁与其他县市接壤的部分乡镇，方言语音会受到一定影响（见后文有关叙述）。近三四十年来，威宁的乡村人口大量涌向县城，呈现"农村包围城市"之势。加之受普通话推广的影响，语音更接近普通话的乡村方言不断侵蚀和渗透已久被其包围的城区"方言岛"，致使城区方言的地盘在不断萎缩，影响力越来越小，已经很难再代表威宁方言。

四、威宁方言的语音系统

威宁乡村方言使用人口众多（目前已超过百万），使用范围遍及城郊及绝大多数乡镇，因此，威宁乡村方言更能代表威宁方言。李蓝将威宁方言划为西南官话云南片之滇中小片[6]79，大概是基于威宁乡村方言的特点及其对威宁方言的代表性。《威宁彝族回族苗族自治县志》[23]归纳的威宁方言音系，就是威宁乡村方言音系。我们总结的威宁方言音系也是威宁乡村方言音系，以纯正的乡村汉族语音为主要描写对象。乡村方言和城区方言的主要不同体现在声母方面：乡村方言的卷舌声母［tʂ］［tʂʻ］［ʂ］，在城区方言中合流为［ts］［tsʻ］［s］，相应地，［ʐ］变读为［z］；乡村方言中［n］［l］全分，城区方言中二者合流，记为［l］。威宁乡村（包括乡镇行政机构驻地）方言之间差别极小，如果要在其中找调查点，离县城不远、汉族人口较密集的小海、金钟等镇似乎比较合适。

（一）声母

威宁方言有 22 个声母（包括零声母）：

[p]巴白边布杯　　[pʻ]盘皮票普跑　　[m]妈明母毛卖　　　　　　[f]分房冯胡喷
[t]打店对东凑　　[tʻ]他同天土抖　　[n]男奶农娘怒　　　　　　　　　　　　　[l]刘楼宁追
[ts]字总祖争摘　　[tsʻ]菜草蚕初愁　　　　　　　　　　　[s]三思酥生氧
[tɕ]九家节叫讲　　[tɕʻ]全球前劫祥　　　　　　　　　　　[ɕ]先需香夏喜
[tʂ]中主直抓暂　　[tʂʻ]成车柴吃囱　　　　　　　　　　　[ʂ]是说书山纯　　[ʐ]人闰让弱
[k]搞关贵解括　　[kʻ]看孔客概敲　　　　　　　　　　　[x]好回后鞋吓
[ø]安爱烟云威翁文远油芋鸭荣

说明：

1. ［ts］组声母发音时，舌尖靠前近于上齿尖。

2. ［tɕ］组声母发音时，舌面靠前近于齿龈，与硬腭接触面较小。

3. ［tʂ］组声母的发音部位比普通话略为靠后。

4. 部分老年人口音中，少数中古疑母字声母为［ŋ］，如"雁、颜、晏_{旱~}"；部分老年人及文化程度较低的人群，将"女、泥"的声母发为［m］。

5. "衣、鱼、安"等零声母字发音时，分别略带半元音［j］［ɥ］［ɣ］。

6. "乌、无、武、务"等字，实际有声母［v］，这些字数量极少，且声母为［v］或零声母，并不区别意义，因此循例处理为零声母。

7. 羊街镇、兔街镇一带与赫章县接壤，新发乡与六盘水接壤，受接壤地方言影响，这些乡镇多数人所说的方言没有卷舌声母，鼻音［n］并入边音［l］。羊街镇部分人口音中，一些古精组和见晓组字（主要为蟹摄开口四等精、见组和止摄开口三等见组）声母读为［ts］组，"鸡蛋、气人、洗衣粉"分别读同"资蛋、刺人、死衣粉"。

（二）韵母

威宁方言有36个韵母（［ɿ］［ʅ］算1个）：

[ɿ/ʅ]资事/知迟是　　[i]米你几律备　　[u]读夫做绿肉　　[y]女区居橘砌
[a]马沙八爬打　　　[ia]虾夏掐嫁牙　　[ua]瓜花挖耍揉
　　　　　　　　　[iu]局屈曲育狱
[o]多火摸饿河　　　[io]雀略学脚药
[e]德黑客麦责　　　[iɛ]别灭写姐笛　　[ue]国扩或获惑　　[yɛ]雪决茄月协
[ər]二儿耳而尔
[ai]太柴在鞋岩　　　　　　　　　　　[uai]快甩怪揣怀
[ei]杯美飞配披　　　　　　　　　　　[uei]嘴回吹吕内
[au]刀桃好哥个　　　[iau]表苗巧小跃
[əu]头口手走周　　　[iəu]丢刘球休酒
[an]板反看山项　　　[iɛn]变甜脸钱烟　　[uan]短关川换玩　　[yɛn]卷劝元鲜
[ən]人门吞正硬　　　[in]亲心斤明平　　　[uən]棍春昏顺葵　　[yn]军熏云永
[aŋ]帮当上狼缸　　　[iaŋ]亮江强想羊　　[uaŋ]光黄床霜汪
[oŋ]红工翁梦皱　　　[ioŋ]穷琼兄熊溶

说明：

1. 威宁方言韵母开口度比普通话略小。
2. ［o］作韵尾时，舌位接近半低。

3. [io] [ioŋ] 亦可记为 [yo] [yoŋ]，两组可视为同一音位之自由变体。

4. 韵母 [iu] 发音时，是 [i] 和 [u] 直接组合，中间没有过渡元音。

5. 黑石镇、哲觉镇一带，原属五区，与云南省宣威市接壤，受其方言影响，无撮口韵，[y] 发为 [i]，"全面、遇见"读同"前面、意见"。

6. 羊街镇、兔街镇一带的方言，受赫章县方言影响，部分人口音中，[iɛ] 并入 [i]，"大爷、节日"读同"大姨、吉日"。

(三) **声调**

1. 调类。威宁方言有 4 个调类：

阴平 44：巴诗锅淤鸡炎　　　阳平 21：八适郭鱼急盐
上声 42：把史果雨几掩　　　去声 13：罢是过玉记燕

说明：

中古平声调按清浊分化为阴平、阳平，绝大多数古入声字的声调并入阳平，只有少数例外，如"喝、摸、给、易、错"等。

2. 调值及调型。周楚庠认为，威宁方言的阴平为 55 调，阳平为 32 调，上声为 43 调，去声为 21 调[29]41。《威宁彝族回族苗族自治县志》认为威宁方言的阴平为 44 调，阳平为 21 调，上声为 42 调，去声为 13 调[23]629。明茂修认为威宁方言的阴平为高升调 45，阳平为半高降调 41，上声为高降调 54，去声为低升调 23[14]22。三者总结的威宁方言各声调的调值均有一定差别。周楚庠和明茂修总结的声调都是城区语音的声调。乡村语音和城区语音的声调差别不大。根据本文的调查研究，我们赞同《县志》

对威宁方言调型调值的描述。

五、威宁方言的语音特点

(一) 声母特点

1. 中古知庄章组字声母一般读为 [tʂ] 组。但三组字声母皆有读为 [ts] 组的，知组如"摘 [tse²¹]、拆 [tsʻe²¹]"，庄组如"楚 [tsʻu⁴²]、师 [sʅ⁴⁴]、生 [sən⁴⁴]"，章组如"窗[tsʻaŋ⁴⁴]、蘸 [tsan¹³]"等。此类字以庄组字为多，基本为遇摄合口三等鱼韵字、止摄开口三等平声脂韵字和梗摄开口二等字，较有规律。熊正辉根据知庄章三组字的今读，将当今官话分为济南型、昌徐型和南京型。南京型，即庄组三等字除了止摄合口和宕摄读 [tʂ] 组，全读 [ts] 组；其他知庄章组字除了梗摄二等读 [ts] 组，全读 [tʂ] 组[26]5。威宁方言的知庄章组字今读合于南京型。威宁方言的这种语音特点极为稳定，数十年来，知庄章组声母变读为 [ts] 组的字数量未见明显增加。徐通锵认为，某些音变所经历的时间很长，像宁波话的知照系合并于精系，经历的时间恐怕不止两百年[25]291。

2. 尖团音不分。中古见晓组和精组细音字声母合流为 [tɕ] 组，但有少数见晓组常用字比较"顽固"，声母保留中古时的发音。如"阶、街、解、戒、届"等，声母为 [k]；"敲、去"等，声母为 [kʻ]；"陷、鞋、杏"等，声母为 [x]。这些字均为开口二等见系字，除"敲、去、间_房~"外，均为蟹摄字。就目前来看，受普通话的影响，多数年青人已将"解、皆、间_房~"的声母读为颚化的 [tɕ]。

3. 中古遇摄合口一等晓匣母字声母为 [f]。这些字有"胡、虎、湖、户、呼、互、壶、狐"等。[x] 后的单韵母 [u] 其实是不圆唇的，且带有唇齿擦音的性质，由于发音的省力原则，舌面后音 [x] 唇齿化为 [f]。[x] 在 [u] 前读为 [f]，是清代四川移民的语音特征之一，也是今川黔派西南官话的特征之一。今贵州安顺屯堡方言仍保留 [x] [f] 全分的特点。屯堡是明代汉移民集中的地方，数百年来，移民社区一直相对封闭，[x] [f] 全分可能是明代移民语言的影响和遗存。可以想见，在清代四川移民迁来之前，威宁方言的 [x] [f] 声母也是不相混的。清代移民 [x] 在 [u] 前发 [f] 的特点，首先影响到威宁城区方言，受城区方言的影响，威宁方言现已整体具备这一特点。

4. 中古泥来母字声母不相混。泥母字声母为 [n]，如"怒、年、娘"等，来母字声母为 [l]，如"路、连、良"等。在金尼阁（Nicolas Trigault）记载明代南京官话的《西儒耳目资》（1625）中，[n] [l] 声母亦不相混[27]117。威宁方言较好地保留了明代南方官话的这个特点，泥来母对立的关系具有长期稳固性。有趣的是，"威宁"的"宁"却例外，"宁"的声母为 [l]，这可能也是受城区语音影响所致。总体来看，城区语音的影响是极其有限的。

5. 送气音及擦音与普通话存在差异。一些来自中古汉语精、见、知、章几组字的声母为送气音，但在普通话中均不送气。如"燥、躁"皆读为 [ts'au^{12}]，"概"读为 [k'ai^{13}]，"择"读为 [ts'e^{21}]，"截断"的"截"读为 [tɕ'iɛ^{21}]，此类字还有"造、撞"等。"燥、躁、概"读为送气音。"择、截、造、撞"等读为送气音则为古全浊声母仄声清化送气现象，在西南官话中比较常见，这应该是早期移民语言的底层遗存。"纯、尝、豉、嫦"等古宕、臻、止三摄的三等禅母字，声母为擦音[ʂ]，在普通话中皆为塞擦音。

周序庠认为，威宁方言知系和精系对立及泥来母对立的情况仅存在于少数民族集中区，是受少数民族语音的影响所致[29]41。我们对此有不同看法。汉语知系和精系对立的情况，无论是共同语还是方言，古代还是现代都存在；声母[n][l]存在的历史也比较长，[n]基本上由中古的泥母[n]演变而来，[l]从上古到现在基本没有变化[19]151。自清代"改土归流"以来，威宁的少数民族在人口、政治、经济等方面长期不占优势，其语言难以对汉语带来系统性的影响。威宁的小海、岔河、哲觉等镇，少数民族人口极少（不足10%），这些地方汉语方言声母的特点，和有较多少数民族聚居的村寨如龙街、雪山、大街等乡镇方言的声母特点却是一样的。

此外，威宁主要少数民族彝族和苗族的汉语方言声母没有什么显著的不同。彝语有46个声母、苗语有55个声母，数量均远多于汉语的声母，其声母系统都包括了汉语的声母[24]78,244。彝族和苗族群众学用汉语，声母的发音不存在变异现象。

（二）韵母特点

1. 有[e]韵母。古曾摄入声德韵，梗摄入声陌、麦韵字"北、默、得、黑、迫、泽、窄、客"等，韵母为[e]。它是古入声辅音韵尾脱落后保留下来的韵腹，体现了明清官话的发音。在现代北方话里，有一些方言的陌麦德三韵一二等字和职韵庄系字停留在念[e]的阶段，特别是西南官话，一般还念[e][19]184。那么，有[e]韵似乎是西南官话一个存古的典型特点。

2. 古果摄开口一等见系字韵母基本为 [o]。这些字有"河、可、饿、贺"等,王力先生将它们在宋元时代的韵母构拟为 [ɔ][20]466,可见这种读音较大程度保留了宋元古音。但这类字中的"哥、歌"韵母为 [au]。

3. 有 [io] 韵母。古宕摄开口三等入声泥组、精组、见系字"略、雀、脚、药"等,江摄入声见晓组字"觉、学"等,韵母全为 [io],不与来自山摄合口三四等入声的薛、月、屑韵字韵母相混。这些字的韵母在《西儒耳目资》中为 [ioʔ][28]122,在今南京方言中亦为 [ioʔ][8]368-369,保留入声喉塞音韵尾。

4. 有 [iu] 韵母。古臻、曾、通三摄合口三等入声见系字"局、屈、蓄、域、狱"等,韵母为 [iu],其中通摄字最多。[iu] 的韵头为细音,只能与舌面音声母或零声母相拼。王力先生将该韵母的宋代音拟为 [iuk][21]626、628。

5. 有 [ue] 韵母。这些字为"国、扩、或、获"等古宕、曾、梗摄合口一二等入声见晓组字。此类字的韵母在今南京方言中为 [ueʔ][18]159。[ue] 韵字和 [io] [iu] 韵字一样,全是阳平调。这些字实际上脱落了明清官话入声韵的辅音韵尾,仅保留了韵头和韵腹[9]29。

6. [iŋ] 并入 [in],多数 [əŋ] 并入 [ən]。古梗摄开口二等舒声匣母、影母"杏、茎、樱"等字,三等舒声帮组、泥组、精组、见系"兵、京、英、名、精、轻、盈"等字,曾摄开口三等舒声帮组、泥组、见系"冰、陵、凝、兴、应"等字,在威宁话中韵母皆为 [in]。曾、梗二摄舒声,普通话韵母为 [əŋ] 的字,如果声母不是 [p] [pʻ] [m] 和 [f],则其在威宁话中的韵母读为 [ən],如"登、能、曾、蒸、撑、生、更、争、耕、正"等字。但也有例外,曾摄开口一等平声帮母的"崩",梗摄开口二等平声庚韵滂母的"烹"、並母的"彭"等字,其韵母在威宁方言中亦为[ən]。今江淮官话各点普遍[ən][əŋ]不分,[in][iŋ]不分[16]292,具体情况虽与威宁方言乃至西南官话有所不同,但应该是同源异流发展的结果。麦耘也认为,in、en和ing、eng不分,说明西南官话与江淮方言关系密切[13]346。

7. 部分[əŋ]并入[oŋ]。古曾、梗、通三摄舒声字,在威宁方言中,在声母[p][pʻ][m][f]后,韵母为[oŋ],如"朋、孟、萌、迸、蒙、风、梦"等字(第6点所述"崩、烹、彭"等字除外)。通摄合口一等舒声影母字"翁、瓮"等,韵母亦为[oŋ]。

8. 古今开合口的保持与变化。古蟹摄合口一等泥组字"内、雷"等,古止摄合口三等来母字"累、类、泪"等,韵母保持合口为[uei]。"吞",为臻摄开口一等字,今韵母为[ən],也继续保持开口。部分臻摄合口一等字"蹲、顿、屯"等,韵母变为开口,读作[ən]。

9. 彝族、苗族的汉语韵母特点。威宁彝语韵母以单元音为主,没有鼻音韵尾[24]70,受母语影响,彝族群众说汉语时后鼻音并入前鼻音的现象更普遍,前后鼻音在低元音前也不对立:[aŋ][uaŋ]分别发为[an][uan],即"邦"读同"班","王"读同"玩";[iaŋ]发为[ian],如"杨、想、将"等字的韵母,不同于"烟"的韵母[iɛn]。彝族发汉语的[oŋ][ioŋ]却并无问题,这可能是因为韵腹[o]与韵尾[ŋ]的舌位均靠后,发音相对容易之故。此外,威宁话的[e]韵母,彝族发为［ai］，如"黑、车、热"等字。威宁话的［ue］韵母，彝族发为［uai］，如"国、或"等字。毕节方言中，"黑、车"等字的韵母也是［ai］，"国、或"等字的韵母也是［uai］[15]45，这应该都是受到彝语语音的影响所致。威宁苗语也没有鼻音韵母[24]247，但苗族群众对汉语鼻音的处理却比较简单，一律发为鼻化音。如"林、灵""真、蒸""班、邦""玩、王"的韵母分别为［ĩ］［ə̃］［ã］［uã］。少数民族学用汉语的过程中，受单语性语言能力的限制，非汉语特征便会不可避免地被带进他们学会的汉语之中[17]107。

六、威宁方言的语音变化

本节讨论的语音变化不是历时的语音演变，而是共时的语流音变和异读。它是汉语方言里的普遍现象，对语音系统和语音的历时演变都会产生一定影响。

（一）语流音变

语流音变指受前后语音环境、轻重、语素等因素的影响而发生的语音变化现象[28]36。在说话过程中，一个音节和别的音节连接在一起，因相互影响而产生语音变化，是普遍和自然的现象。

1. 声调的变化。首先是"一"和"不"的变调。"一""不"单念时为阳平21。在阴平和去声前仍读阳平，如"一天""一个"，"不宽""不胖"；在上声和去声前变读为阴平44，如"一年""一把"，"不吃""不好"。只是口语音变调，文读音一般不变调。

其次是"儿尾"变调。威宁方言没有儿化韵，只有"儿尾"。"儿尾"有时不变调，念本调阳平，多表示小称，如"鸡儿_{小鸡}、猪儿_{小猪}"。多数情况下变读同阴平，可表示小称，如"牛儿_{小牛}、羊儿_{小羊}"；可作词缀参与构词，如"猫儿_猫、兔儿_{兔子}"；也可参与构成人的乳名，如"小华儿、小毛儿"。王福堂认为，非轻声的"儿尾"不会引发儿化[22]112。威宁方言没有轻声，"儿尾"也不是非常普遍，因此威宁方言中的"儿尾"恐难向儿化发展。

再次是"头"的变调。"头"作名词单念时为阳平。在参与构成方位短语时一般变读为阴平，如"屋头_{家里}、河头_{河里}、锅头_{锅里}、桶头_{桶里}"；有时也可读本调，如前例中的"锅头、桶头"。"头"作名词后缀时，一般变读为阴平，如"石头、锄头、舌头、榔头、馒头"；有时也保持本调，如"搞头、钟头、甜头"。

最后是双音节名词的变调。部分 AA 式非阴平双音节名词，后一音节变读为阴平。如指称亲属的"爷爷、爸爸、舅舅"等，表物件的"锤锤_{锤子}、把把_{把手}、罐罐_{罐子}"等（带有一定小称义），指称物质的"面面_{粉末}、脚脚_{残渣}、皮皮_皮"等。部分阳平双音节复合名词，后一音节变读为阴平，如"眉毛、粮食、年成、婆娘、核桃、磨石"等；两个音节声调不同，后一音节由非阴平变读为阴平的也有，如"云彩、棺材、好处、花红、松毛"等。

此外，极少数三音节复合名词，末尾音节由非阴平变读为阴平，如"黄鼠狼、酸杨梅_{杨梅}、老皮条_蛇"等；中间音节由非阴平变读为阴平的，比较罕见，如"灰条菜_{灰菜}"。

2. 合音与同化。口语中一些极常用的词，在语速较快时音节的组合会发生变化。这种情况大致可以总结为合音、同化，在合音、同化的过程中某些音素可能脱落、增加或异化。

首先是合音。两个音或两个音节在语流中合成一个音或一个音节称为"合音"[10]156。威宁方言常见的合音有如下几个：

"不要"［pu²¹ iau¹³］→［piau¹³］。合音时，"不"的声母与"要"的韵母结合，合成的音节使用"要"的去声调。

"不怕得_{没关系}"［pu²¹ p'a¹³ de²¹］→［pa¹³ de²¹］。前两个音节合音。"不"的声母［p］和"怕"的韵母［a］结合，合成的音节使用"怕"的去声调。

"怎个_{怎么}"［tsən²¹ kau¹³］→［tsan¹³］。合音时，"怎"的声母［ts］和韵尾［n］保留，与"个"的韵腹［a］结合，合音使用"个"的去声调。该合音如果发得稍慢一些，则其声调调值是结合了上声和去声的413调。

"没有"［mei⁴⁴ iəu⁴²］→［miau⁴⁴］。这个"没有"为否定副词，常后接动词或形容词。合成的音节使用"没"的阴平调。该合音如用在疑问句末尾，则其声调调值是结合了阴平和上声的442调。

"人家"［ʐən²¹ tɕia⁴⁴］→［nia²¹⁴］。合音［nia］的声调先降后升，即使语速稍快，曲折调型仍在。此合音只有当"人家"为人称代词时才发生，如表示"住户"或"家庭"的意思，合音不产生。

其次是同化。语流里两个不同的音，其中一个因受另一个影响而变得跟它相同或相似，这种现象叫"同化"[5]72。威宁方言中比较典型的同化有下面几条：

"包谷_{玉米}"　［pau⁴⁴ ku²¹］→［pau⁴⁴ au²¹］。受"包"韵母［au］的影响，"谷"的韵母变得和它一样，同时其声母［k］

脱落。在"包谷"作为语素构成的合成词中,此合音也存在,如"包谷饭、包谷秆"。这是顺同化。

"那么"[na^{13} mau^{44}]→[nau^{13} au^{44}]。"那"的韵母[a]受"么"的韵母[au]的影响,同化为[au],同时"么"的声母[m]脱落。这是逆同化。

"赶忙"[kan^{42} maŋ^{21}]→[kau^{42} au^{21}]。受"赶"变化后的韵母[au]的影响,"忙"的韵母[aŋ]被同化为[au],同时失去声母[m]。

合音中,"没有"读[miau^{44}]是口语中的通行读法,如不合音,则带有文读色彩;其余几条皆是自由音变,说话人可以自由选择是否合音,一般来说,不合音具有一定的强调意味。同化中,"包谷"念[pau^{44} au^{21}]是自由音变,如果不合音,表达上没有多大区别;"那么"和"赶忙"的音变在口语中也是通行的,一般不念本音,如念本音,亦带有文读色彩。

合音与同化使发音变得更顺畅方便,符合发音的省力原则和语言的经济原则。它具有临时性、非正式性,容易被语言调查研究者忽略,但却是语音变化的重要方式之一。

大多数方言语音研究的关注点都在声母、韵母和声调,语流音变的研究尚未得到足够的重视。语流音变会对语音的发展演变产生一定的影响,也可以用来观察、研究语音演变规律,值得关注和重视[2]134。

(二)文白异读

文白异读,即在特定方言区内对同一个具有相同音韵地位的字在口语言谈中和正式书面语中有不同的读音[5]78。明初江南汉族移民进入威宁后,数百年来汉族人口没有遭受大规模的损失,清初的外来移民及后代,主要分布在城区。因此,今天的威宁方言主要是早期移民语言发展形成的。后起的文读音,部分体现清初移民方言的影响,部分体现晚近普通话的影响。文白异读实质是不同音韵层次在共时音系中叠置的体现。下面对威宁方言的文白异读进行分类介绍,为免重复,同时属于两种异读的只归入其中一种。每条异读,先列出异读字,然后注文白读音(中间用"—"隔开)再举例,例中的异读字用"~"代替。

1. 声母的异读。溅[tɕiɛn¹³]—[tsan¹³] 水~在身上;拨[po²¹]—[pʻo²¹]—~人;角[tɕio²¹]—[ko²¹] 羊~;追[tʂuei⁴⁴]—[luei⁴⁴] ~小偷;陷[ɕiɛn¹³]—[xan¹³] ~在稀泥头;里[li⁴²]—[i⁴²] ~头;整[tʂən⁴²]—[kən⁴²] ~数;推[tʻuei⁴⁴]—[tsʻəu⁴⁴] ~人;刚[kaŋ⁴⁴]—[tɕiaŋ⁴⁴] ~才;抠[kʻəu⁴⁴]—[əu⁴⁴] ~洞;触[tʂu²¹]—[tʂʻu²¹] 接~。

2. 韵母的异读。皱[tsəu¹³]—[tsoŋ¹³] ~皮;批[pʻi⁴⁴]—[pʻei⁴⁴] ~发;啄[tʂo²¹]—[tʂua²¹] 鸡~米;眉[mei²¹]—[mi²¹] ~毛;牡[mu⁴²]—[mau⁴²] ~丹;谬[miəu¹³]—[miau¹³] 荒~;觉[tɕio²¹]—[ko²¹] 警~;雁[iɛn¹³]—[an¹³] ~鹅_{黑颈鹤};鲜[ɕiɛn⁴⁴]—[ɕyɛn⁴⁴] 新~;今[tʂʅ⁴⁴]—[tʂən⁴⁴] ~天;对[tuei¹³]—[təu¹³] ~头;晌[ʂaŋ⁴²]—[ʂau⁴²] ~午;葵[kʻuei²¹]—[kʻuen²¹] ~花;伸[tʂʻən⁴⁴]—[tʂʻʅ⁴⁴] ~手;退[tʻuei¹³]—[tʻuən¹³] 倒~。

3. 声调的异读。情[tɕʻin²¹]—[tɕʻin⁴⁴] 人~来往;撑[tsʻən⁴⁴]—[tsʻən¹³] ~起;给[kei⁴²]—[kei⁴⁴] 拿~他;盯[tin⁴⁴]—[tin²¹] ~紧点;指[tʂʅ⁴²]—[tʂʅ²¹] ~甲;撞[tʂuaŋ¹³]—[tʂʻuaŋ⁴²] ~人;顿[tən¹³]—[tʻən⁴²] 打~_{停顿、停留};

诊［tʂən²¹］—［tʂən⁴⁴］~所；导［tau⁴²］—［tau¹³］~游；和［xo²¹］—［xo⁴²］~你去；堵［tu⁴²］—［tsu²¹］~缝。

七、结语

明代威宁汉族移民来源地主要为"江南"，大致在今以南京为中心的江淮官话范围，威宁方言是明代南方官话延伸和发展形成的。威宁方言在发展演变过程中受后来移民语言的冲击较小（城区除外），受土著少数民族语言的影响亦较小。因先前地理交通上的限制，威宁方言受四川方言的影响不大，其与川黔派西南官话存在较大不同，与贵州方言的代表贵阳话差异也较为明显。

本文探讨了威宁方言的源流，分析了威宁方言的内部差异及其原因，并对威宁方言的语音特点进行了详细的叙述。威宁方言保留了一些古代汉语的痕迹，与云南方言、南京方言渊源颇深，有较多相同或相似之处，具有较高的汉语史和方言史研究价值。本文的研究可以使读者对威宁方言语音有更深入的了解，为今后威宁方言的研究进一步奠定基础，也可为相近方言的语音研究提供一些参考和借鉴。同时，本文的研究或对威宁的"普通话推广"工作有一定理论指导作用，对威宁人普通话水平的提高有所助益。

参考文献：

[1]（清）罗绕典. 黔南职方纪略（卷三：大定府）[M]. 台北：成文出版社，1974，据道光二十七年刊本影印.

[2] 曹志耘．浙江金华汤溪方言的语流音变［J］．方言，2022（2）．

[3] 葛剑雄主编，曹树基著．中国移民史［M］．福州：福建人民出版社，1997．

[4] 胡明扬．语言学概论［M］．北京：语文出版社，2000．

[5] 李蓝．毕节方言的文白异读［J］．贵州大学学报（社会科学版），1990（3）．

[6] 李蓝．西南官话的分区（稿）［J］．方言，2009（1）．

[7] 李荣．官话方言的分区［C］//方言存稿．北京：商务印书馆，2012．

[8] 李荣主编．南京方言词典［M］．南京：江苏教育出版社，1995．

[9] 李友昌．昌宁方言语音研究［J］．云南电大学报，2011（3）．

[10] 林焘，王理嘉．语音学教程［M］．北京：北京大学出版社，1992．

[11] 龙异腾等．黔中屯堡方言研究［M］．成都：西南交通大学出版社，2011．

[12] 禄绍康主编．威宁彝族辞典［M］．贵阳：贵州民族出版社，2009．

[13] 麦耘，朱晓农．南京方言不是明代官话的基础［J］．语言科学，2012（4）．

[14] 明茂修．贵州威宁方言单字调声学实验分析［J］．黔南民族师范学院学报，2011（5）．

[15] 明生荣．毕节方言研究［M］．北京：中国社会科学出版社，2007．

[16] 钱曾怡主编．汉语官话方言研究［M］．济南：齐鲁书社，2010．

[17] 沈钟伟．语言转换和方言底层［C］//历史层次与方言研究．上海：上海教育出版社，2007．

[18] 宋益丹．南京方言音系百年变迁［J］．南京师范大学文学院学

报，2015（4）．

[19] 王力．汉语史稿［M］．北京：商务印书馆，2004．

[20] 王力．汉语语音史［M］．北京：中华书局，2014．

[21] 王力．王力文集（第十卷）［M］．济南：山东教育出版社，1987．

[22] 王福堂．汉语方言语音的演变和层次［M］．北京：语文出版社，1999．

[23] 威宁彝族回族苗族自治县志编纂委员会．威宁彝族回族苗族自治县志［M］．贵阳：贵州人民出版社，1994．

[24] 威宁彝族回族苗族自治县民族事务委员会．威宁彝族回族苗族自治县民族志［M］．贵阳：贵州民族出版社，1997．

[25] 徐通锵．历史语言学［M］．北京：商务印书馆，2008．

[26] 熊正辉．官话区方言分 ts、tʂ 的类型［J］．方言，1990（1）．

[27] 叶宝奎．明清官话音系［M］．厦门：厦门大学出版社，2001．

[28] 语言学名词审定委员会．语言学名词［M］．北京：商务印书馆，2011．

[29] 周楚庠．威宁汉语方言调查报告［J］．六盘水师范高等专科学校学报，1989（1）．

成山镇方言中的异调分韵

王　帅[①]

摘　要　成山方言咸摄和山摄中的 ian 韵母依声调的不同分为 ian、in 两类，这种异调分韵现象在成山方言中存在年龄差异和地域差异。在描写这种现象的基础上，本文采用实验语音学的方法考察成山方言声调的调型、调值以及时长与成山方言咸、山摄分韵的关系，探析异调分韵现象的形成动因。

关键词　成山方言；异调分韵；咸摄；山摄

一、引言

成山镇隶属山东省荣成市，地处山东半岛最东端。成山方言属

[①] 王帅，男，重庆奉节人，南开大学文学院语言学及应用语言学专业博士研究生。研究方向：实验语音学、方言学。

于胶辽官话登连片烟威小片，它的形成与历史上的守卫驻军有关。今成山方言是在军屯移民方言、原住民方言和普通话三重影响下竞争性演变的产物，在胶辽官话中具有代表性。因成山镇所在区域在地理上被视作半岛，故有学者将成山方言称作"半岛方言"。

目前学界还没有关于成山方言的专题研究，研究者多是在描写与分析荣成方言的过程中注意到了荣成方言内部存在地域差异，将成山方言作为荣成方言中的一支土语附带提及。2019年6月，我们以成山镇政府所在地为起点，沿贯穿成山镇的一条公路（即成大东路，S302）自西向东对成山方言内部的单个小片（以村落为单位）进行了为期一个月的田野调查。基于成山方言内部的语音特征，结合当地人的语感以及各村落地理交通和人文历史概况，我们将成山方言分为了西、中、东三片。西片口音主要分布在原城厢地区，即原荣成县治所在地，以成山卫为代表。中片口音主要分布在由城厢前往东八村的中间地带，以蒲家泊为代表。东片口音主要分布在原龙须岛镇的"东八村"①，以瓦房庄为代表。通过调查，我们发现成山方言中存在异调分韵的现象，这种现象的分布有年龄和地域差异。

学界很早就注意到中古汉语中属于同类韵母却因声调不同而引起韵母差异的特殊语言现象。研究者们将这种与声调有着密切联系的变韵现象冠以不同的名称，如"韵随调转"（闭克朝1991[1]）、"分韵交替"（刘勋宁1993[8]）、"调值分韵"（曹志耘2009[2]）、"异调变韵"（瞿建慧2009[9]）、"变韵"（陈泽平

---

① "东八村"指大西庄、小西庄、瓦房庄、沟西崖、卧龙、东岗、泊南崖、侯家庄这八个村落，其中沟西崖已并入瓦房庄。

2012[3]）、"异调分韵"（支建刚 2013[15]、徐国莉、庄初升 2017[11]）等。根据前人的研究，这种声调使韵母音值产生分化的现象并不局限于某种方言，也不局限于某一特定地域。在官话、闽语、吴语、湘语、晋语、徽语、粤语以及平话中都发现过此类现象。徐国莉、庄初升（2017）对前人关于异调分韵现象的动因解释做了较为全面的总结[11]。他们目前关于异调分韵的动因解释主要有："调型和调值影响说"，如金有景（1985）、袁家骅（2006）；"声调时长影响说"，如闭克朝（1991）；"音高与时长兼而影响说"，如曹志耘（2009）、丁沾沾（2019）；"调值与元音结构共同影响说"，如瞿建慧（2009）、侯兴泉（2012）。综合各家对异调分韵现象的解释，目前比较一致的观点是声调的长短以及声调的高低会对韵母的音值产生影响。本文拟通过对成山方言异调分韵现象的描写，从声调的调型、调值和时长角度出发，考察成山方言中的变韵与声调之间的联系，探析成山方言异调分韵现象形成的动因。

二、成山方言咸、山摄异调分韵现象的具体表现

张卫东（1982）较早关注到成山方言中异调分韵的现象，他在描写荣成方言的过程中对成山方言中的变韵现象做了较为详尽的描写，指出成山方言中的变韵现象受到了声调的制约，且在成山当地呈现出了地理和年龄的差异。根据张卫东（1982）记载，成山方言中存在四种变韵现象[14]：（1）中古端系、知系的合口 u 韵字变读开口 əu 韵字；（2）元音尾韵和鼻音尾韵的主要元音在去声中发生低化；（3）咸、山二摄的部分 ian 韵字变读 in

韵；(4) 深臻摄 in 韵字变读 ian 韵。这四种变韵现象在成山方言中均存在地域差异，其中，第(2)(3)(4) 种变韵现象还受到了声调的限制。针对成山方言中的这四种变韵现象，我们做了系统的调查，调查结果显示，和 20 世纪 80 年代相比，第(2) 种和第(4) 种变韵现象在今成山方言中已基本消失，在调查的老派发音人（55 岁至 72 岁）中，均未发现这两种变韵现象。其中第(1) 种和第(3) 种变韵现象在今老派成山方言中还有所保留，不过和 20 世纪 80 年代的调查结果相比，这两种变韵现象在今成山方言中已发生改变。此处我们着重探讨与地域和声调有着密切联系的第(3) 种变韵现象。

在调查中，我们发现成山方言中来自咸、山摄开口三、四等帮、端、见系舒声的一部分 ian 韵字变读为了 in 韵，原有韵腹脱落，介音成为主元音，与深臻摄开口三等帮、端、见系舒声字存在读音混同的情况，如"连$_{山开三仙来}$⊆lin＝林$_{深开三侵来}$⊆lin"等。我们从咸、山摄开口三、四等 ian 韵字中选取了"鞭、篇、联、颠、煎、间、肩、掀、先、烟、便、连、田、钱、钳、闲、言、甜、扁、脸、点、浅、检、险、眼、染、变、练、电、箭、剑、现、雁"33 个调查例字进行分片调查，调查结果如下。

表1 成山方言咸、山摄 ian 韵字各片新老派变韵占比统计表

新老派	西部（城厢）		中部（蒲家泊）		东部（瓦房庄）	
	发音人1	发音人2	发音人1	发音人2	发音人1	发音人2
老派	75.76%	75.76%	36.36%	39.39%	66.67%	63.63%
新派	6.06%	3.03%	3.03%	3.03%	3.03%	0%

通过上表，我们可以发现，咸、山摄开口三、四等帮、端、见系舒声 ian 韵字的读音在今成山方言中既存在年龄差异，同时也存在地域差异。从年龄上看，老派发生变韵的比例远高于新派；从地域上看，西部和东部发生变韵的比例要高于中部。其中，新派发生变韵的比例远低于老派，变韵现象在新派中已几近消失，只有个别字在新派中还存在变韵的情况，这和新派成山方言受到普通话的影响有关。

ian 韵和 in 韵混读的现象在汉语方言中较为常见，在前人的调查中，粤方言、西南官话等方言中均能发现 ian、in 韵混同的现象。通过对 ian、in 二韵在各方言点中不同演变现象的考察，我们可以清晰地知道二者通过不同的演变方式相互转化，它们之间有一条完整的音变循环链。叶晓锋（2011）对汉语方言中鼻尾韵的演变类型做了详细描写与分析，他对汉语方言中的山摄开口三等字的演变情况进行了归纳[12]，具体如下。

表 2　汉语方言山摄开口三等字演变情况归纳表①

	ian	>	iεn	>	ien	>	in/en
湘语	益阳		岳阳		衡阳		
平话土话	永州						富川梧州、担石九都
四川方言			华阳、峨眉、成都		荣县		
湖北方言	竹山、竹溪				当阳、武昌		江陵

---

① 该图表引自叶晓锋（2011）《汉语方言语音的类型学研究》。作者在文中指出湘语材料来自鲍厚星（2006）《湘方言概要》，益阳方言来自曾毓美（1995）《湘潭方言同音字汇》，四川方言来自四川大学方言调查工作组（1960）《四川方言音系》，湖北方言来自赵元任等（1948）《湖北方言调查报告》。

叶晓锋（2011）指出"ian韵演变的方向各地方向比较一致，主要是向前高元音或者半高元音演化，即ian > iεn > ien > in/en"，in韵的发展方向主要是通过主元音裂化的形式进行演变，经历in > ien > ian的发展模式。根据ian、in韵的演变模式，可以看出二者实际上构成了一条循环链，其音变循环链为"in > ien > iən > ian > iεn > ien > in"[12]。根据今成山方言咸、山摄开口三、四等帮、端、见系舒声字的演变情况，我们认为今成山方言咸、山摄开口三、四等韵变读in韵的现象是沿着ian > iεn > ien > in音变链完成转变的。结合成山方言早期存在今已消失的深臻摄in韵变同ian韵的现象，我们可以看出历史上成山方言中存在一条完成的ian、in韵循环链，只是后来随着时间发展，深臻摄in韵变同ian韵的这部分演变链在成山方言中已消失。李欢（2019）根据前人的研究归纳了五种关于分韵现象带来的韵母变化类型，分别是"主元音舌位的降低；增音；复合韵母变为单元音韵母或单元音韵母裂化为复元音韵母；鼻韵尾韵母（包括鼻化韵）和开韵尾韵母之间的相互转化；主元音舌位的升高"[7]。结合今成山方言咸、山摄ian韵字的异调分韵模式，成山方言中咸、山摄ian韵字的变韵类型应属于"主元音舌位的升高"这一类型。

成山方言中的这种变韵现象除了受年龄、地域的制约外，还受到声调的制约，如表3所示。

表3 成山方言西、中、东片代表点老派咸、山摄 ian 韵字读音对比表

例字 分片	阴平			阳平			上声			去声		
	鞭	篇	颠	便	连	田	扁	脸	点	变	练	电
西片老派	in	in	in	in	in	in	in	in	in	ian	ian	ian
中片老派	ian	ian	ian	in	in	in	in	in	in	ian	ian	ian
东片老派	in	in	in	in	in	in	in	in	in	ian	ian	ian

根据表3，我们可以发现东、中、西三片的差异主要体现在咸、山摄 ian 韵字在阴平中是否发生变韵这一问题上，非阴平字在三片中读音较为一致，未出现明显差异。其中读阳平和上声的 ian 韵字在三片中均发生了变韵，读去声的 ian 韵字在三片中均未发生变韵。西片和东片的老派发音较为一致，来自咸、山摄开口三、四等读阴平、阳平和上声的 ian 韵字在这两片中多读 in 韵。中片和东、西两片略有不同，中片老派阴平多读 ian 韵，阳平和上声多读 in 韵。根据咸、山摄 ian 韵字在成山半岛上的变韵情况，我们可以将咸、山摄 ian 字在成山方言中的变韵现象归为两类，其中西片和东片为一类，中片为一类。如表4所示。

表4 成山方言咸、山摄 ian 韵字的变韵类型

变韵类型：ian—in	读 ian 韵	变读 in 韵
类型一：西片和东片	去声	阴平、阳平、上声
类型二：中片	阴平、去声	阳平、上声

综合地理差异，整体看来，咸、山摄 ian 韵变读 in 韵的现象主要出现在阳平和上声中，而去声中仍读作 ian 韵。在类型一

中，这种变韵现象在某种程度上形成了去声与非去声的对立，其中非去声字的主要元音为高元音 i，去声字的主要元音仍为低元音 a；在类型二中，这种变韵现象形成了阳平、上声与阴平、去声的对立，其中阳平和上声的主要元音为高元音 i，阴平和去声的主要元音为低元音 a。

为了观察咸、山摄 ian 韵字近四十年来在成山方言中的演变情况，我们将张卫东80年代初的调查结果和本研究的调查结果进行了比较，如表5所示。

表5 成山方言咸、山摄 ian 韵字近四十年的发展演变情况表①

分片	调查时间	新老派	阴平	阳平	上声	去声
西片	张文/1982	老派	ian 多/in 少	ian 多/in 少	ian 多/in 少	ian
		新派	in	in	in	ian 多/in 少
	本文/2020	老派	in	in	in	ian
		新派	ian	ian	ian	ian
中片	张文/1982	老派	ian 多/in 少	in 多/ian 少	in 多/ian 少	ian 多/in 少
		新派	ian	in	in	ian
	本文/2020	老派	ian	in	in	ian
		新派	ian	ian	ian	ian

---

① 调查中我们发现部分新派个别字还存在变韵的现象，如"鞭"，但这种情况不成体系，故此处进行比对时，将新派中的这种零散变韵现象忽略不计。

续表

分片	作者	新老派	阴平	阳平	上声	去声
东片	张文/1982	老派	in 多/ian 少	in	in	ian
		新派	in	in	in	ian
	本文/2020	老派	in	in	in	ian
		新派	ian	ian	ian	ian

根据张卫东记录的发音人信息，当时他调查的新派发音人年龄在 18—26 岁之间，老派年龄在 51—73 岁之间，经过 40 年的发展，当时的老派发音人已在 90 岁以上，新派发音人也在 58 岁以上。张卫东当时调查的新派已变成了如今的老派。通过表 5 我们可以发现，今成山方言中咸、山摄 ian 韵字的老派"变韵"结果与张卫东在 20 世纪 80 年代调查的新派"变韵"结果基本对应，仅西片去声的变韵情况略有出入，张文中记载的西片新派在咸、山摄 ian 韵去声字中存有的少量的变韵现象在今成山方言中已不存在。这实际上反映了语言是一个动态变化的有序异质系统，始终处于不断地发展变化之中。

三、成山方言咸、山摄异调分韵现象的动因探析

孙建华（2014）提到，"目前已见讨论过的汉语方言调值分韵多表现为：韵母或以声调的长短、或以声调的高低为条件分化，以声调的长短高低多因素同时为条件分化的现象尚不多见"[10]。我们尝试从声调的调型、调值、时长来分析今成山方言

中咸、山摄的异调分韵现象，探究成山方言中咸、山摄 ian 韵字异调分韵现象形成的动因。

我们以《方言调查字表》[16]中不同声调的单字为基础，选取成山方言中的常用单字，结合中古声调的八个调类，制定了声调格局的调查字表。考虑到成山方言的地域差异，我们从东、中、西三片各选取了 4 名发音人（2 名老派，2 名新派）进行声调格局的调查。在录音之前，给发音人充足的时间熟悉调查字表，确保发音人能够说出地道的成山方言，然后请发音人在自然状态下以平稳流畅的语速读出例字。为保证录音效果，我们尽量在安静的室内进行录音，用铁三角 AT9934USB 电容麦克风将声音直接录入联想笔记本电脑。然后使用汉化版 Praat 修改版（贝先明、向柠 2011）软件①对发音人的语料进行声学分析。为保证基频线的真实走向和曲折程度，我们在选取的基频曲线上平均等距离选取 9 个基频点，并提取各点的基频数据。在提取基频数据的同时提取声调时长，最后将相同调型中的所有样本数值归为一组，求其均值。数据处理完毕后，利用 Excel 表格制作了成山方言东、中、西片的声调格局图。

---

① 汉化版 Praat 修改版下载地址见 http：//xianmingbei. blog. 163. com/blog/static/8863238201082201018447/.

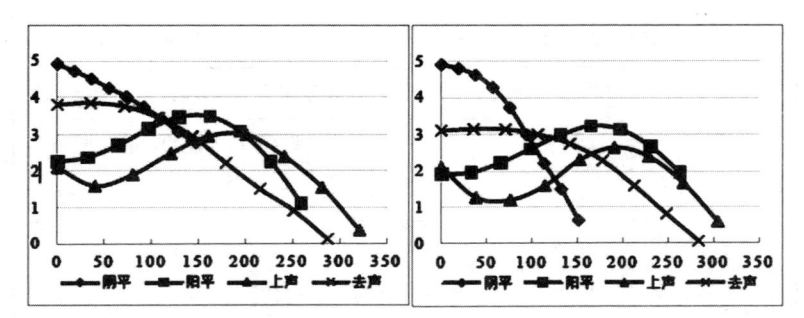

图1 西部(城厢)老派声调格局图　　图2 西部(城厢)新派声调格局图

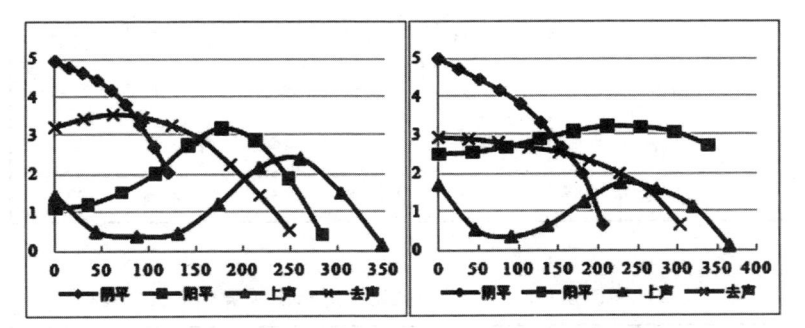

图3 中部(蒲家泊)老派声调格局图　　图4 中部(蒲家泊)新派声调格局图

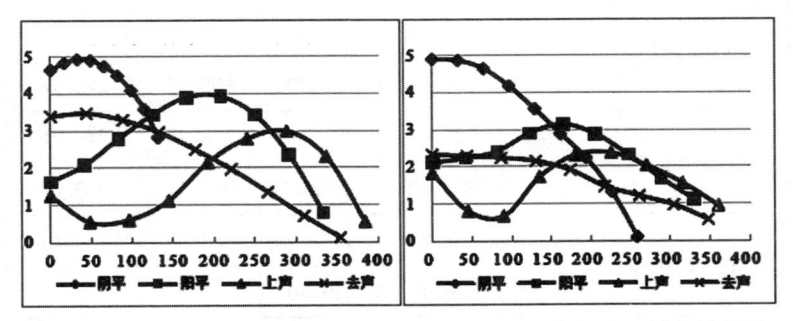

图5 东部(瓦房庄)老派声调格局图　　图6 东部(瓦房庄)新派声调格局图

表6 成山方言西、中、东片代表点新、老派声调格局对比表

调类	新老派	西片（城厢片）		中片（蒲家泊片）		东片（瓦房庄片）	
		调型	调值	调型	调值	调型	调值
阴平	老派	降调	53	降调	53	平降调	553
	新派	降调	51	降调	51	平降调	551
阳平	老派	拱调	342	拱调	241	拱调	241
	新派	拱调	242	拱调	343	拱调	342
上声	老派	双拱调	3241	双拱调	2131	双拱调	2131
	新派	双拱调	3231	双拱调	2121	双拱调	2131
去声	老派	平降调	441	平降调	441	平降调	441
	新派	平降调	441	平降调	331	平降调	331

表7 西、中、东片新、老派声调绝对时长比较表（单位：毫秒）

分片	新老派	阴平	阳平	上声	去声
西片（城厢）	老派	147.28	259.58	321.93	287.35
	新派	151.31	263.22	305.03	283.78
中片（蒲家泊）	老派	121.09	284.46	348.24	249.35
	新派	206.40	339.46	365.51	303.48
东片（瓦房庄）	老派	131.65	333.29	384.90	354.11
	新派	258.78	329.80	361.00	348.28

从成山半岛内部西、中、东三片新、老派的声调格局图以及

声调格局对比表来看，西、中、东片的新、老派共有阴平、阳平、上声、去声四个单字调，各片的调型较为一致，阴平为降调，阳平为拱调，上声为双拱调，去声为平降调。新、老派在调值上呈现出了较大的差异，反映了成山方言的声调正处于变异的进程中。相较于老派，新派的调阶呈现出了较为明显的系统性下降的趋势。因咸、山摄 ian 韵字的变韵现象多出现在老派中，新派中这种变韵现象已几近消失，故此处我们着重结合老派的声调格局来分析成山方言中的异调分韵情况。

成山方言各片老派的声调差异主要体现在阳平和上声的调值上：西片老派阳平调为 342，中片老派和东片老派的阳平调保持一致，为 241，西片老派的阳平调起点和终点要比中片和东片高一度。在上声调中，西片老派的调值为 3241，中片老派的调值和东片的老派调值均为 2131，西片老派的上声调要比中片和东片老派的上声调高一度。整体看来，在声调格局的地域考察中，中片和东片老派的声调格局较为一致，西片老派的声调格局相对独立。

从发生变韵的调型看，阳平（342 或 241）和上声（3241 或 2131）有着相似之处，在调型上二者皆为典型的拱调调型，一个是单拱调，一个是双拱调。即便去掉因成山本地人拖腔而导致的降尾后[①]，阳平的调型变为升调，调值变为 34 或 24，上声的调型变为曲折调，调值则变为 324 或 213，二者也有共通之处，即二者都具有升调的特征。阴平（53）和去声（441）在调型上

[①] 在调查过程中，我们发现今成山本地人绝大多数人都带有拖腔拉调的习惯，这种习惯导致他们在念大部分例字时声调都带有降尾，降尾的长短有所不同，这种降尾无一例外的附着在了每类声调中，其中在阳平和上声中尤为明显。

有着相似之处，二者均属于降调类型。阳平（342或241）和上声（3241或2131）的拱调调型与升调特征与作为降调类型的阴平（53）和去声（441）形成了鲜明的对比。而这种拱调与非拱调型的对立正好对应了变韵类型二（即中片）中阳平和上声变读为in韵而阴平和去声仍读作ian韵的情况，即类型二中的变韵情况和调型似乎有着较为密切的联系，声调的调型在某种程度上导致了异调分韵，其中在拱调调型中容易发生变韵。这一点在以西片和东片为代表的类型一中也有一定的体现，即东片和西片的咸、山摄ian韵阳平字和上声字也具有变韵的情况。从这一点，我们可以知道拱调调型的确会在某种程度上去影响咸、山摄ian韵字的读音。不过，我们并不能就此轻易地判断拱调调型就是导致成山方言咸、山摄ian韵变读in韵的动因。值得注意的是，在东片和西片中咸、山摄ian韵在阴平中也存在着变韵现象。对于发生变韵的阴平调而言，其为降调类型，与阳平、上声在调型上并无共通之处，而且其和去声平降调均为降调类型，为何同为降调类型的去声却不发生变韵？因此，如果单从声调调型的角度来解释成山方言东片和西片的异调分韵现象是存在问题的。

值得注意的是，我们不能根据调值跨度去判断时长的长短，调值的跨度大，并不一定表示其时长长，二者并没有必然的联系，故我们对成山方言单字调的绝对时长进行了测量。根据表7，我们可以发现上声在声调的时长系统中最长，占有最大的优势，阴平的时长在声调的时长系统中最短。阴平时长和上声时长处于声调时长模式的两端，阳平和去声的时长居于阴平时长和上声时长之间。结合西、中、东片老派的声调时长模式，我们可以发现今成山方言老派中主要存在两种声调时长模式，分别是：阴平＜阳平＜去声＜上声，以西片和东片为代表；阴平＜去声＜阳平＜上声，以中片为代表。无论是从变韵类型还是声调时长的角度来看，今成山方言中的中片都相对独立，而东片和西片更为接近。结合声调时长来看，就中片变韵类型而言，阳平和上声在单字调时长模式中占有绝对优势，故我们可以在认为作为长调的阳平和上声在一定程度上促使了咸、山摄 ian 韵发生变韵；就西片和东片的变韵类型而言，从声调时长的角度出发来解释异调分韵现象就会自相矛盾，在西片和东片的异调分韵现象中，时长最短的阴平和时长最长的上声均发生了变韵。虽然声调的高低长短和人类的感知具有密切的联系，有时候声调在听感上的时长判断与通过声学实验得出的数据会有不同，但是通过实验的方式来计算声调的时长不失为一种较为可靠的参照方式。因此从实验结果来看，从时长的角度来解释咸、山摄 ian 韵字在中片的异调分韵类型尚可，但在解释西片和东片中的异调现象时是存在问题的。

曹志耘（2009）对汉语方言中的调值分韵现象做了全面梳理，他把汉语方言中的调值分韵现象归纳为长调与短调分韵、高调与低调分韵两大类。"长短调分韵的机制是长调导致韵母元音复化、韵尾增生（可合称'长化'）。高低调分韵的机制是低调导致韵母元音低化、复化。"[2]根据他的定义，所谓"'长调'是指音长较长、动程较大的调，一般而言，曲折调（包括降升调、升降调、平升调、平降调、升平调、降平调）以及跨度达 4 度以上的升调或降调往往是'长调'（有的降调虽然音长较短，但跨度较大时，动程较大，所以也具有'长调'的性质）"。通过对成山方言今调型、调值和时长的考察，我们发现今成山方言中的异调分韵现象与曹志耘提出的长调分韵和低调分韵的机制并不相合，甚至部分现象与曹文观点相悖。按照曹志耘的观点，两种变韵类型中，作为长调的上声元音都应该复音化，但是按照实际情况来看，上声并未复音化，反倒是发生了主要元音脱落，原有的 i 介音占据了主要元音的位置，充当了韵腹，最终变成了 in 韵。ian 韵本就是三响复元音，已是最高级别的复元音，是否不能发生复元音化，只能朝着元音高化的方向转化还有待进一步讨论。我们赞同长调在异调分韵中会更容易促使韵母发生复化，但是并不能证明所有的方言皆是如此，因为不同的方言很可能有不同的情况与类型。和曹文观点相悖的现象并不只出现今成山方言中，李欢（2019）就曾指出浙江淳安话中的变韵现象就与曹志耘（2009）提出的长调分韵和低调分韵的机制不合，浙江淳安话中的分韵条件正是高平调上声，而非呈呈曲折调的阴平、阳平和阳去[7]。徐国莉、庄初升（2017）在对临桂六塘土话中异调分韵现象的描写过程中也发现六塘土话中的异调分韵分韵与调型和时长的关系不大，时长最长的阳上和阴上调并未产生分韵[11]。就此看来，曹志耘提出调值分韵的动因可以解释大部分方言中存在的调值分韵现象，但还有一部分方言中的调值分韵现象是无法据此得到相应解释的。

四、余论

就成山方言咸、山摄中的异调分韵现象而言，从今调型、调值和时长的角度去考察其异调分韵动因，仅中片的分韵类型能够得到相应的解释，即拱调调型以及时长是促使其中片发生变韵的动因，而西片和东片的异调分韵类型从调型、调值和时长角度并不能得到较好的解释。我们推测可能是历史上较早时期，也就是在发生音变之时音值引起了音变。由于缺乏相关的文献，我们现在还无法确定究竟是何时发生的音变，发生音变时的调型和调值究竟如何。

通过对成山方言咸、山摄异调分韵现象的分析，我们可以从中得到一些启发。调型、调值以及时长虽然和异调分韵现象有着较为密切的联系，但是并非所有异调分韵现象都适用于这套标准，它们仅是分析异调分韵现象动因的一个角度，我们不能将异调分韵的动因均归于此。此外，需要承认的一点是，在考察异调分韵的现象过程中，我们往往习惯从今音的特征去分析其动因，虽然这是最为简单直接的方式，但就目前的研究成果来看，不少方言中的异调分韵现象是无法从今音角度来进行解释的，异调分韵作为方言内部自身的、普遍性的一种音变形式，我们如今看到的音变现象都是历史演变后的结果，所以单纯只利用今音的特征去解释分韵现象有时不免捉襟见肘。汉语方言中的异调分韵现象众多，造成异调分韵现象的原因也是多方面的，需要结合具体的语言事实去具体分析。

参考文献：

[1] 闭克朝. 横县平话中的韵随调转现象 [J]. 华中师范大学学报（哲学社会科学版），1991（1）.

[2] 曹志耘. 汉语方言中的调值分韵现象 [J]. 中国语文，2009（2）.

[3] 陈泽平. 福安话韵母的历史音变及其共时分析方法 [J]. 中国语文，2012（1）.

[4] 丁沾沾．豫鄂陕交界区域汉语方言的调值分韵现象［J］．汉江师范学院学报，2019，39（2）．

[5] 侯兴泉．西部粤语的调值分韵［J］．语言科学，2012，11（3）．

[6] 金有景．襄垣方言效摄、蟹摄（一、二等韵）字的韵母读法［J］．语文研究，1985（2）．

[7] 李欢．山西黎城方言的异调分韵［J］．方言，2019，41（1）．

[8] 刘勋宁．隰县方言古咸山宕三摄舒声字的韵尾［J］．方言，1993（1）．

[9] 瞿建慧．湘语辰溆片异调变韵现象［J］．中国语文，2009（2）．

[10] 孙建华．洛川（甘杰村）方言的调值分韵［J］．黔南民族师范学院学报，2014，34（3）．

[11] 徐国莉，庄初升．临桂县六塘土话的阳平分韵现象［J］．广西师范大学学报（哲学社会科学版），2017（3）．

[12] 叶晓锋．汉语方言语音的类型学研究［D］．上海：复旦大学博士学位论文，2011．

[13] 袁家骅．汉语方言概要［M］．语文出版社，2006．

[14] 张卫东．荣成方言［D］．北京：北京大学硕士学位论文，1982．

[15] 支建刚．豫北晋语中的异调分韵现象［J］．中国语文，2013（3）．

[16] 中国社会科学院语言研究所．方言调查字表（修订本）［M］．北京：商务印书馆，1981．

福建石狮市区方言音系[1]

谢嘉晴　周俊勋[2]

摘　要　福建省石狮市市区方言属于闽南方言泉州次方言。石狮市区方言有15个声母、71个韵母、6个声调，两字组连读存在浊平变调、上声变调、去声变调和浊入变调四种情况。本文在详细描写石狮市区方言语音系统的基础上，梳理出石狮市区方言的同音字汇。

关键词　闽南方言；语音系统；同音字汇；连读变调

---

[1] 原稿曾在"第16届国际闽方言学术研讨会"上宣读，本文在原稿基础上结合专家意见进行了修改，感谢各位专家的批评指正。
[2] 谢嘉晴，女，福建石狮人，四川大学文学与新闻学院2021级硕士研究生。研究方向：汉语言文字学。周俊勋，男，四川武胜人，四川大学文学与新闻学院教授，文学博士。研究方向：汉语词汇语法史。

福建省石狮市（古属泉州府晋江县），是福建省泉州市的下辖县级市之一，位于福建省东南沿海、泉州市南部，处于北纬24°39′52″至24°48′48″、东经118°33′46″至118°46′51″之间。北临泉州湾，南临深沪湾，东与台湾岛隔海相望，西与晋江市接壤。石狮方言属于闽南方言区的泉州次方言，俗称晋江腔。

笔者以《方言调查字表》[1]作为方言音系调查的基础。两位发音人基本信息如下。发音人一：男，1972年生，居住于石狮市湖滨街道，成长、学习、工作地点均在石狮市；发音人二：男，1990年生，出生于石狮市灵秀镇，除大学及当兵的七年不在石狮市外，至今都在石狮市工作。湖滨街道和灵秀镇均位于石狮市区内，两位发音人都能熟练使用石狮市区方言。

一、福建石狮市区方言音系

（一）声母15个

p 兵爬病八　　p^h 皮品炮匹　　b 毛门武买　　m 磨棉满命
t 东响定毒　　t^h 窗讨土竹　　n 猫奴黏捏　　　　　　　l 林南年立
k 高九共甲　　k^h 开苦庆壳　　g 藕牛义月　　ŋ 五吴硬蜈　　h 风虾副血
ts 多准壮足　　ts^h 吹草寸雀　　　　　　　　　　　　s 丝竖寿索
ø 乌碗院活

说明：

1. [n] [ŋ] 分别是 [l] [g] 的音位变体，处于互补分布状态：[n] [ŋ] 与鼻化韵相拼，[l] [g] 与非鼻化韵相拼。

2. [m] 和 [b] 在《泉州市方言志》[2]17 和《晋江市方言

志》[3]71中被视为音位变体，但在本文的调查材料中差异较大。鼻化韵的声母大部分是［m］，［b］绝不在鼻化韵前出现，因此把它们分别独立出来。

3. ［ts］［tsʰ］［s］与齐齿呼相拼时，音值接近于［tɕ］［tɕʰ］［ɕ］。

（二）韵母71个

	i 牙猪丝试戏	u 牛有副主女
a 饱早三夏错	ia 写走痛谢车	ua 歌瓦山半官
ɔ 路布步杜虎		
o 苦雨古租初		ou 数
ɤ 宝讨脑高锣	iɤ 笑桥票庙照	
ai 排师该派胎		uai 怪怀拐歪
ei 坐过茶赔飞		uei 鞋罪做贝街
ui 开鬼肥灰县		
ɑu 豆就草老后	iau 柱饿条料完	
iu 油树酒想张		
m 不	im 心深丢浸沉	
am 南蓝贪潭蚕	iam 盐减咸黏尖	
əm 参森		
	in 快新轻品林	un 根寸滚春云
an 响安瘦毯赚	ian 连铲变骗便	uan 权乱全犯端
ŋ 糖床横门饭	iŋ 灯升用龙兵	
ɑŋ 双讲东铜红	iaŋ 洋	uaŋ 风
ɔŋ 王通统洞党	iɔŋ 共伤向秧中	
	ĩ 米硬天棉	
ã 橄榄妈	iã 靴兄命镜名	uã 磨外满碗外
ɔ̃ 五奴吴伍午		
ãi 唉乃耐崖涯		

āu 闹
uī 闲梅关每玫
iũ 娘烊

ĩʔ 捏
iʔ 躲蟹剃碟舌
aʔ 盒塔鸭贴百　　iaʔ 拆抓挖削勺　　uʔ 托推戳
ɔʔ 暴磕莫促陌　　ioʔ 惜略　　　　　uaʔ 宽赌跌辣割
ɤʔ 叶薄落索鹤　　iɤʔ 对药尺借石
eʔ 月郭白麦书　　　　　　　　　　ueʔ 八窄划
uiʔ 血

iauʔ 饺
ip 急追立集习
ap 十杂鸽汁虱　　iap 接业协粒峡
　　　　　　　　it 七一直笔匹　　　ut 骨出滑卒律
at 懂贼折达擦　　iat 节橘切夹灭　　 uat 法辣罚割渴
ak 壳北六晒眼　　iak 色锡绿刻竹
ɔk 国毒谷作各　　iɔk 局裕雀弱约

说明：

1. [ei] 存在自由变体 [e]，不区别意义，归纳为同一个音位，记作 [ei]。

2. [m] 可自成音节，[ŋ] 可单独作韵母，为求音系整齐，列在韵母表中。

3. [ɤ] 的发音与 [ə] 相近，但前者舌位靠后而略高。

（三）声调 6 个

阴平	44	东该灯风通
阳平	24	门龙牛油铜
上声	55	古鬼九统苦
去声	41	冻怪半四痛

阴入　　　4　　　　　谷百搭节急
阳入　　　34　　　　麦月毒白盒
说明：

1. 阴平来自古清平，部分古浊平。

2. 阳平来自古浊平，部分古清平。

3. 上声来自古清上、古浊上，部分古清去、古浊去、古全清入。

4. 阴入来自古全清入、古次清入，部分古全入、古全浊平、古次浊去。

5. 阳入来自古全浊入、古次浊入，部分古全清入、古次清入、古全清平、古全清去、古次浊去、古全清上、古次浊上。

二、福建石狮市区方言的两字组连读变调

（一）浊平变调

前字为古浊平字，后字无论何调，前字调值均变为22。如：
农民 nɔŋ$^{24/22}$ min^{24}　皮鞋 pʰei$^{24/22}$ øuei^{24}　门口 bŋ$^{24/22}$ kʰɑu^{55}　朋友 piŋ$^{24/22}$ øiu^{55}
棉裤 mĩ$^{24/22}$ kʰo^{41}　长寿 teŋ$^{24/22}$ siu^{41}　颜色 gan$^{24/22}$ siak^{4}　茶叶 tei$^{24/22}$ hɤʔ^{34}

（二）上声变调

前字为上声，后字无论何调，前字调值均变为阳平24。如：
火车 hei$^{55/24}$ tsʰia^{44}　码头 bei$^{55/24}$ tʰɑu^{24}　厂长 tsʰiu$^{55/24}$ tŋ^{24}　改造 kuei$^{55/24}$ tsɤ^{55}
比赛 pi$^{55/24}$ sai^{41}　手艺 tsʰiu$^{55/24}$ gei^{41}　粉笔 hun$^{55/24}$ pit^{4}　死活 si$^{55/24}$ øuaʔ^{34}

（三）去声变调

1. 前字为古清去字，后字无论何调，前字调值均变为上声55。如：

唱歌 tsʰiu⁴¹ᐟ⁵⁵kua⁴⁴　过年 kei⁴¹ᐟ⁵⁵li²⁴　放火 paŋ⁴¹ᐟ⁵⁵hei⁵⁵　制造 tsei⁴¹ᐟ⁵⁵tsɤ⁴¹
种菜 tsiŋ⁴¹ᐟ⁵⁵tsʰai⁴¹　救命 kui⁴¹ᐟ⁵⁵miã⁴¹　正式 tsiŋ⁴¹ᐟ⁵⁵siak⁴　副业 hu⁴¹ᐟ⁵⁵øiap³⁴

2. 前字为古浊去字，后字无论何调，前字调值均变为22。如：

地方 tei⁴¹ᐟ²²hɔŋ⁴⁴　大门 tua⁴¹ᐟ²²bŋ²⁴　字典 li⁴¹ᐟ²²tian⁵⁵　大雨 tua⁴¹ᐟ²²ho⁴⁴
路费 lɔ⁴¹ᐟ²²hui⁴　寿命 siu⁴¹ᐟ²²miã⁴¹　外国 øuã⁴¹ᐟ²²kɔk⁴　树叶 tsʰiu⁴¹ᐟ²²hɤʔ³⁴

（四）浊入变调

前字为古浊入字，后字无论何调，前字调值均变为2。如：

立冬 lip³⁴ᐟ²taŋ⁴⁴　麦田 be³⁴ᐟ²tsʰan²⁴　日子 lit³⁴ᐟ²tsi⁵⁵　活动 øuaʔ³⁴ᐟ²taŋ⁴⁴
白菜 peʔ³⁴ᐟ²tsʰai⁴¹　实现 sit³⁴ᐟ²hian⁴¹　蜡烛 laʔ³⁴ᐟ²tsiak⁴　学习 hak³⁴ᐟ²sip³⁴

三、福建石狮市区方言同音字汇

本字汇按照福建石狮市区方言韵母、声母、声调的顺序排序。其中有文白异读的字，字下加"＿"表示白读音，加"＝"表示文读音。多音字用小字注明该音对应的例词，举例时用"～"代替该字。生僻字在后面用小字注明字义。

i

p　[44]碑卑俾悲鄙边编＿辫子[24]
　　琵＿琶[55]彼比秕扁圖＿额＿牌[41]
　　蔽敝弊陛臂脾婢瘖庇痹备必病
pʰ　[44]披丕篇[41]譬鼻片相＿
b　[24]弥眠[41]昧
t　[44]猪在知＿识蜘之甜[24]除锄
　　池驰迟缠[55]弟治[41]著显

箸筷子递筷智致稚置痔痣邓
l　[24]吕旅泥＿土离＿别离＿开儿尔尼
　　狸野猫而年[55]履你厘李里＿程理
　　鲤染[41]虑滤腻痢二贰字饵
k　[44]居支枝肢柜＿子肌几非简体,茶＿
　　基几＿乎机讥饑＿荒[24]渠水＿佢
　　奇＿怪祁鳍其棋期旗祈沂＿河[55]
　　举杞[41]据锯岐技妓冀己

福建石狮市区方言音系 ·167·

	纪~律,世~,年~ 记忌既见	t	[44]诛蛛拄[24]储厨
kʰ	[44]柿欺坑~阮[55]牙启企齿起岂	tʰ	[44]突
	[41]去器弃气非简体 汽水汽也,非简体	l	[44]缕屡[24]驴如儒榆逾愉
g	[24]语[55]拟[41]义议毅		[55]女汝乳愈[41]褥
h	[44]虚嘘牺嬉熙希稀[24]鱼渔	k	[44]拘驹舅[55]久韭[41]拒俱
	[55]耳喜兴~高~[41]戏		矩句灸~针 旧
ts	[44]资姿咨脂兹滋芝毡争[24]	kʰ	[44]区~别 驱丘屈曲~折[24]瞿蹲
	薯糍~糁,~粑 钱[55]煮紫只非简体,~有		[41]具惧臼
	姊旨指子梓止趾址井[41]自至	g	[24]愚虞牛
	志~向 誌杂 炸~用油 箭溅~水	h	[44]墟夫~妻 肤傅敷俘[24]符扶
tsʰ	[44]差~参 痴生星腥市[24]持		芙~渠,~蓉 辅[55]府腑俯甫抚斧釜
	[55]鼠耻瞎醒[41]刺次饲试喂		腐[41]付赋赴讣附副妇负阜缚
	喂养	ts	[44]诸株朱硃珠[55]主[41]驻
s	[44]斯厮是私尸司丝思诗施		注~意 铸
	[24]徐匙匙~匙~汤 瓷~器 慈磁~石,可引	tsʰ	[44]蛆趋聚枢[24]雌[55]取此
	针也 辞词祠时[55]死矢使~用 史驶		[41]处~所 趣
	始[41]似氏豉~豆 四示视嗜祀~祭~	s	[44]黍须需输~赢 殊[55]署暑
	巳~辰 寺嗣士仕俟事恃侍扇~子 姓		[41]絮序叙绪庶恕竖赐
ø	[44]伊医依[24]余~姓 余~剩 宜仪	ø	[44]淤吁迂于~姓 有[24]於盂
	移夷姨疑饴已遗~失 丸~圆[55]		[55]宇禹羽[41]豫
	与椅矣以[41]预易肆~业 意异		a
	燕院	p	[44]巴芭疤[24]把~握[55]饱
	u		[41]霸壩坝蜀人谓平川为坝 爸帕罢
p	[41]富[24]孵	b	[41]骂
pʰ	[24]浮	t	[44]干~湿[55]胆[41]错不对 担~子
b	[44]巫诬~告[24]侮[55]武舞鹉	l	[24]篮[41]掕攕若
	母[41]务雾遇寓	k	[44]加嘉傢~具 佳胶咬剪[55]贾

	假儿敢[41]驾稼教_训	pʰ	[44]伴[41]破剖盼判劈
kʰ	[44]骑_马站_立脚[41]敲扣	m	[24]麻
g	[24]雅	t	[44]滩摊[24]掸弹_琴弹子_[41]大_小戴带旦段缎
h	[44]夏_姓[24]霞[41]厦_旁屋也下_降夏_春	tʰ	[44]拖[41]炭
ts	[44]楂_山察[55]早[41]诈榨炸_弹	l	[41]烂_腐癞
tsʰ	[44]叉杈_枝差_别[24]查_调柴[55]炒吵	k	[44]歌蜗肝竿_竹官棺[24]寒[55]寡赶[41]盖_子挂卦汗
s	[44]莎纱衣三衫[41]洒	kʰ	[44]垮[41]看_见
ǿ	[44]阿_哥鸦丫_头[55]亚	h	[44]欢[24]华_中铧华桦[41]化岸
	ia	ts	[24]蛇[55]纸
p	[55]饼	tsʰ	[41]娶蔡
t	[44]爹[55]鼎_锅	s	[44]沙_石山刷[55]挪_动要[41]伞散_解线
tʰ	[44]听_见厅[24]程[41]疼痛	ǿ	[44]蛙洼蛙[55]我瓦_砖挨_近倚[41]换
l	[55]惹领		ɔ
k	[44]怕吓__跳京惊[24]走[55]件[41]寄	p	[44]波[55]补捕[41]簸布_匹怖佈_散布,宣布步
h	[44]哥嚇_恐吓蚁	pʰ	[55]朴_素
ts	[44]遮[55]者[41]蔗正_公_炙	b	[24]模_子模_范摹[55]牡[41]暮慕墓募
tsʰ	[44]车_辆奢[24]斜陡[55]请	t	[24]徒淘陶[41]舵惰杜度渡镀导
s	[44]些赊社声[24]邪余谁城[55]写捨_舍弃[41]泻卸谢射麝赦舍_宿	tʰ	[44]叨唠_话多滔[55]椭[41]唾_唾沫
ǿ	[44]撒_种[24]鹅耶爷很赢营[55]也野影	l	[44]裸[24]胭卢炉芦鸬_鹚庐
	ua		
p	[44]般搬[24]盘[41]半		

	劳~动捞牢唠~叨,话多[55]鲁橹虏卤[41]路露~出来鹭涝淹也
k	[44]果~草~粿裹篙羔[24]股[55]鼓谷山~[41]故固雇顾
kʰ	[44]棵枯窟[55]苦许考烤[41]库裤靠犒
g	[24]俄
h	[44]呼乎户沪被~打蒿蓬~薅除田草[24]㕾~水胡狐葫~声瓠给~你[55]虎浒[41]互护
ts	[44]雏遭糟[55]坐~标[41]座
tsʰ	[41]锉醋措~置
s	[44]蓑琐梳~头疏稀~蔬骚[41]素诉漱~口
ø	[44]倭[24]胡湖壶[41]芋

o

p	[55]脯果~[41]部
pʰ	[44]铺~设铺店~脯胸~[24]蒲菩~萨,~提[55]谱普浦簿
b	[44]菠某亩拇[24]魔摸[55]卜[41]戊幕寞
t	[44]都~城都~是[24]驼驮~起驮~子徒屠途涂图[55]肚胃肚腹~[41]妒道
tʰ	[24]土[55]妥[41]吐呕~兔
l	[24]罗箩
k	[44]姑孤估~计[55]古

kʰ	[55]可
h	[44]雨[41]荷~薄~
ts	[44]租[24]佐阻曹[55]左祖组[41]註注解躁骤助
tsʰ	[44]粗初[55]楚[41]错~杂
s	[44]梭织具苏酥叟[55]所
ø	[44]乌污坞欧姓黑[41]奥懊

ou

| s | [41]数名词,~字 |

ɤ

p	[44]玻褒[24]婆[55]保堡宝[41]报
pʰ	[44]坡抱
b	[24]没~有[41]帽
t	[44]刀[24]逃[55]祷岛倒仆也,倒塌抖[41]回倒~悬,~水
tʰ	[24]桃萄[55]讨[41]套
l	[44]啰~嗦[24]锣[55]脑恼
k	[44]高膏牙~糕膏~车[55]稿[41]个~人告
kʰ	[55]科[41]浓课
h	[24]河何荷~花和~气禾豪壕毫[55]好~坏[41]贺好~喜~号呼~浩号~码
ts	[44]枣[24]槽[55]坐~着[41]座皂造~建~
tsʰ	[44]臊~臭[41]糙

s	[44]搓唆[55]锁嫂	tʰ	[24]提啼[55]体[41]替涕退
ø	[44]阿~胶	l	[24]骡螺黎篱璃[55]礼俪魉~[41]丽美~荔利

iɤ

p	[44]錶鳔鱼~	k	[44]多~~点家~庭低圭奎[24]课[55]果水~假非真也[41]过~逾架嫁价计继髻鳜~鱼
pʰ	[41]漂~白票		
b	[44]秒[24]谋矛[41]庙茂贸	g	[24]芽衙倪[41]艺
t	[24]着著、睡~了,找~了;猜~了;~急,~凉[41]钓	h	[24]虾鱼~蝦鲐蟆奚兮畦[55]火[41]货系~鞋带 系非简体,~统 繋联~系岁
tʰ	[41]粜		
l	[55]篓[41]尿	ts	[44]剂[41]祭际滞制~度 製~造济教~荠
k	[44]勾~消[24]茄~子桥[55]苟[41]轿叫构购		
kʰ	[55]口[41]寇	tsʰ	[44]岔歧道也妻吹[41]脆找寻
g	[55]藕偶配~,~然	s	[44]西栖犀夕[41]世势誓逝税握
h	[24]喉[55]吼侯否[41]候	ø	[44]祸下底~厦~门会~不~[41]缢
ts	[44]蕉椒招[55]少不多也[41]照		
tsʰ	[41]笑		

uei

s	[44]烧烫	p	[44]杯胚~胎 坯~土~[24]培陪裴[41]贝辈背~诵倍焙~干
ø	[44]腰殴[24]摇[55]舀呕~吐		

ei

p	[44]父飞[24]爬琶杷钯耙田器赔[41]币毙	pʰ	[44]批信[41]沛配佩
		b	[55]买[41]卖
pʰ	[44]被寝衣也、~子[24]皮枇~杷	t	[55]底[41]地
		tʰ	[41]蜕
b	[24]迷谜~语,猜 糜~粥[55]马码尾末[41]妹未	l	[24]犁[41]锐
		k	[44]瓜街鸡[55]改[41]会~计剑桧
t	[44]堤[24]茶[55]抵短[41]袋帝第块	kʰ	[44]溪[41]契~约

h	[44]花[24]茴[41]晦溃崩~会开~绘废		诱柚釉物有光也幼样
ts	[24]齐[55]罪[41]多很~赘		ui
tsʰ	[44]摧[41]做	p	[24]肥爿[41]痱~子
s	[44]衰澡[55]洗~刷[41]细小	pʰ	[41]吐~痰屁
ø	[44]煨[24]鞋[55]矮[41]画话卫	b	[41]吠
		t	[44]堆[24]题蹄[41]队兑
	iu	tʰ	[44]梯[24]槌[55]腿[41]坠
t	[44]宙字~邹绉张丈[24]绸稠筹场[55]肘[41]住昼纣帐胀膨~	l	[24]雷[55]朵累积~蕊花~垒[41]儽极困也,劳~累连~类泪
tʰ	[44]抽[55]丑非简体,子~	k	[44]闭围规诡跪龟归间房~肩关[55]几~个轨癸鬼拣[41]桂季柜贵县
l	[44]溜~冰[24]榴硫琉~璃馏柔揉量~度,~米粮梁粱[55]纽扭柳两几~几钱[41]让	kʰ	[44]开盔亏窥[24]魁逵葵[41]愧啃
k	[44]鸠阄纠~纷究咎纠薑生姜~姜姓[24]求球[41]救枢	g	[24]桅[41]魏
kʰ	[55]扯	h	[44]恢灰麾非妃~子挥辉徽[55]悔毁匪翡~翠[41]贿汇~合肺惠慧费~用讳彙聚集,聚合
h	[55]朽[41]嗅		
ts	[44]周舟州洲浆章樟痒睛[55]酒帚[41]蛀~虫就咒酱	ts	[44]锥[24]前[55]水[41]醉
		tsʰ	[44]催崔炊千[24]垂锤[41]碎嘴翠粹
tsʰ	[44]鬏胡须秋象像橡[24]墙[41]树立~唱手抢~夺厂	s	[44]虽绥先[24]髓随[55]美[41]瑞遂隧~道穗
s	[44]修羞收休箱厢[24]囚泅愁仇~敌酬仇姓[55]首守想[41]窝秀绣锈~锈袖兽受寿授售宿~星	ø	[44]危微威[24]委为作~维惟唯独也~围违闲[55]伪萎伟苇声~纬[41]为助也,为了,为什么位畏慰胃谓猬
ø	[44]优忧悠幽[24]尤邮由油游犹西羊杨[55]友莠[41]又右祐		

ai

p [24]排摆牌[55]跋~足,瘸腿[41]拜败

pʰ [55]坏~掉了兇凶恶[41]派

b [24]眉楣

t [44]呆[24]台天~,山名臺戏台苔舌~苔青抬埋[41]贷待怠殆代大~夫

tʰ [44]胎[24]宰杀[41]态太泰

l [44]裹里外[24]来梨[41]耐奈赖癞

k [44]该皆阶揩[55]楷解~开解姓解晓也[41]溉介界芥尬尴疥届戒懈

kʰ [55]凯慨~慨

h [44]亥骇[24]孩谐[55]海[41]害械

ts [44]灾栽载年斋知~道[24]才人~材财裁脐[41]再载重载满债寨

tsʰ [44]猜钗差出~[24]豺[55]彩采~摘睬[41]菜

s [44]腮鳃筛~子师狮[55]屎[41]赛婿

ø [44]哀埃[41]碍艾~草爱蔼和~隘

uai

k [44]乖[55]拐[41]怪

h [24]怀槐淮

s [41]帅

ø [44]歪

au

p [44]包胞~胎[41]豹鲍

pʰ [44]刨削也泡不实[41]袍炮枪~泡浸雹

b [55]卯貌

t [44]兜[24]投[55]斗升~,北~[41]稻盗鬥争斗豆逗凑

tʰ [44]涛偷[24]头[41]透

l [44]老[24]铙挠阻~楼流刘留[41]漏陋

k [44]交郊狡茭荞麦浇勾钩沟厚[24]猴[55]绞狡铰搞搅的分化字搅狗九[41]到教~书较窖仓觉睡够

kʰ [55]巧碰[41]哭

g [24]肴餚淆

h [44]後[41]耗校考~,对酵发~孝效校学

ts [44]跑[24]巢[55]蚤爪~牙[41]灶罩奏

tsʰ [44]操~作抄钞[55]草[41]臭

s [44]梢树~捎稍[41]咳扫~地扫~帚嗽咳~

ø [44]坳后[41]沤怄~气醜丑恶

iau

p [44]膘肥~标

pʰ	[44]飘[24]瓢嫖	k	[44]禁~不起 金妗俗称舅妈曰~ 鲸[55] 锦[41]禁~止
b	[24]苗描[55]藐渺[41]妙		
t	[44]赵刁貂雕~刻 挑~担[24]朝~夕,今~ 朝~代 潮条调~和 圈兽阑[41]兆召号~ 吊~桥 掉调音~,~动	kʰ	[44]襟钦[24]琴禽擒[41]撳
		g	[24]吟
		h	[24]熊
		ts	[44]斟[55]婶枕[41]浸渗~漉
tʰ	[44]柱[41]跳	tsʰ	[44]侵深[24]岑[55]寝
l	[44]完[24]燎疗饶聊辽撩寥了~结 瞭皱[55]扰[41]料廖	s	[44]心沈姓 审欣媳馨
		ø	[44]音阴荫[24]淫[55]饮~酒 饮~马
k	[44]骄娇[24]乔侨侥~幸 缴		
kʰ	[41]窍[55]巧聪明		am
g	[24]尧	t	[44]耽~搁 担~任 丹[24]谈湿[41]淡
h	[44]嚣[55]晓		
ts	[44]焦锹悄昭沼[24]樵瞧[55]剿鸟[41]醮俏诏	tʰ	[44]贪坍[24]潭谭姓 痰[41]探
		l	[24]男南蓝淋~湿[55]搂~抱 揽缆[41]滥
tsʰ	[44]超搜[41]鞘刀~		
s	[44]消宵霄硝销萧箫[24]韶[55]疯[41]数动词,~~~ 少幼~ 绍邵账~目	k	[44]甘柑泔~水 尴~尬[24]含[55]感[41]监~察,~视,~牢 鉴监国子~
		kʰ	[44]堪龛勘看~守[55]坎[41]嵌
ø	[44]饿饥~饿 妖邀要~求 吆吞[24]谣窑姚[41]要~重,~想 耀曜鹞	h	[44]撼咸~丰,~阳[24]函衔~冤,头~[41]憾陷馅
	m	ts	[44]簪砍站车~ 占~卜 簪针栈[55]斩
ø	[41]媒~人 不		
	im	tsʰ	[44]参~加 搀[24]蚕谗馋[55]惨
t	[24]沉	s	[44]杉
tʰ	[41]丢扔	ø	[44]庵揞手覆 埯肮[41]夜暗晚
l	[44]喝~酒[24]临壬[41]赁~租 任责~ 纴纫		

iam

t　[44]沾掂以手称物[55]点[41]店

tʰ　[44]添

l　[24]黏~土,~米粘~贴[55]敛收也[41]殓拈~起来念

k　[44]兼谦[24]鹹咸鱼[55]减碱检[41]剑歉

kʰ　[44]俭[41]欠

g　[41]验

h　[24]嫌[55]险

ts　[44]尖瞻[24]潜[41]暂渐佔~领

tsʰ　[44]歼~灭籤竹签签

s　[24]橙[55]陕闪

ǿ　[44]淹~留阉醃腌[24]盐阎檐严[55]掩俺[41]厌炎艳焰

əm

tsʰ　[44]参~差

s　[44]森参~人~

in

p　[44]彬宾槟~榔殡[24]贫频[55]禀[41]鬓

pʰ　[55]品[41]聘

b　[24]闽民[55]悯敏抿搐,抚也,摩也[41]面~子

t　[24]尘藤[41]镇阵

l　[44]奶[24]林怜邻仁[55]忍[41]绕~线转~轮子吝刃认韧

k　[44]今[55]快紧谨[41]仅

kʰ　[44]轻[55]肯

h　[24]眩[41]衅

ts　[44]津榛臻真贞侦[24]秦[55]诊疹震[41]进晋尽振

tsʰ　[44]亲~切[41]称~相~秤

s　[44]新薪身申伸娠[24]神辰晨臣蝇[41]甚~至肾慎

ǿ　[44]因姻洇[24]寅[55]引[41]印

un

p　[44]簸——奔~跑分~开[55]本[41]笨

pʰ　[24]盆[41]喷~水

b　[24]文纹闻耳~吻[55]刎[41]闷

t　[44]敦~厚墩敦厚[24]屯豚臀囤唇[41]炖盾人名钝遁

tʰ　[44]吞椿

l　[24]崙伦沦轮[41]嫩论~语论议~润闰

k　[44]跟根巾斤筋近坤均钧寡君军[24]拳群裙[55]滚[41]棍郡

kʰ　[44]昆崑[24]勤芹[55]恳菌捆绷[41]睏困

g　[24]银

h　[44]昏~暗婚芬纷熏勋薰荤晕~厥[24]痕魂馄~饨浑~浊匀焚坟云

	[55]粉[41]恨混奋愤忿份训~黑
ts	[44]尊遵[24]船[55]肫批准准批准标准[41]俊
tsʰ	[44]春[24]存[55]蠢剩[41]寸
s	[44]孙[24]荀旬循巡殉纯醇[55]损笋榫[41]讯逊迅顺舜
ø	[44]恩殷温瘟[24]运[55]隐稳允尹姓[41]蕴以物内水，~酱油 韵运

an

p	[44]班斑颁扳[24]瓶[55]板版[41]瓣办
pʰ	[44]攀
b	[24]蛮挽馒~头[55]摘[41]慢漫幔万蔓
t	[44]单孤~单姓钉铁~[24]檀坛陈响亭[55]等[41]诞但蛋~糕趁钉~住
tʰ	[55]毯坦[41]赚叹
l	[24]难~易兰拦栏懒然燃鳞[55]览[41]难患~，灾~
k	[44]干~涉杆秆禾茎、麦 桿笔杆 艰奸~诈[55]幹干部捍干部、摩展衣分 简柬[41]谏涧
kʰ	[44]刊牵
g	[24]岩颜凉[41]谚
h	[44]鼾[24]韩限[55]罕[41]汉旱焊~铁壶 翰

ts	[24]残层[55]盏攒积~[41]赞
tsʰ	[44]餐[24]田[41]灿绽衬
s	[44]珊删[55]瘦散松~产[41]疝
ø	[44]安鞍[41]按案

ian

p	[44]鞭编[24]蝙蝠[55]贬[41]变便~宜辨辩汴便方~偏~地
pʰ	[44]偏[41]骗遍次数
m	[55]免勉娩~娩缅
t	[44]展颠[24]填[55]典[41]电殿宫 奠佃垫塞填
tʰ	[55]腆
l	[24]廉镰帘连联莲[55]碾~碎碾水~辇撚以指~物撑蹬、逐也[41]练炼楝
k	[44]坚[55]茧[41]腱建键健
kʰ	[55]犬
h	[44]轩掀[24]贤弦玄悬[55]癣显[41]苋~菜献砚现
ts	[44]煎涎笺胰[41]践贱饯战颤荐~推~
tsʰ	[44]迁[24]乾~坤虔[55]铲浅遣
s	[44]仙鲜新~[24]蝉禅~宗禅[41]羨搧扇动善膳宪
ø	[44]焉烟燕国名、幽州、又姓 咽渊[24]延筵言研沿铅[55]演[41]雁堰宴~会

uan

p [41]拌 物之相和

pʰ [41]叛

t [44]端[24]传~达 椽传[41]锻~炼

tʰ [24]团[41]篆 真草隶~

l [24]弯[55]暖卵[41]乱恋

k [44]观 视也,参~ 鳏~寡 绢捐[24]权颧[55]管馆[41]观~楼~寺 冠~衣 贯灌罐冠惯眷倦

kʰ [44]镯~手~[24]圈[55]款

g [24]元原源[55]阮[41]愿

h [44]帆藩翻番[24]凡桓还~原 还~是 环烦繁矾[55]反~复[41]泛范姓 範模范 犯唤焕幻患宦贩

ts [44]撰专[24]全泉[55]转~运~变[41]篆钻锥~~子

tsʰ [44]川[55]喘[41]窜撮篡

s [44]拴宣喧 諠[55]选[41]涮旋

ø [44]豌~豆 弯湾冤[24]顽~皮~固 员缘袁辕援[55]缓皖 安徽 腕宛[41]怨

ŋ

p [44]崩[24]萌[41]饭

pʰ [44]烹[24]棚

b [24]毛门[41]问

m [24]盟[55]皿

t [44]断 决~[24]堂棠螳~螂 唐塘

长~短 肠腾膛[41]顿

tʰ [44]汤[24]糖[41]脱

l [44]蛋鸡~两~个[24]能棱~角[55]软

k [44]缸亮光更~改 耕[55]捲~起 卷 动词 哽埂 田~梗~子,茎 卷 书~,考试 钢~铁 钢 刀钝了,钢钢 更~加

kʰ [44]糠[41]劝券

h [44]远~近 亨轰[24]园恒衡横 纵~横 非理也,蛮~宏

ts [44]舔扮砖庄装桩 春~,木~ 曾 姓 增憎蒸筝睁[24]曾~经[55]拯[41]钻~研,洞 赠

tsʰ [44]村疮称~呼[24]床[41]串

s [44]酸僧牲笙甥[24]成诚盛 受也,满~[41]算蒜盛 兴~

ø [44]藏 隐~[24]黄

iŋ

p [44]冰浜兵[24]朋凭~据 屏~风[55]丙秉柄[41]迸并 兼~,合~ 並~且

pʰ [44]拼[24]评萍[41]姘

b [24]鸣明铭[55]猛[41]孟 姓

t [44]珍登灯丁[24]澄惩澄庭蜓 蜻~[55]上~面 凳顶鼎[41]镫郑订锭 铤,金铤 定

tʰ [24]呈停~止 廷[55]逞艇挺

l [44]拎 手悬捡物[24]菱宁 宁~安~灵

	零铃伶~叮,独也翎龙[55]冷岭[41]令另[34]陵凌	t	[44]东动冬重~轻~,~量[24]同~胞铜囵[55]董[41]冻
k	[44]荆经~纬经宫[24]琼穷[55]耩~耕地耿景颈[41]劲~有~茎境警敬竟竞劲~敌径磬	tʰ	[44]窗[24]虫[55]桶筒[41]趟
		l	[24]人笼~鸟~脓
kʰ	[44]箍筐眶倾[24]擎[55]顷[41]庆	k	[44]冈岗,山冈刚纲江蚣~蜈~工功[55]岗讲港~口[41]杠~单~,双~,~棒降~下~
g	[24]仍凝	kʰ	[44]空~虚空~缺[41]抠
h	[44]兴~旺胸[24]行~品~行~为形型刑[41]杏幸	h	[44]夯~繁也项烘[24]行~伍,列也,银~航杭降[41]巷
ts	[44]徵~征求晶精正~月征~伐畜钟~敲~,闹~,三点~盅杯子春[24]情晴[55]撞整肿[41]证~验也症~病~静靖净政众种~种植也	ts	[44]棕鬃[41]粽~子
		tsʰ	[44]葱
		s	[44]双~~双~生松紧,~树[41]送
		ø	[24]红洪
tsʰ	[44]撑~支~清青蜻~蜓[41]穿枪		iaŋ
s	[44]辛升[24]承丞[55]省~节~省~反~[41]乘~车塍胜~任性圣	ts	[41]匠
		ø	[24]洋
ø	[44]应~当鹰莺鹦~鹉樱~桃英婴缨[24]迎盈荣颖萤[55]永泳咏~詠[41]应~响~映用		uaŋ
		h	[44]风
			ɔŋ
	aŋ	p	[24]旁螃~蟹[41]谤傍
p	[44]帮邦[24]房庞[55]榜绑[41]抛放棒蚌	pʰ	[24]滂蓬~飞~[41]膨~脖
		b	[24]亡蒙懵~懂蟒[55]辋[41]妄望
pʰ	[44]香蜂[24]捧[41]缝~补	m	[24]盲虻
b	[44]网[24]忙芒茫莽蟒[55]蚊[41]梦	t	[44]当~应~[24]同~学桐童瞳[55]党[41]当~妥~,~作~,~典~挡阻~荡宕
m	[41]忘		

	铛饼~栋洞		[41]酿谅辆车数量容~,~度
tʰ	[44]通[55]倘捅统	k	[44]疆僵缰弓躬恭供~应拱~手巩~固供~养,上~[24]强~大[55]勥勉强[41]共
l	[24]囊郎廊狼螂蜋~农侬[55]朗拢陇垄[41]浪弄		
k	[44]公攻[24]狂[55]广汞[41]扛贡	kʰ	[44]腔[55]恐
		h	[44]乡凶吉~[24]雄[55]享[41]向
kʰ	[44]康慷~慨匡[55]孔[41]抗炕旷矿控	ts	[44]将~来锺杯,钟情[24]从[55]蒋奖桨掌[41]将~帅妝~元障瘴
g	[24]昂[41]傻		
h	[44]荒方芳枫丰~收封峰锋[24]篁皇蝗肪妨防弘鸿虹霓~冯姓逢缝[55]谎倣效仿纺仿相~,~佛访况哄~骗讽[41]晃~眼凤奉俸	tsʰ	[44]昌菖~蒲,药也羌充衝冲要,横冲直撞[41]倡提~铳纵放~
		s	[44]相~互湘襄镶商伤嵩[24]详祥常尝偿[55]赏响饷裳[41]最相~貌上~山尚
ts	[44]赃脏不干净,~乱差宗综踪踨[24]丛崇[55]总[41]葬藏宝~脏五~壮状形~纵~横	ø	[44]央秧殃雍拥庸[24]阳扬疡融容蓉镕[55]仰养甬涌勇[41]雍
tsʰ	[44]仓苍聪匆[55]闯[41]创~伤		í
s	[44]桑丧~婚嗓霜孀[24]怂~恿[55]爽[41]丧宋诵颂讼	p	[24]平坪
ø	[44]汪翁[24]王[55]柱往[41]旺瓮	pʰ	[24]彭
		m	[24]绵棉[55]米靡[41]寐麵面粉
	ioŋ	tʰ	[44]天
t	[44]中当~忠终[24]重複也,~复[55]长生~[41]涨~价仗依~杖中当也,射~仲	k	[44]粳~杭,~米庚羹
		ŋ	[55]硬
			ā
tʰ	[55]冢宠[41]畅	m	[44]妈
l	[24]良瓤隆戎绒茸[55]壤攘嚷	l	[55]榄

k [55] 橄~欖

iã
p [41] 拚~命
m [24] 名 [41] 命
k [44] 慌 [41] 镜
ŋ [24] 蜈~蚣
h [44] 靴兄
tsʰ [55] 且

uã
p [41] 绊
pʰ [44] 潘
m [24] 瞒磨~刀 磨石~[55] 满
n [44] 唾口水
k [44] 杆旗~
ø [55] 碗桄盘 [41] 外晏晚也

ɔ̃
m [24] 摩特牦牛 茅 [41] 冒
n [24] 奴努 [41] 怒
ŋ [44] 梧五 [24] 吴伍队~娱熬~药,~夜,煎~[55] 吾午 [41] 误悟傲

ĩũ
n [24] 娘爹~
ø [24] 烊

ũĩ
m [24] 梅枚玫~瑰 媒做 煤每霉媚 [41] 昧

ãi
m [41] 迈
n [55] 乃
ŋ [24] 涯崖捱挨打

ãu
n [41] 闹

iãu
n [44] 猫

ĩʔ
n [34] 捏

iʔ
p [4] 鳖
b [4] 躲
m [34] 秘泌
t [4] 滴 [34] 碟
tʰ [4] 剃铁剔
l [34] 裂
ts [34] 舌
tsʰ [34] 蟹

uʔ
t [34] 戳
tʰ [4] 推托手承物

aʔ
p [4] 百柏
pʰ [4] 拍打~击
t [4] 搭贴 [34] 踏叠
tʰ [24] 沓~~子 [4] 塔

l [34]腊~月蜡~烛猎
k [4]甲胛肩~[34]拿
h [34]跨
ts [34]闸铡咋
tsʰ [4]插
ø [4]鸭押[34]盒匣~子

ia?

p [4]壁
pʰ [4]避僻闢开辟
th [4]撕拆
l [34]抓
h [34]额
ts [4]才~来只量词[34]丐吃~饭
tsʰ [4]赤斥
s [4]削剥~[34]勺
ø [4]挖[34]蛾页

ua?

p [4]拨[34]赌跌
pʰ [4]泼
b [4]抹拭也。~布,~桌子[34]摔
tʰ [4]屉獭
l [34]辣热
k [4]剐割葛~布,~藤刮
kʰ [4]括包~宽
tsʰ [4]闩门~
ø [34]活

ɔ?

p [4]暴
b [34]陌~生
m [34]莫
t [4]卓
tʰ [4]託委托,托付
kʰ [4]磕敲也
tsʰ [4]促
ǿ [4]恶厌~

ɣ?

p [34]薄~荷薄~厚
t [4]桌
l [34]落
k [4]格
h [4]鹤[34]叶~子
s [4]索绳~绳
ø [34]学

e?

p [4]伯[34]白帛
pʰ [34]沫
b [4]要想~[34]袜麦脉
t [34]哪
tʰ [34]宅
k [4]戈郭革隔
g [34]嚄月
tsʰ [4]书册
s [4]洒薛泄~漏~屑雪说解~,~话[34]

绕_{围~}旋_{还~,~转}

ø [4]压

ue?

p [4]八[34]拔

l [4]略掠

k [4]挤

g [4]挟

ø [34]划狭窄计划

ui?

h [4]血

iau?

k [4]饺_{~子}

ip

l [34]立笠入

k [4]急给_供及[34]级

k^h [4]泣吸

ts [4]追[34]缉集辑揖疾籍_{~贯藉狼}

s [4]什拾_{~取}[34]习袭

ap

t [34]答_{~应}

t^h [4]榻塌

l [34]纳

k [4]蛤_{~蜊}鸽洽

k^h [4]恰

h [4]和[34]合_{~作}

ts [4]汁[34]杂十

s [4]虱

iap

t [34]牒蝶谍

t^h [4]帖_{妥~}

l [4]聂_姓锶_{~子}蹑_{~脚走}[34]粒

k [4]劫[34]峡

k^h [4]掐怯

h [34]胁协_{叶,协韵}

ts [4]接

ts^h [4]妾

s [4]摄涉涩

ø [34]业

it

p [4]笔[34]毕

p^h [4]匹

b [34]密蜜觅

t [4]得[34]执侄直值殖植

t^h [4]玩_{~耍}

l [4]历[34]日

k^h [34]乞

h [34]那

ts [4]质即鲫织责积迹绩[34]职脊

ts^h [4]七

s [4]失识适[34]翅实食蚀翼席

ø [4]乙一

ut

p [4]勃[34]佛

b [34]物勿

tʰ	[4]秃	l	[34]列烈孽劣
l	[34]捋律率~效	k	[4]秸杰揭吉橘[34]蝎
k	[4]掘骨~头 倔[34]滑猾	g	[4]夹钳
kʰ	[4]讫	h	[34]穴
h	[4]忽核果子核也,枣~儿[34]核	ts	[4]蜇蜇也 节折断而尤连也,折本[34]捷
ts	[24]糯[4]卒~士	tsʰ	[4]切~开
tsʰ	[4]出[34]猝~猝	s	[4]设楔
s	[4]戌眨~眼 戌恤蟀~蟋~率~领[34]术~算~术述	ǿ	[4]拽
			uat
ǿ	[4]摺叠也 熨	p	[41]钵[34]钹
	at	t	[34]夺
p	[4]懂	l	[34]虐疟~疾
t	[4]堵[34]达	k	[4]决诀
tʰ	[4]塞踢	kʰ	[4]渴阔厥缺
l	[34]栗力	h	[4]法豁发發,出~,~展[34]乏伐筏罚
k	[4]结~实 洁		
h	[4]辖管~	ts	[4]拙[34]绝
ts	[4]札轧截则	ǿ	[4]悦阅[34]越曰粤岳姓,岳父
tsʰ	[4]砌擦漆[34]贼		ak
s	[4]撒~手 萨	p	[4]剥~削 驳北
ǿ	[4]折~断	pʰ	[34]晒
	iat	b	[34]眼乐音~墨目
p	[34]别分~,区~别离~	th	[34]读
pʰ	[4]撇~开	l	[34]六
b	[34]灭篾竹皮	k	[4]觉感~角菊
t	[4]哲辙[34]秩	kʰ	[4]叩确壳
tʰ	[4]彻撤	g	[34]岳山岳

tsʰ [34] 凿

iak

p [4] 逼迫曝
pʰ [4] 魄碧璧
b [34] 默
t [4] 德特泽的~确竹筑建~[34] 蛰惊~择~菜嫡笛敌狄
l [4] 例厉日~励肋~骨勒~紧[34] 隶吏匿溺历~史绿
k [4] 戟屐木~击激[34] 极
kʰ [4] 刻时~克
g [34] 逆玉
h [34] 或惑获~得肉
ts [4] 浙叔烛
tsʰ [4] 膝侧测策戚姓[34] 寂
s [4] 肆放~悉瑟室息熄色啬式饰昔释锡析[34] 熟
ø [41] 忆亿抑[4] 哑扼轭益亦译易容~[34] 逸液腋疫役

ɔk

p [34] 爆泊梁山~泊~船
pʰ [4] 扑仆瀑~布[34] 博
b [34] 木穆牧
t [4] 剁琢啄笃督[34] 铎踱独犊毒
tʰ [34] 骲
l [4] 赂[34] 诺烙骆酪洛络乐快~鹿禄

k [4] 各阁搁胳国榖五~,稻~
kʰ [4] 廓扩酷
g [4] 鄂
h [4] 复又也,往~郝霍藿福幅蝠複不单一~,复杂腹覆复重~[34] 服伏
ts [4] 作~坊[34] 浊族
s [4] 塑宿朔速肃宿缩束
ø [4] 卧恶屋沃

iɤʔ

t [34] 对着著,着凉;着衣;高着儿,支着儿;着点儿盐
h [4] 歇
ts [4] 借~用藉~故,借口[34] 石
tsʰ [4] 尺工~簟竹席
s [4] 惜[34] 芍
ø [34] 药钥~匙

iɔk

t [34] 逐轴
tʰ [4] 畜~牧蓄养也
l [4] 陆大~辱[34] 弱录
k [34] 剧~烈剧戏~局
kʰ [4] 曲歌~
h [4] 郁姓
ts [4] 酌祝足嘱[34] 爵
tsʰ [4] 雀鹊绰~号却触
s [4] 粟俗续[34] 淑赎蜀属

参考文献：

[1] 中国社会科学院语言研究所. 方言调查字表（修订本）[M]. 北京：商务印书馆，1981.

[2] 林连通. 泉州市方言志[M]. 北京：社会科学文献出版社，1993.

[3] 李如龙. 福建省县市方言志十二种[M]. 福建：福建教育出版社，2001.

乐山话双音节词声调分析[1]

田海丁 [2]

摘　要　方言声调的单字调与语流中的双字调是有区别的，后者往往更能代表方言的真实情况。乐山话保留入声调，共有阴平、阳平、上声、去声、入声5个声调，不同调类的双字调组合共有25种。本文运用实验语音学的方法对乐山话声调进行分析，从双字调来看乐山话声调在语流中的实际情况，得出它们与单字调的差别并解释其原因。同时，还总结了乐山话声调在二字连调中的规律和趋势。

关键词　乐山话；双音节词；连读变调；声学分析

---

[1]　本文是国家社科后期资助项目"嘉陵江流域方音字汇——20世纪四川方音大系之二"（20FYYB039）的阶段性成果。
[2]　田海丁，女，乐山人，北京师范大学语言学及应用语言学博士研究生，研究方向：汉语方言。

一、引言

乐山市地处四川省西南部，城区位于岷江、大渡河、青衣江三江交汇处。据《中国语言地图集（第一版）》（1987）[①] 乐山方言属于西南官话灌赤片岷江小片[8]，保留入声调，俗称"南路话"。

前贤对乐山话声调的研究多是从单字调角度进行记录、描写和研究，这对于描写乐山话声调的调类具有重要作用。但单字调是静态的，语言现象的一般规律是：语流中的声调才是语言运用中的声调，而不是孤立的、归纳提取出来的单字调。动态中的声调，双音节词是基本单位。同时，音高是声调重要的声学特征，基频决定音高。通过实验语音学的方法对基频进行测量和绘制，对不同调类互相组合的双字调调值进行描写，能更直观、准确地对声调进行声学分析。

因此，我们不拘于归纳非语流中单字调的老办法，尝试从双音节词看乐山话声调的调值，可能看到方言声调更真实的情况，并解释或预估声调的发展方向。

二、实验方法

（一）调查准备

发音合作人：田泽民，男，1947 年出生，乐山市中区茅桥

---

① 《中国语言地图集（第二版）》（2012）将乐山话划分为西南官话西蜀片岷赤小片，分区命名有调整，但对乐山话的研究结果未变。第一版分区命名更具有共识，故采用第一版分区名称。

镇居民，中师文化程度，退休教师，未长期离开居住地。调查时间为 2022 年 6 月。

实验硬件有德国 AVID 公司生产的 MboxMini 专业声卡、麦克风、笔记本电脑；软件有斐风田野调查系统①、praat 语音分析软件②、Office Excel。录音环境为较封闭安静的环境，采样频率为 44100Hz，单声道录音，音频保存为 wav 格式。

单字调调查表（见附录 1）由 5 个声调各选取 10 个例字组成，尽量兼顾中古音调类。双字调调查表（见附录 2）由 5 个声调两两组合，共 25 组，每组选取 10 个双音节词组成，均为当地日常交流常见且韵律节奏一致的词语③，不选择儿化、轻声和有"音义变调"④ 的词语。

（二）实验过程

使用 praat 语音分析软件手动提取声调调型段基频数值，即从韵母段开始选取，并去掉"弯头降尾"。单字调每个例字调型段提取 9 个点的基频值，双字调每个词组前字和后字调型段分别提取 9 个点的基频值。再使用石锋（1986，2010）提出的 T 值基频标准化公式对基频进行归一化处理[5][6][7]：

$$T = [(\lg x - \lg \min)/(\lg \max - \lg \min)] \times 5$$

---

① 上海高校比较语言学 E 研究院，陕西师范大学文学院．Field Phone. 2. 2. 1（2016 版）．

② Paul Boersma，David Weenink．Praat（version 6. 0. 48）．

③ 根据端木三在"汉语韵律语法丛书"《音步和重音》中对普通话和成都话词重音的考查方式，我们认为乐山话的词重音也应该是左重式。从而在选择实验语料的时候避免动宾短语等右重的情况。

④ "音义变调"指发生语流音变的同时，还伴随着语法语义关系变化。参见李小凡《汉语方言连读变调的层级和类型》一文。

其中 x 为观测点的基频平均值，min 是调域下限基频值，max 是调域上限基频值，即 max 和 min 分别取所有点中的最大值和最小值，乘以 5 是为与五度标调法相对应，T 是归一化结果。通过 T 值，可以滤掉发音人、发音状态等个性因素，获得具有共性的声调信息。

在 Excel 中完成对基频的整理和归一化处理，并利用其绘图功能，绘制出相对时长声调曲线图：单字调声调曲线图和双字调声调曲线图。横轴为相对时长，因乐山话声调无长短对立，声调的时长不具有调位性变化，单一发音人数据时长信息的共性不够，以单字或双音节词为单位的调查方式干扰了时长的真实体现，并且声调时长对调值变化影响较小。为更好分析声调调值变化，本文采用相对时长，基频值点单位大小为 1。纵轴为五度，通过调整纵轴的边界值和单位大小，采用五度直观显示。下文声调图统一用 1 表示阴平，2 表示阳平，3 表示上声，4 表示去声，5 表示入声。

三、乐山话声韵调系统

1. 声母（20）

p 把步八	pʰ 铺婆	m 猫母灭	f 府父虎户	v 乌雾五物
t 多袋搭	tʰ 拖图	n 奴泥锣流牛		
ts 左坐猪住抓镯 纸侄	tsʰ 错财抽朝 初愁臭		s 锁砂书蛇树	z 日惹
tɕ 姐集假杰	tɕʰ 取钱去茄		ɕ 写虾夏榭	
k 歌柜	kʰ 课狂	ŋ 熬爱我	x 火河活	
ø 味儿鹅衣雨于				

2. 韵母（38）

ɿ 制紫
ɚ 儿二耳
ɑ 大把
æ 搭辣藿黑百
e 鸽割各角刻隔
ə 十实食尺
o 多破
ʊ 入末骨托桌读
ai 台盖拜晒
ei 车杯飞
au 宝闹照
əu 头手
an 三咸占烂山饭
en 任陈门灯硬
aŋ 汤方胖
oŋ 猛东宋松丰

i 茄姐币寄
ia 假佳
iæ 夹瞎
ie 接立别七力笛

iau 交庙萧
ieu 九幼
iɛⁿ 减签甜眼棉年
in 林亲冰井星
iaŋ 娘江
ioŋ 兄穷容

u 布除府富
ua 瓜画抓
uæ 阔滑刮

uai 外怪歪快
uei 对嘴类味

uan 短关砖
uən 墩春
uaŋ 床光双

y 举女遇取

yʊ 月橘药学局

yɛⁿ 鲜原
yn 匀裙营

3. 声调（5）

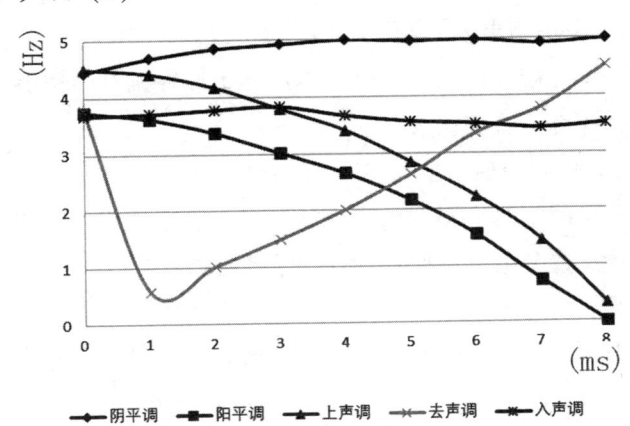

图1 乐山话单字调声调曲线图

根据单字调声调曲线图(见图1),将乐山话声调调值归纳如下:

阴平调,调值55,高平调,微升。

阳平调,调值41,降调。

上声调,调值51,高降调,调型与阳平调近似①。

去声调,调值415,曲折调或升调,降转升的拐点(最低点)位置靠前,降调部分相对时长较短,读为降升调415还是升调15,母语者不区别意义,单字时曲折感明显,前贤多有将其记为升调。

入声调,调值44,中平调。

四、双音节词调值的声学分析

单字调即本调,是声调的基本形式,而在与其他音节连读时产生的调值变化,就是变调[4]149。李小凡(2004)将连读变调分为两个不同的层级:"语音变调"和"音义变调"[3]。我们从语音变调层面展开讨论,即分析变调和本调在调型、调值等方面的变化,探究语音规律。

1. 阴平的变调情况

阴平作前字时,调型由平调变为升调,起点位置比较集中,终点位置比较分散且差距超过1度,调域变宽,有34、35两种调值情况。

阴平作后字时,调域向下平移。当前字为阴平、上声、入声

---

① 陈楠(2013)《乐山话声调实验研究》中通过单字的声学分析和感知研究,提出了阳平调、上声调具有近似合并的趋势。

时，后字的阴平由55变为33；当前字为阳平、去声时，后字的阴平由55变为34，上升幅度小。

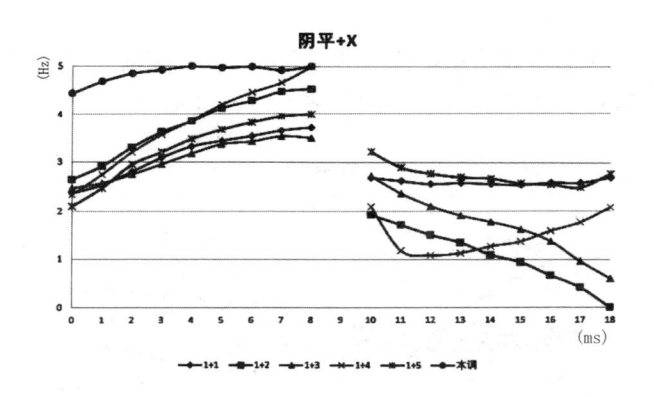

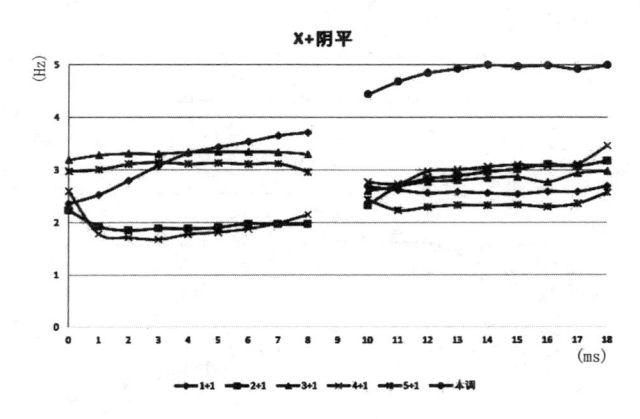

图1　阴平作前字、阴平作后字声调曲线图①

---

① 图1为以阴平为观察重点的相对时长声调曲线图，由"阴平为前字（左）"和"阴平为后字（右）"两部分组成。左右两部分根据下方对应的图例表示，图例中数字为调类（详见上文"实验"部分说明），"＋"号前表示前字，"＋"号后表示后字，例："1＋2"表示前字为阴平，后字为阳平的声调曲线。下文类推。

2. 阳平的变调情况

阳平作前字时，由降调 41 变为平调 33，调型和调值均发生变化。

阳平作后字时，调值变为 31 或 21，声调起始位置接近，调型仍为降调，起始位置较本调下降，调域变窄。

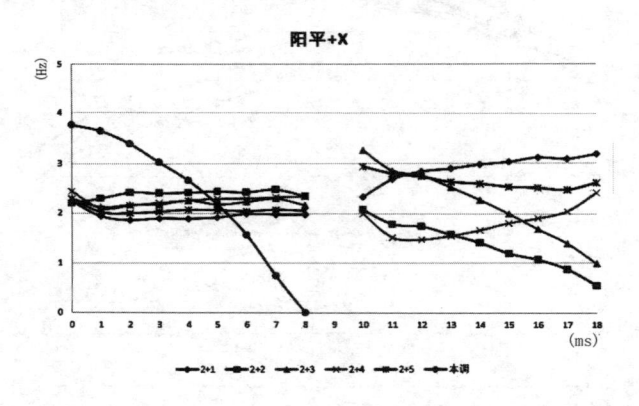

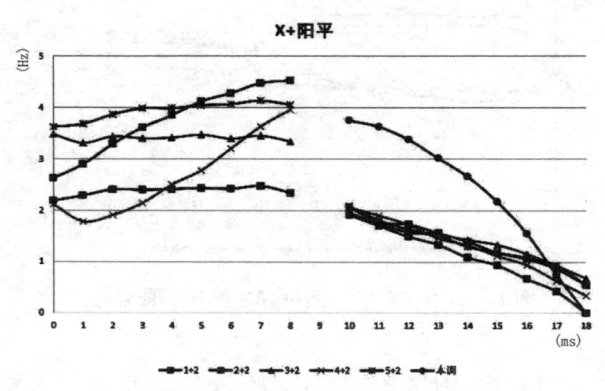

图 2　阳平作前字、阳平作后字声调曲线图

3. 上声的变调情况

上声作前字时，总的看来由 51 变为 44，调型和调值均发生变化。后字为阳平时，虽前字上声调终点位置落在 3 调区域内，但声调大部分在 4 度区域内且终点位置接近 4 度，因此我们仍将其看作平调。后字为上声时为 43，终点接近 4 度。后字为入声时，前字上声第二个点落在 3 度区域内，但大部分在 4 度内，调型有微升趋势，调值记为 44。

上声作后字时，调型仍为降调，声调起始位置下降，调域变窄。声调起始位置最高的上声和声调起始位置最低的入声，在声调起始位置处相差一度之内；声调终点位置最高的阳平和声调终点位置最低的入声，在声调终点位置处相差也在一度之内。因此，尽管上声作后字时调值有 31、42、41 三种情况，声调起始位置或终点位置不同，但实际声调相差不大。

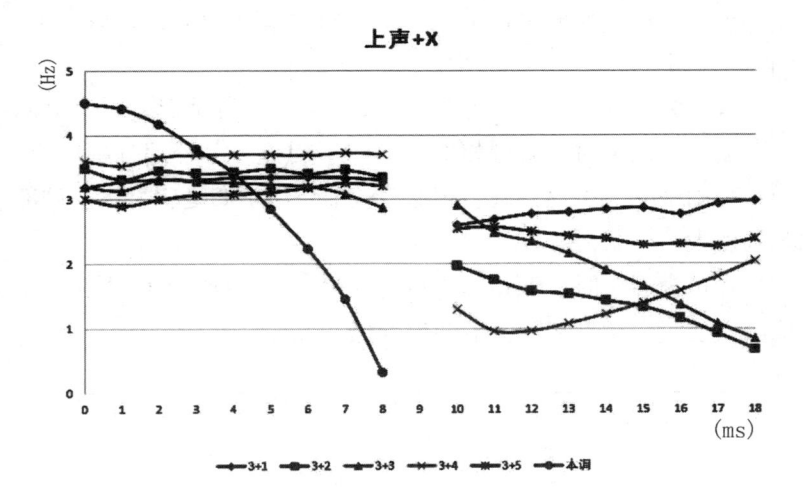

上声+X

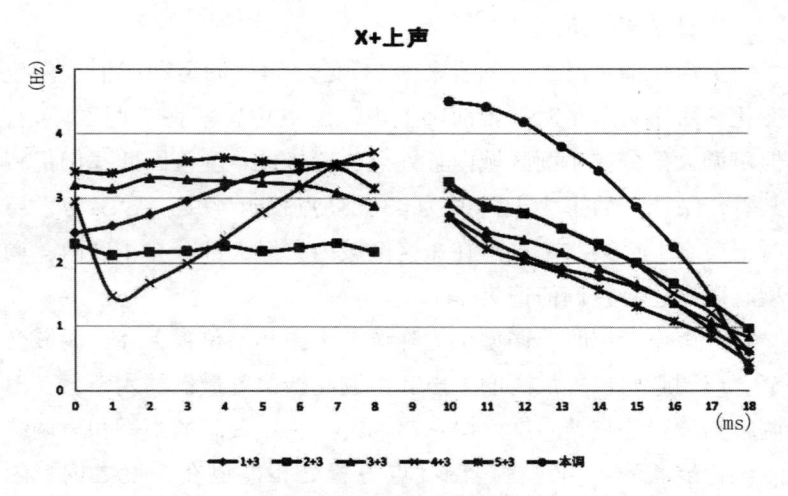

图3　上声作前字、上声作后字声调曲线图

4. 去声的变调情况

去声在双音节词中，不论位置，曲折度均降低，调域变窄，仍有下凹走势。

去声为前字时，调值有323、324、433三种情况。后字为阴平、去声、入声时，调型相似，下凹不明显，上升部分幅度小；后字为阳平、上声时，调型相似，较前一组下凹更明显，上升部分幅度大。

去声为后字时，调值有323、223、213、312四种情况，调值细微变化，调型相似，下凹程度低。

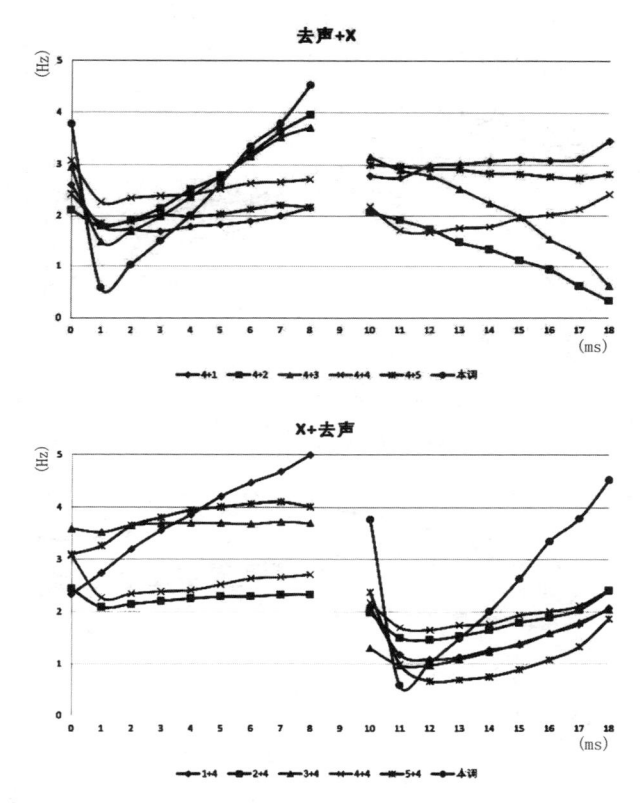

图 4　去声作前字、去声作后字声调曲线图

5. 入声的变调情况

入声作前字时，调值有 44、45、43 三种情况。入声在去声前升调幅度较其他声调前大，但声调调域仍在一调以内；两个入声相连，为前字的入声调值记为 43，但整体调域窄，在一调内。因此，我们双音节词语中作前字的入声记为平调。

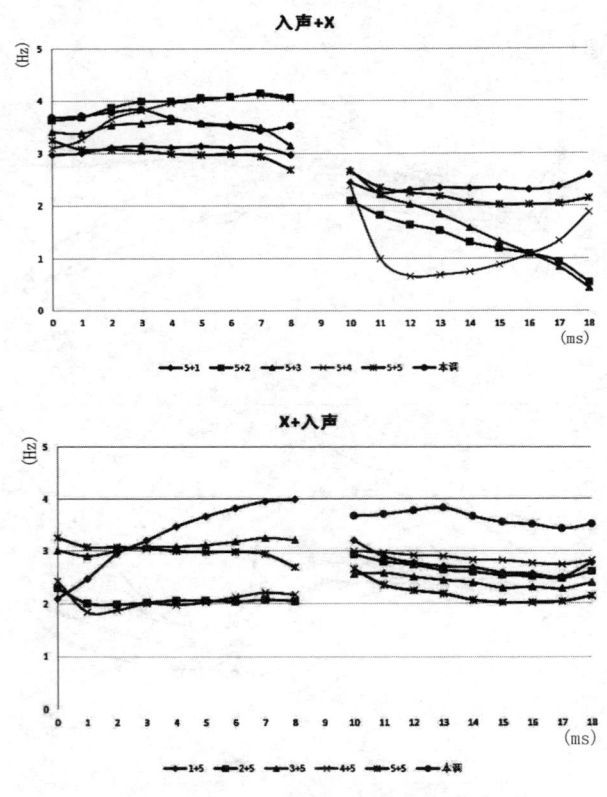

图 5　入声作前字、入声作后字声调曲线图

入声作后字时,调型不变、调值降低为 33、43。当前字为阴平时,后字的入声声调起始位置超过 3 度,到达 4 度的区域(阴平起始位置纵坐标数值为 3.14,阳平起始位置纵坐标数值为 3.11)且声调在 4 度区域内仅开头 1/9 之内,可以认为其为平调(图 5)。

调型和调值是声调重要的特征。调值的变化不一定会产生调型的变化，但调型产生变化，调值一定会随之改变。从声调曲线图中读取调值并分析整理出乐山话双音节调值，如下：

前字(本调) \ 后字(本调)	阴平(55)	阳平(41)	上声(51)	去声(415)	入声(44)
阴平(55)	34+33	35+21	34+31	35+323	34+43
阳平(41)	33+34	33+31	33+42	33+223	33+33
上声(51)	44+33	44+21	43+31	44+213	44+33
去声(415)	323+34	323+31	324+41	433+323	323+33
入声(44)	44+33	45+31	44+31	45+312	43+33

四、乐山话二字连调现象的解释

进一步根据声调在双音节词中的位置——前字或后字，整理不同声调的变体（见下表），对其中变化进行解释并探究乐山话声调的演变趋势。调值的细微差异不影响其统一性。

调类	单字调	双字调 前字（变体）	双字调 后字（变体）
阴平	55	35、34	33、34
阳平	41	33	31、21
上声	51	44、43	31、42、41
去声	415	323、324、433	323、223、213、312
入声	44	44、45、43	33、43

1. 韵律轻重影响变调

整体来看，后字的调域都变窄、集中，变调表现更一致：平调下降，降调减弱，凹调平缓等弱化现象。前字为阳平和上声时，前字变调大于后字，由降调变为平调；其余情况时前字变化不及后字。不同位置上声调的变化情况与韵律轻重有关。学界普遍认为，汉语词重音是存在的，但却不如印欧语那般明显。端木三（2016）认为汉语词重音不明显是因为偶然的因素（例如声调）掩盖了它[2]。本文的调查所用的双音节词是在"乐山话词重音是左重式"的前提下进行的①。在左重式韵律轻重影响下，后字变调整齐地出现弱化现象。而在前字为阳平和上声两种情况时，左重式节奏的影响似乎失效了。我们猜测：由于阳平和上声处于因近似而合并的演变趋势中，韵律结构发生变化不再是左重式②，或者其他因素影响更显著。具体缘由有待进一步研究。

2. 语流中呈现声调的实际情况

在实际的语言交流中，声调总是附着在音节上前后相连出现的，相邻的调尾和调头会因为协同发音有所变化，不同声调的调值也会发生变化。例如，前字入声根据后字不同调类，围绕着本调上下浮动。

3. 去声调简化

经济原则是语流音变遵循的一条普遍规律，为了使发音省力而简化连调式的调型变化，达到减轻连调式曲折度的目的，这就

---

① 见前文"实验"部分。
② 有的方言因为多方面的原因，可能会存在多种韵律结构并存的情况。

是"简化型连读变调"①。在这种类型变调中，曲折调最易简化。曲折调简化的方式有二，一是将曲折调变为非曲折调，二是降低曲折调幅度，降升调变为平升调或降平调[3]19—20。乐山话的去声调的简化方式主要为第二条。在单字调中，去声可以读的比较夸张，因此声调的曲折是明显的。但在实际语流中，受发音速度等因素影响，曲折度明显降低，但其仍保持下凹走势，无论处于前字还是后字，没有与其他声调相混。

4. 阴平调异化

与简化型变调相反的异化型变调也会出现在语流中。阴平为前字时，后字声调都较平缓，两个较平缓的声调相连，不符合汉语平仄相间、错落有致的倾向，为了使相邻的音节区别明显，发生异化型变调。阴平单字调调值为 55 且有微升趋势，双音节前字调值为 35，由微升的平调变为升调，增加了上升的幅度，即区别度。

5. 阳平调和上声调近似合并

与去声调相反，阳平和上声无论位置，调值趋同。在单字调中，二者调型走势一致，调值差别小，有近似合并的趋势[1]，在双字调中可以进一步看出二者的关联。为前字的阳平和上声调值分别是 33 和 44，调型一致为平调，调值区别不大；为后字的阳平和上声调值均为 31。两个声调有相同的简化型连读变调模式，即将降调变为平调（前字）或减少降幅（后字）。从连读变调的角度，支持了阳平和上声因近似而合并的演变趋势。

---

① 李小凡（2004）将从语音层面的语音变调分为"简化型连读变调""异化型连读变调""中和型连读变调"。

从前文可知，阳平和上声近似，且均发生了简化型连读变调，前字降调变为平调33和44，故而与调值没有太大变化的入声调（本调44和前字时44、45、43）相近。

6. "入归阴平"的演变趋势

在后字位置上，阴平和入声调值变同为中平调33。西南官话方言区声调的演变"入归阳平"是重要特征，在四川地区的西南官话还有雅棉小片"入归阴平"和仁富小片"入归去声"的情况①。乐山话入声在双音节词后字中表现出与阴平混同的趋势。乐山话这一入声的演变趋势可以与雅安地区入归阴平的历史形成相联系。周及徐（2014）分析了雅安地区方言的历史形成：雅安地区方言应是宋元以来四川土著方言"南路话"的分支。入归阴平的方言格局大概形成于明末，是原有的入声调值升高，与阴平合并的结果[9]。乐山与雅安地区历来水路相通，沿青衣江逆流而上可至雅安，沿大渡河逆流而上可至汉源、石棉。而今，根据乐山话入归阴平这一趋势，我们可以推测：雅安地区的南路话应是由乐山话沿青衣江传进去的。乐山话"入归阴平"的演变趋势是雅安地区方言相混的源头。

乐山话至今还保留入声调，没有完全与阴平调混同，与其韵母有关。乐山话虽失去了塞音尾，完全舒化，但保留了入声韵。在体现入声特征上，入声韵区别度比入声调明显。如果阴平字只在声调上由55变为33，母语者并不会认为区别了意义，变成了入声字。无论母语者还是非母语者，都能够通过入声韵清楚地判断入声。因此，受入声韵的制约，乐山话入声调向阴平调的演变

---

① 据《中国语言地图集（第一版）》（1987）的分区和命名。

放缓了进程。

而乐山话"入归阴平"趋势在后字位置上明显,大概与乐山话左重式词语结构有关,后字较前字轻,容易发生变化。

本文通过对乐山话双音节词调值的声学分析,归纳了乐山话声调的调值情况,揭示了声调更真实的状态,解释了凹调去声的简化、平调的异化,预估了乐山话阳平和上声合并、入声与阴平合并的演变趋势。同时也提出了有待进一步研究的阳平和上声前字变调的缘由问题。

参考文献:

[1] 陈楠. 乐山话声调实验研究 [D]. 复旦大学硕士学位论文, 2012.

[2] 冯胜利, 端木三, 王洪君主编, 端木三著. 汉语韵律语法丛书·音步和重音 [M]. 北京: 北京语言大学出版社, 2016.

[3] 李小凡. 汉语方言连读变调的层级和类型 [J]. 方言, 2004 (1).

[4] 林焘, 王理嘉. 语音学教程(增订版) [M]. 北京: 北京大学出版社, 2013.

[5] 石锋, 冉启斌, 王萍. 论语音格局 [J]. 南开语言学刊, 2010 (1).

[6] 石锋, 时秀娟. 语音样品的选取和实验数据的分析 [J]. 语言科学, 2007 (2).

[7] 石锋. 天津方言双字组声调分析 [J]. 语言研究, 1986 (1).

[8] 中国社会科学院, 澳大利亚人文科学院. 中国语言地图集 [M]. 香港: 朗文(远东)出版有限公司, 1987.

[9] 周及徐. 四川雅安地区方言的历史形成及其与地理和移民的关系 [J]. 四川师范大学学报(社会科学版), 2014, 41 (6).

附录：

附录1　乐山话单字调调查表

调类	例　字
阴平调	多、拖、歌、花、瓜、胎、开、西、烧、胶
阳平调	锣、河、牙、吴、爷、图、除、如、来、台
上声调	左、可、土、古、属、主、雨、爱、买、米
去声调	大、个、坐、货、谢、化、步、杜、陆、裤
入声调	黑、获、杂、夹、鸭、叶、碟、法、十、八

附录2　乐山话双字调调查表

声调组合	字　组
1+1	肮脏、珍珠、花生、蜘蛛、纱窗、干花、丰收、应该、冰锥、沙滩
1+2	三条、瓜皮、家庭、冰糖、春茶、窗台、书皮、商船、精神、灰尘
1+3	生产、清楚、刚好、松鼠、开始、工厂、钟表、书本、开水、松子
1+4	天下、高兴、坚固、干脆、公共、车站、书画、天气、荒地、冬至
1+5	中国、舒服、知识、钢铁、斑竹、衣服、垃圾、山脚、三伏、天黑
2+1	茶杯、人参、棉花、农村、黄瓜、门窗、房东、长征、洋葱、田沟
2+2	皮球、麻绳、轮船、人情、毛桃、麻烦、茶壶、人民、明年、红糖

续表

声调组合	字　　组
2+3	灵巧、田坎、牙口、凉水、床板、如果、牙齿、茶馆、河水、泉水
2+4	奇怪、能干、城市、和尚、癌症、棉裤、黄豆、徒弟、田地、平地
2+5	着急、蛇毒、圆桌、排骨、同学、头发、回答、长笛、雷达、蝴蝶
3+1	纸张、牡丹、小心、野鸡、始终、酒杯、眼睛、米汤、土坯、雨天
3+2	火盆、草鱼、旅行、水池、厂房、早晨、土豪、水田、小河、水泥
3+3	海岛、海口、好酒、苦果、老鼠、勇敢、水果、老虎、雨水、水井
3+4	米饭、考试、少数、枕套、口哨、韭菜、板凳、马上、眼镜、水泡
3+5	考察、老实、朗读、表叔、解答、警笛、软骨、想法、礼节、酒席
4+1	大方、预先、夏天、背心、措施、痔疮、衬衫、地方、四川、大车
4+2	蒜薹、大型、臭虫、路程、算盘、柜台、上台、大桥、下级、秤砣
4+3	正好、汽水、地板、露水、地址、驾驶、中暑、重赏、后果、政府
4+4	忘记、浪费、地上、路上、向上、破费、味道、算数、空地、旱地
4+5	幸福、大哭、中毒、诵读、干活、祝福、泡沫、大佛、季节、稻谷

续表

声调组合	字　组
5+1	乐山、木桩、木瓜、石膏、石灰、月初、竹竿、八哥、白天、叶酸
5+2	木材、七条、佛堂、足球、石桥、月球、国防、石头、石榴、白糖
5+3	历史、活口、七彩、佛手、鸭掌、竹子、月底、壁虎、白酒、竹筒
5+4	一向、一共、活动、七部、鸭蛋、责任、约会、月半、石磨、麦穗
5+5	熟悉、积极、读法、七百、七色、结石、杰出、白石、结实、竹席

注：此表1、2、3、4、5分别代表阴平调、阳平调、上声调、去声调、入声调。

重庆话"儿"缀研究[①]

王紫薇[②]

摘　要　重庆话中的"儿"缀同时包含了"儿尾"和"儿化"两种形式:"儿尾"是在词尾加音节"儿"[le↓],"儿化"是词末音节韵母儿化。本文在田野调查的基础上对此进行了讨论,并将其与成都话和北京话相比较,以语音特征和历时演变为线索,探讨重庆话"儿"缀的发展演变及历史层次。

关键词　重庆话;儿尾;儿化;历史层次

[①] 本文为国家社科后期资助项目"嘉陵江流域方音字汇——20世纪四川方音大系之二"(20FYYB039)的阶段性成果。

[②] 王紫薇,女,四川成都市人,四川师范大学文学院2021级汉语言文字学专业研究生。研究方向:语言学、汉语方言。

一、概况

重庆话从方言分区上看属于西南官话成渝片①。"有大量的儿化词和带儿尾的词是重庆方言的词汇特点之一。"[1]17根据田野调查我们发现，重庆话中的"儿"缀同时包含了"儿尾"和"儿化"，二者语音形式不同。重庆话中儿尾是指在词尾加音节"儿"[le↓]，如"鸽儿 ko↓le↓、崽儿 tsai∨le↓"；儿化是指词末音节韵母儿化成为儿化韵，形成一个新的卷舌韵母，如"花卷儿 xuʌ↑tɕyɚ∨、舅母儿 tɕieu↙muɚ∨"。

与北京话和成都话相比，重庆话中的儿化现象非常丰富，并且重庆话中的儿尾"-儿"[le↓]读音与单字的"儿"[ɚ↓]不同。本文拟在田野调查的基础上，对重庆话中的"儿尾""儿化"进行讨论，并将其与成都话和北京话相比较，以语音特征和历时演变为线索，来探讨重庆话"儿"缀的发展演变及内部层次。

本文以重庆城区话为重庆话的代表，词汇条目以《成都方言词典》[7]《四川方言词典》[6]及《重庆市志·方言志》[1]中的"儿"缀词为基础，并依据重庆话的词汇特点补充相应条目，共调查了839个"儿"缀词语。语音采集及调查时间为2023年7月17日—19日。发音人基本情况：高华生，男，1958年生，重庆市九龙坡区人，大专文化程度，讲重庆话，未长时间离开过重

---

① 方言分区依据中国社会科学院、澳大利亚人文科学院编纂《中国语言地图集（第一版）》（香港朗文出版公司1987年版）。

庆。调查词表参考本文附录"重庆话儿化词汇表"（802词）、"重庆话儿尾词汇表"（37词）。

二、重庆话中的儿尾

1. 儿尾的音值

重庆话中的儿尾读为［le↓］，而单字"儿"读［ɚ↓］。［le↓］读音只保留在儿尾词中，发音时不与前一音节韵母相融，是独立的音节，如"锅儿 ko↑le↓、刀儿 tau↑le↓"。

2. 儿尾的构词类型

重庆话中，儿尾词较少，儿尾［le↓］的构词能力不强，一般只能附加在单音节词根后，且这类词根多为名词性语素。儿尾［le↓］最常见的语法功能是指小和爱称，指小如：狗儿kəu↘le↓、羊儿 iaŋ↓le↓；爱称如：附加在人名后表示亲昵，如"王波、李强"可以称为"波儿 po↑le↓、强儿 tɕʰiaŋ↓le↓"，具有亲近、喜爱的感情色彩。（以下例词皆为独立音节的儿尾，如"耗儿 xau↓le↓"。各词语音形式见附表。）

①表示动物

鹅儿、鸽儿、狗儿、耗儿、猴儿、马儿、猫儿、鸟儿、牛儿、兔儿、羊儿、鱼儿、猪儿、龟儿_{秽语}、鸭儿_{秽语}

②表示人

矮儿、哈儿、妹儿、丘儿_{伙计}、偷儿、娃儿、幺儿、崽儿

③表示其他事物

刀儿、锅儿、瓢儿、桌儿、裤儿、帽儿、键儿、票儿_钱、花儿、豆儿、芋儿、胴儿、泡儿、个儿、屁儿_屎

三、重庆话中的儿化

1. 儿化韵的类型

钱曾仪（2002）将汉语方言中的儿化韵分为了四种类型：元音卷舌式、舌面元音式、鼻辅韵尾式（鼻化元音式）、变音韵尾式[3]68。重庆话的儿化韵同北京话一样，属于元音卷舌式，但重庆话儿化的卷舌程度比北京话要轻，听感上有明显的地方特色。

重庆话中儿化的语法功能与儿尾相同，都是指小和爱称。其语音系统非常简洁，只有一套开ɚ、齐iɚ、合uɚ、撮yɚ的卷舌儿化韵。其变韵规律是：保留韵头，除单韵母i、u、y外，韵腹均变为卷舌央元音，韵尾丢失。但开口呼的-o、-oŋ韵母和齐齿呼的-io韵母较为特殊，儿化后-o、-oŋ由开口呼韵母变为了合口呼儿化韵，如"壳 kʰo↓→蚌壳儿 kʰuɚ↘、葱 tsʰoŋ↑→葱葱儿 tsʰuɚ┤"（-o韵母在成都话中变开口：蚌壳儿 kʰɚ↓）；-io由齐齿呼韵母变为了撮口呼儿化韵，如"雀 tɕʰio↓→雀雀儿 tɕʰ yɚ┤"。重庆话的这种儿化变韵模式与四川"湖广话"一致，韵腹位置上原有的前/后、高/低、圆/不圆、鼻尾/非鼻尾等特征与儿化的卷舌特征是否共融没有直接关系，卷舌元音ɚ全部替换前一音节的韵腹（除单韵母i、u、y外）和韵尾。

重庆话共有37个韵母，除ɚ、iai、ioŋ、ue、ye、iu不儿化外，其余31个韵母都能儿化。

表 3.1　重庆话儿化韵与本韵的对应关系

开口呼			齐齿呼			合口呼			撮口呼		
儿化韵	原韵母	例词	儿化韵	原韵母	例词	儿化韵	原韵母	例词	儿化韵	原韵母	例词
ɚ	A	疙疤儿 keɥ pɚ˥	iɚ	i	蚂蚁儿 mA˩ iɚ˩	uɚ	u	舅母儿 tɕieu˩ muɚ˩	yɚ	y	蛐蛐儿 tɕʰy˥ tɕʰyɚ˥
	ʅ	言子儿 iɛn˩ tsɚ˩		iA	豆芽儿 təu˩ iɚ˩		uA	撑花儿 tsʰen˥ xuɚ˥			
	e	甑隔儿 tsen˩ kɚ˩		ie	蘸碟儿 tsan˩ tiɚ˩		ue	*			
	ɚ	*		iu	*		uai	冰块儿 pin˥ kʰuɚ˩		yan	花园儿 xuA˥ yɚ˩
	ai	踔踔儿 pai˥ pɚ˥		iai	*		uei	钉锤儿 tin˥ tsʰuɚ˩			
	ei	驼背儿 tʰo˩ pɚ˩		iɚ			uan	拐弯儿 kuai˩ uɚ˥			
	au	醪糟儿 lau˩ tsɚ˥		iau	蒜苗儿 suan˩ miɚ˩		uən	兔唇儿 tʰu˩ suɚ˩		yn	裙裙儿 tɕʰyn˩ tɕʰyɚ˩
	əu	抄手儿 tsʰau˥ sɚ˩		iəu	石榴儿 sʅ˩ liɚ˩		uaŋ	血盆儿 ɕye˩ uɚ˩			
	an	豆瓣儿 təu˩ pɚ˩		iɛn	零钱儿 lin˩ tɕʰiɚ˩		o	农伙儿 loŋ˩ xuɚ˩		io	扑雀儿 pʰu˩ tɕʰyɚ˩
	en	板凳儿 pan˩ tɚ˩		in	电影儿 tiɛn˩ iɚ˩							
	aŋ	巷巷儿 xaŋ˩ xɚ˩		iaŋ	样样儿 iaŋ˩ iɚ˩		oŋ	烘笼儿 xoŋ˥ luɚ˩		ye	*
				ioŋ	*						

重庆话中可儿化的韵母数为 31 个，经过大量的归并整合后形成了四类儿化韵。这四类儿化韵分别是：

(1) ɚ 类：A、ɿ、e、ai、ei、au、əu、an、en、aŋ

(2) iɚ 类：i、iA、ie、iau、iəu、iɛn、in、iaŋ

(3) uɚ 类：u、uA、uai、uei、uan、uən、uaŋ、o、oŋ

(4) yɚ 类：y、yan、yn、io

2. 儿化的构词类型

根据词根的词性分类，重庆话中可以儿化的词根包括名词、动词、形容词、副词、数词、量词、代词等，儿化的形式包括非重叠式儿化和重叠式儿化。（以下例词皆为与前邻韵母发生了合音的儿化，如"天儿 tʰiɚ˧˥"。各词语音形式见附表。）

(1) 非重叠式儿化

重庆话儿化词共调查了 802 个，其中非重叠式儿化词约占 74%，数量最多。

①名词 + 儿

梨儿、杏儿、馅儿、头儿_{领导}、天儿、女儿、孙儿

翅膀儿、苍蝇儿、抵针儿、灰面儿_{面粉}、火锅儿、风筝儿

鬼板眼儿_{花样}、喉咙管儿、红苕干儿、黄辣丁儿_{黄颡鱼}、鹅石板儿_{鹅卵石}

②动词 + 儿

逮猫儿_{捉迷藏}、勾引儿_{畏惧}、吹牛儿、聊天儿、翘杆儿_死、拍板儿_{做决定}

拔火罐儿、按手印儿、看笑神儿_{看笑话}、走人户儿_{串门}、打财马儿_{猜谜}

③形容词 + 儿

热和儿、摩登儿、洋盘儿、妖艳儿、光鲜儿、愆翻儿调皮

④副词+儿

差点儿、争点儿、隔哈儿等一会、顺便儿、遇缘儿碰巧、专门儿

⑤量词+儿

（一）本儿、（一）点儿、（一）根儿、（一）份儿、（一）件儿

⑥代词+儿

嘞哈儿这会儿、那哈儿那会儿、嘞点儿这里、那点儿那里、哪年儿哪年

此外，重庆话中有很多人名和地名也可儿化，如人名"贺三儿 xo˧ sɚ˧、李四儿 li˩ sɚ˧、王贵平儿 uaŋ˩ kuei˩ pʰiɚ˩、曾文海儿 tsən˩ uən˩ xɚ˥"；地名"肖家湾儿 ɕiau˧ tɕiA˧ uɚ˧、磁器口儿 tsʰɿ˩ tɕʰi˩ kʰɚ˥"等。

（2）重叠式儿化

重庆话中重叠式儿化词约占26%，主要形式有"AA儿"式和"ABB儿"式，如：

①AA儿

名词性语素+儿：包包儿、本本儿、膀膀儿、瓶瓶儿、板板儿

动词性语素+儿：滚滚儿轮子、飞飞儿小纸条、穿穿儿票贩子、摊摊儿地摊

形容词性语素+儿：弯弯儿弯道、卷卷儿卷状物、偏偏儿靠墙搭建起来的简陋房子

副词+儿：回回儿、偏偏儿_{凑巧}①、点点儿

②ABB 儿

这类重叠式儿化词大都是状态形容词，如：

绿印印儿、软绵绵儿、乌喧喧儿

3. 重庆话与成都话、北京话儿化的比较

与成都话和北京话相比，重庆话的儿化现象非常普遍，儿化的构词能力很强。

表 3.2　重庆话同成都话、北京话的儿化词比较表②

词目	重庆话	成都话	北京话
重庆话、成都话和北京话三点都儿化的词			
盆子	盆盆儿 pʰen↓ pʰɚ↓	盆盆儿 pʰen↓ pʰɚ↓	盆儿 pʰɚ˥
背心	背心儿 pei↘ ɕiɚ˥	背心儿 pei↘ ɕiɚ˥	背心儿 pei˅ ɕiɚ˥
茶馆	茶馆儿 tsʰa↘ kuɚ↗	茶馆儿 tsʰa↘ kuɚ↗	茶馆儿 tʂʰa˥ kuɚ↘
窗帘	窗帘儿 tsʰuan˥ liɚ↘	窗帘儿 tsʰuan˥ liɚ↘	窗帘儿 tʂʰuan ˥liɚ↘
蛋卷	蛋卷儿 tan↘ tɕyɚ˅	蛋卷儿 tæn↘ tɕyɚ˅	蛋卷儿 tan˅ tɕyɚ↘
地摊	地摊儿 ti˅ tʰɚ˥	地摊儿 ti˅ tʰɚ˥	地摊儿 ti˅ tʰɚ˥
光棍	光棍儿 kuaŋ˥ kuɚ↘	光棍儿 kuaŋ˥ kuɚ↘	光棍儿 kuaŋ ˥kuɚ↘
后门	后门儿 xou↘ mɚ↓	后门儿 xou↘ mɚ↓	后门儿 xou˅ mɚ˥

---

① 名词"偏偏儿"和副词"偏偏儿"二者读音相同，发音人通常靠语境来区分其词性。

② 重庆话、成都话材料来自笔者调查，北京话材料参考黄伯荣、廖序东《现代汉语》（高等教育出版社，2017 年版）。

续表

词目	重庆话	成都话	北京话
重庆话和成都话儿化、北京话不儿化的词			
女儿	女儿 lyɚ˅	女儿 n̩yɚ˅	女儿 ny˪ɚ˧
黄喉	黄喉儿 xuaŋ˩ xɚ˩	黄喉儿 xuaŋ˩ xɚ˩	黄喉 xuaŋ˧ xou˧
板凳	板凳儿 pan˅ tɚ˪	板凳儿 pæn˅ tɚ˪	板凳 pan˪ təŋ˅
苍蝇	苍蝇儿 tsʰaŋ˩ iɚ˧	苍蝇儿 tsʰaŋ˩ iɚ˧	苍蝇 tsʰaŋ˧ in˧
短裤	短裤儿 tuan˅ kʰuɚ˩	短裤儿 tuæn˅ kʰʊɚ˩	短裤 tuan˪ kʰu˅
蚂蚁	蚂蚁儿 mA˅ iɚ˅	蚂蚁儿 mA˅ iɚ˅	蚂蚁 mA˪ i˪
表妹	表妹儿 piau˅ mɚ˪	表妹儿 piau˅ mɚ˪	表妹 piau˪ mei˅
光头	光头儿 kuaŋ˪ tʰɚ˩	光头儿 kuaŋ˪ tʰɚ˩	光头 kuaŋ˧ tʰou˧
广柑	广柑儿 kuaŋ˅ kɚ˧	广柑儿 kuaŋ˅ kɚ˧	广柑 kuaŋ˪ kan˧
妖艳	妖艳儿 iau˧ iɚ˪	妖艳儿 iau˧ iɚ˪	妖艳 iau˧ iɛn˅
重庆话儿化、成都话和北京话不儿化的词			
鹌鹑蛋	鹌鹑蛋儿 an˧ tsʰuen˩ tɚ˅	鹌鹑儿蛋 ŋæn˩ suɚ˩ tæn˩	鹌鹑蛋 an˧ tʂʰuən˧ tan˅
爱人	爱人儿 ai˩ ɻɚ˩	爱人 ŋai˩ ɻen˩	爱人 ai˅ ɻen˧
白鲢	白鲢儿 pe˩ liɚ˩	白鲢 pe˩ liæn˩	白鲢 pai˧ liɛn˧
脐橙	脐橙儿 tɕi˩ tsʰɚ˩	脐橙 tɕi˩ tsʰen˩	脐橙 tɕʰi˧ tʂʰəŋ˧
锅铲	锅铲儿 ko˧ tsʰuɚ˅	锅铲 ko˧ tsʰuæn˅	锅铲 kuo˧ tʂʰan˪
汗毛	汗毛儿 xan˪ mɚ˩	汗毛 xæn˪ mau˩	汗毛 xan˧ mau˧
兔唇	兔唇儿 tʰu˪ suɚ˩	兔唇 tʰu˪ tsʰuen˩	兔唇 tʰu˅ tʂuən˧
火锅	火锅儿 xo˅ kuɚ˧	火锅 xo˅ ko˧	火锅 xuo˪ kuo˧

续表

词目	重庆话	成都话	北京话
酒店	酒店儿 tɕiəu˅tiɚ˩	酒店 tɕiəu˅tiæn˅	酒店 tɕiou˩tiɛn˅
葡萄	葡萄儿 pʰu˅tʰɚ˅	葡萄 pʰʊ˅tʰau˅	葡萄 pʰu˩tʰau
神龛	神龛儿 sen˅kʰɚ˧	神龛 sen˅kʰæn˧	神龛 ʂən˧kʰan
石榴	石榴儿 sɿ˅liɚ˅	石榴 sɿ˅liəu˅	石榴 ʂɿ˧liəu
手套	手套儿 səu˅tʰɚ˩	手套 səu˅tʰau˩	手套 ʂou˩tʰau˅
蹄筋	蹄筋儿 tʰi˅tɕiɚ˧	蹄筋 tʰi˅tɕin˧	蹄筋 tʰi˧tɕin˧
牙刷	牙刷儿 iA˅suɚ˩	牙刷 ia˅suA˩	牙刷 iA˧suA˧
烟头	烟头儿 iɛn˧tʰɚ˅	烟头 iæn˧tʰəu˅	烟头 iɛn˧tʰou
摇篮	摇篮儿 iau˅lɚ˅	摇篮 iau˅læn˅	摇篮 iau˧lan˧
把手	把手儿 pA˅sɚ˅	把手 pA˅səu˅	把手 pA˅ʂou˅
星星	星星儿 ɕin˧ɕiɚ˧	星星 ɕin˧ɕin˧	星星 ɕiŋ˧ɕiŋ
知青	知青儿 tsɿ˧tɕʰiɚ˧	知青 tsɿ˧tɕʰin˧	知青 tʂɿ˧tɕʰiŋ
妇联	妇联儿 fu˩liɚ˅	妇联 fʊ˩liæn˅	妇联 fu˅liɛn˧
温水	温温儿水 uən˧uən˧suei˅	温温水 uən˧uən˅suei˅	温水 uən˧ʂuei˩
手推车	推推儿车 tʰuei˧tʰuɚ˧tsʰe˧	推推车 tʰuei˧tʰuei˧tsʰe˧	手推车 ʂou˩tʰuei˧tʂʰɤ
小舅子	舅老倌儿 tɕiəu˩lau˅kuɚ˧	舅老倌 tɕiəu˩lau˅kuæn˧	小舅子 ɕiau˩tɕiou˩tsɿ
鹅卵石	鹅石板儿 o˅sɿ˩pɚ˅	鹅卵(老)石 ŋ˅lau˩sɿ˅	鹅卵石 ɤ˧luan˩ʂɿ˧
缺牙	缺牙巴儿 tɕʰye˩iA˩pɚ˧	缺牙巴 tɕʰye˩iA˩pA˩	缺牙 tɕʰye˧iA˧
吹牛	吹牛儿 tsʰuei˧liɚ˅	吹牛 tsʰuei˧ȵiəu˅	吹牛 tʂʰuei˧niou˧
抽烟	抽烟儿 tsʰəu˧iɚ˧	抽烟 tsʰəu˧iæn˧	抽烟 tʂʰou˧iɛn˧

续表

词目	重庆话	成都话	北京话
暖和	热和儿 ɹɛ↓ xuɚ↓	热和 ɹɛ↓ oɤ↓	暖和 nuan↓ xɤ↓
时髦	洋盘儿 iaŋ↓ pʰɚ↓	洋盘 iaŋ↓ pʰæn↓	时髦 ʂɿ↑ mau↑
起先	先头儿 ɕiæn↑ tʰɚ↓	先头 ɕiæn↑ tʰɛu↓	起先 tɕʰi↓ ɕiæn↑

上表中，有些儿化词是同类举例的性质，如重庆话中"茶馆儿"相似的"饭馆儿""旅馆儿"，"短裤儿"相似的"长裤儿""腰（音瑶）裤儿"，"鹌鹑蛋儿"相似的"鸡蛋儿""鸭蛋儿"，"爱人儿"相似的"重庆人儿""成都人儿"，都是儿化的。因词多略而未举。

由上表可知，重庆话和成都话的儿化现象非常相似，许多在北京话中不儿化的词在重庆话、成都话中都要儿化，如"板凳儿 pan↓ tɚ↓、苍蝇儿 tsʰaŋ↑ iɚ↓、表妹儿 piau↓ mɚ↓"等，而部分在北京话中儿化的词，如"花儿 xuAr¬、鞋底儿 ɕie↑ tiɚ↓、帮忙儿 paŋ¬ mar↑、干活儿 kan↓ xuor↑"等，在重庆话和成都话中都不儿化。此外，重庆话与成都话还具有相同的儿化变韵模式，在儿化合音演变后都只剩下一套开、齐、合、撮的儿化韵（ɚ、iɚ、uɚ、yɚ）①。

四、重庆话"儿"缀的演化及发展

重庆话与成都话同属"湖广话"。"湖广话"是四川人对成

---

① 成都话的儿化材料来自笔者于 2023 年 7 月的调查结果。

都和重庆等地方言的俗称，一般指以成都和重庆两地的方言为代表的通行于成渝地区的方言。"湖广话"覆盖了东起万州至成都岷江以东的地区①，它具有西南官话的共同特征，例如有四个声调、古入声字归阳平；也有自己的一些特征，例如不分平翘舌声母、不分鼻边音声母、高元音后的后鼻音韵尾变为前鼻尾、调值相似等，这是明清之际"湖广填四川"移民所带来的方言[6]65。重庆话和成都话具有相同的历史来源，在语音和词汇上有很高的相似度，二者的儿化现象和儿化变韵模式也十分相似。但两方言中具体的儿化词仍有差异，如"洋盘儿 iaŋ↘ pʰɚ↘、先头儿 ɕiɛn˥tʰɚ↘、火锅儿 xo˩kuɚ˥、舅老倌儿 tɕiəu˩lau˩kuɚ˥"等词在成都话和重庆话中说法相同但在成都话中却不儿化，读为"洋盘 iaŋ↘ pʰæn↘、先头 ɕiɛn˥tʰəu↘、火锅 xo˩ko˥、舅老倌 tɕiəu˩lau˩kuæn˥"。这说明两地儿化词汇是分别发展的。另外，从儿化的范围和数量来看，重庆的儿化现象更加丰富，儿化范围比成都话更加广泛，甚至连"妇联儿 fu˩liɚ↘"这样的文语词都儿化了。这说明重庆话的儿化词汇发生更早，所以发展更广泛。我们认为，这是自明清"湖广填四川"移民带来的"湖广话"在两地成为主导方言后各自发展、演化的结果。"湖广话"先进入重庆，后进入成都。成都话受本地土著方言的影响（如成都西南的"南路话"②），在儿化词发展上更保守；或受权威方

---

① 约相当于《中国方言地图集》（中国社会科学院、澳大利亚人文科学院1987）中的"西南官话成渝片"。

② "南路话"是四川人对当地的另一种方言的俗称，指岷江以西及以南，特别是成都西南的都江堰、温江、崇州、大邑、邛崃、蒲江和新津一带的方言，是元末以前的四川本地汉语方言的后裔。引自周及徐《南路话和湖广话的语音特点——兼论四川两大方言的历史关系》，《语言研究》2012年第3期，第65页。

言的辐射，重庆话的儿化发展得更快。由此形成了二者在儿化演化和发展上的不同。

1. 重庆话儿化的演变

儿化是汉语方言比较普遍的现象，各方言的儿化形式及功能不尽相同，但是共时状态中汉语方言的形式实际折射出了不同发展阶段的儿化情况[2]18。王洪君（1999）将北方话的儿化合音过程分为了六个阶段，四川的儿化属于正常单音节阶段[5]201-211。从重庆话的儿化韵系统来看，重庆话是儿化形式最简单的方言之一。王福堂（1999）认为："儿化韵发展的时间越长，调整和归并的程度也越甚，儿化韵的组数和总量也越少。所以，通常情况下，从元音音位归并的角度着眼，根据方言中儿化韵的音位数、儿化韵的组数和总量的多少，也可以判断它形成时间的早晚。"[4]112-124 重庆话中有大量的儿化词和儿化的韵母，并且分布范围较广、使用频率高，仍是很活跃的语言现象。但重庆话中的 31 个儿化韵母归并后只剩下一套（4 个）儿化韵，根据王福堂的论述，与其他北方方言相比（如北京话有 26 个儿化韵）重庆话的儿化韵在整合演变的过程中是走得较远的，应处于发展的后期阶段，其形成时间也较早。但根据儿化韵起于东北官话然后传递到全国的的观点来看，重庆乃至四川方言的儿化形成时间是晚于北方官话的。或者儿化音节在方言中演变的过程和速度不能全部以上述模式和绝对的时间长度来推断，它还与具体方言的语音变化习惯和速度有关。这一问题还有待进一步探讨。

2. 重庆话"儿"缀的两个层次

"儿"缀合音是一个历史的过程。重庆话中的"儿"缀既有舌面元音又有卷舌元音，儿尾 [le] 与单字"儿" [ɚ] 和卷舌儿化不同，这些现象很可能是早期的"儿"音与后起读音在共时音系中的叠置。而重庆话中读舌面元音的儿尾［le］应是中古音的滞留。儿，《广韵》："汝移切，平支，日。""儿"中古为日母支韵字 *ȵʑie[①]，由于重庆话中 n、l 相混均读为 l，所以"儿"声母变读为了［l］，而后三等支韵字ɿ介音弱读、丢失，所以重庆话中的儿尾今读为［le］。演变过程：*ȵʑie→ne→le，次浊声母平声字变阳平调。这种"儿"古音的滞后现象在其他方言中也有所见，如在福州话读［nie］、苏州话中读［ni］、厦门话中读［li］、安徽休宁话中读［n̩］自成音节。

因此，我们认为儿尾［le］应该是重庆话"儿"缀的最早层或称为滞留层，由于残存下来的这类儿尾词词义所反映的客观对象主要是对家畜及对人的称谓，使用频率高，所以尚未被新层次所覆盖。而卷舌的"儿"音及儿化则是后起的层次，由于重庆位于长江上游，水运优势突出，是沟通四川盆地以及滇北、黔北、甘南、陕南的水运枢纽，因此内外交流频繁，受权威方言卷舌"儿"缀的影响，重庆话中的"儿"也开始读为卷舌音，并进一步与前邻音节韵母合音形成了卷舌儿化韵。

综上，我们可以将重庆话的"儿"缀分为两个层次：

第Ⅰ层（本地方言层）：在词末加儿尾音节［le↓］
第Ⅱ层（后起层）：词末音节儿化［ɚ↓］→［ɚ］

随着权威方言的影响和普通话的推广，重庆话中读舌面元音的儿尾［le］正在进一步弱化式微，被卷舌的儿化韵替代或许只

[①] 本文中古音的构拟按郑张尚芳体系。见郑张尚芳《上古音系》，上海教育出版社，2003 年。

是时间问题。

参考文献：

［1］杨月蓉．重庆市志·方言志［M］．重庆：重庆出版社，2012．

［2］丁崇明，荣晶．汉语方言不同阶段的儿化及儿化韵的整合［J］．语文研究，2011（2）．

［3］钱曾仪．汉语方言研究的方法与实践［M］．北京：商务印书馆，2002．

［4］王福堂．汉语方言语音的演变和层次［M］．北京：语文出版社，1999．

［5］王洪君．汉语非线性音系学——汉语的音系格局与单字音［M］．北京：北京大学出版社，1999．

［6］王文虎，张一舟，周家筠．四川方言词典［M］．成都：四川人民出版社，2018．

［7］梁德曼，黄尚军．成都方言词典［M］．南京：江苏教育出版社，1998．

［8］周及徐．南路话和湖广话的语音特点——兼论四川两大方言的历史关系［J］．语言研究，2012（3）．

附录

本词表主要依据《汉语方言词汇（第 2 版）》（北京大学中国语言文学系语音学教研室，北京：语文出版社，1995）的词目排列和分类顺序编排，对较难理解的方言词采用下标的形式进行标注解释，本字不明的用同音字表示。

重庆话儿化词汇表

名词

一、天象、地理

天儿 tʰiɚ˧˩

晴天儿 tɕʰin˩ tʰiɚ˧˩

雨天儿 y˥ tʰiɚ˧˩

火烧天儿 xo˥ sau˧ tʰiɚ˧˩

星星儿 ɕin˧ ɕiɚ˧˩

雪花儿 ɕye˩ xuɚ˧˩

雨点儿 y˥ tiɚ˥

霏霏儿雨 fei˧ fɚ˧ y˥

毛毛儿雨 mau˩ mɚ˩ y˥

二、时间、节令

今天儿 tɕin˧ tʰiɚ˧˩

天天儿 tʰiɛn˧ tʰiɚ˧˩

万天儿_大后天_ uan˩ tʰiɚ˧˩

往年儿 uaŋ˥ liɚ˩

三、矿物及其他物态

鹅石板儿_鹅卵石_ o˩ sʅ˩ pɚ˥

火焰儿 xo˥ iɚ˩

石头儿 sʅ˩ tʰɚ˧˩

石子儿 sʅ˩ tsɚ˥

片儿 pʰiɚ˩

吊吊儿 tiau˩ tiɚ˩

块块儿 kʰuai˥ kʰuɚ˥

粉粉儿 fen˥ fɚ˥

卷卷儿 tɕyan˥ tɕyɚ˥

绞绞儿 tɕiau˥ tɕiɚ˥

面面儿 miɛn˩ miɚ˩

圈圈儿 tɕʰyan˧ tɕʰyɚ˧˩

丝丝儿 sʅ˧ sɚ˧˩

道道儿_印记_ tau˩ tɚ˩

刻刻儿_刻痕_ kʰe˩ kʰɚ˩

杠杠儿_印记_ kaŋ˩ kɚ˩

格格儿_格子_ ke˩ kɚ˩

拐拐儿_拐弯处_ kuai˥ kuɚ˥

棱棱儿_棱边_ len˩ lɚ˩

溜溜儿_溜儿_ liau˧ liɚ˧˩

路路儿_印记_ lu˩ lɚ˩

条条儿_条状_ tʰiau˩ tʰiɚ˧˩

坨坨儿_坨状_ tʰo˩ tʰuɚ˩

弯弯儿_弯道_ uan˧ uɚ˧˩

涎涎儿 粘液 ɕyan ↓ ɕyɚ ↓ ↑
舷舷儿 边缘 ɕiɛn ↓ ɕiɚ ↓
须须儿 须状 ɕy ↑ ɕyɚ ↑ ↑
眼眼儿 iɛn ↓ iɚ ↓
印印儿 印记 in ↓ ei˞ ↓ ↑

四、动物

鹌鹑蛋儿 an ↑ tsʰuan ↓ tɚ ↓
白鲢儿 pe ↓ liɚ ↓
蚌壳儿 paŋ ↓ kʰuɚ ↓
蚕卷儿 tsʰan ↓ tɕyɚ ↓
苍蝇儿 tsʰaŋ ↑ iɚ ↓ ↑
草狗儿 母狗 tsʰau ↓ kɚ ↓
蛐蟮儿 蚯蚓 tsʰu ↓ sɚ ↓
蛋黄儿 tan ↓ xuɚ ↓
蛋清儿 tan ↓ tɕʰiɚ ↓ ↑
地老鼠儿 耀鼠 ti ↓ lau ↓ suɚ ↓
点水雀儿 tiɛn ↓ suei ↓ tɕʰyɚ ↓
飞蛾儿 fei ↑ uɚ ↓
拱嘴儿 koŋ ↓ tsuɚ ↓
猴狲儿 猴子 xəu ↓ sɚ ↓ ↑
花猫儿 xuA ↑ mɚ ↑ ↑
黄辣丁儿 xuaŋ ↓ lA ↓ tiɚ ↓ ↑
鸡娃儿 小鸡 tɕi ↑ uɚ ↓
鸡崽儿 小鸡 tɕi ↑ tsɚ ↓
鲫壳儿 鲫鱼 tɕi ↓ kʰuɚ ↓
角巴儿 动物的角 ko ↓ pɚ ↓ ↑
肫肝儿 鸟的胃 tɕyn ↓ kɚ ↓ ↑

蝌蚪儿 kʰo ↑ tɚ ↓
麻雀儿 mA ↓ tɕʰyɚ ↓ ↑
蚂蚁儿 mA ↓ iɚ ↓
母猫儿 mu ↓ mɚ ↑ ↑
蜞蟆儿 青蛙 kʰe ↓ mɚ ↑ ↑
蹄筋儿 tʰi ↓ tɕiɚ ↓ ↑
土狗儿 tʰu ↓ kɚ ↓
推屎爬儿 蜣螂 tʰuei ↑ sʅ ↓ pʰɚ ↓
虾仁儿 ɕiA ↑ er˞ ↓
熊猫儿 ɕioŋ ↓ mɚ ↑ ↑
鸦鹊儿 鸟 iA ↓ tɕʰyɚ ↓ ↑
檐老鼠儿 蝙蝠 iɛn ↓ lau ↓ suɚ ↓
鱼泡儿 y ↓ pʰɚ ↓
仔鸭娃儿 小鸭子 tsʅ ↓ iA ↓ uɚ ↓
蚱蜢儿 tsuA ↓ mɚ ↓
坐墩儿肉 猪臀肉 tso ↓ tɚ ↓ ↓ nei ↓
猪肝儿 tsu ↑ kɚ ↓ ↑
猪食儿 tsu ↑ sɚ ↓
蠛蠛蚊儿 me ↓ me ↓ uɚ ↓
丁丁猫儿 蜻蜓 tin ↑ tin ↑ mɚ ↓ ↑
娃娃儿鱼 团鱼 uA ↓ uɚ ↓ ↑ y ↓
猪崽崽儿 tsu ↑ tsai ↓ tsɚ ↓
爪爪儿 tsau ↓ tsɚ ↓
蚊蚊儿 uən ↓ uɚ ↓ ↑
蛐蛐儿 tɕʰy ↑ tɕʰyɚ ↓ ↑
蛋蛋儿 tan ↓ tɚ ↓ ↑
雀雀儿 鸟 ↓ ↑

五、植物

瓣蒜儿 pan˧ suɐ˧˥
扁豆儿 piɛn˩ tɤ˧˥
春尖儿(嫩茶叶) tsʰuən˧ tɕiæ˧˥
椿芽儿 tsʰuən˧ iæ˩
葱花儿 tsʰoŋ˧ xuɤ˧˥
地瓜儿 ti˩ kuɤ˧˥
豆秆儿 tɤu˩ kɤ˩
豆芽儿 tɤu˩ iæ˩
独蒜儿 tu˩ suɐ˧˥
干豇豆儿 kan˧ tɕiaŋ˧ tɤ˧˥
高粱秆儿 kau˧ liaŋ˩ kɤ˩
疙疤儿 ke˩ pɤ˧˥
广柑儿 kuaŋ˩ kɤ˧˥
桂圆儿 kuei˩ yɤ˩
红豆儿 xoŋ˩ tɤ˧˥
花瓣儿 xuɐ˧ pɤ˧˥
豇豆儿 tɕiaŋ˧ tɤ˧˥
橘柑儿 tɕiu˩ kɤ˧˥
梨儿 liæ˩
萝卜干儿 lo˩ pu˩ kɤ˧˥
绿豆儿 lu˩ tɤ˧˥
麻秆儿 mA˩ kɤ˩
葡萄儿 pʰu˩ tʰɤ˩
扑雀儿(荸荠) pʰu˩ tɕʰyɤ˩˥
脐橙儿 tɕi˩ tsʰɤ˩
桑泡儿(桑葚) saŋ˧ pʰɤ˩

石榴儿 sŋ˩ liæ˩˥
丝瓜儿 si˧ kuA˧˥
四季豆儿 sŋ˩ tɕi˩ tɤ˩
松针儿 soŋ˧ tsɤ˧˥
松子儿 soŋ˧ tsɤ˩
蒜苗儿 suan˩ miæ˩
土豆儿 tʰu˩ tɤ˩
豌豆颠儿(豌豆尖) uan˧ tɤu˩ tiæ˧˥
杏儿 xɤ˩
杏仁儿 xen˩ ɤ˩
苡仁儿 i˩ ɤ˩
樱桃儿 ŋen˧ tʰɤ˩
草堆堆儿 tsʰau˩ tuei˧ tuɤ˧˥
花生壳壳儿 xuA˧ sen˧ kʰo31 kʰɤ˧˥
橘子筋筋儿 tɕiu˩ tsŋ˩ tɕin˧ tɕin˧˥
萝卜缨缨儿 lo˩ pu˩ in˧ iɤ˧˥
花花儿（儿语）xuA˧ xuɤ˧˥
葱葱儿 tsʰoŋ˧ tsʰuɤ˧˥
根根儿 ken˧ kɤ˧˥
林林儿 lin˩ liæ˧˥
苗苗儿 miau˩ miɤ˧˥
藤藤儿 tʰen˩ tʰɤ˩
丫丫儿 iA˧ iɤ˧˥
芽芽儿 iA˩ iɤ˩
籽籽儿 tsŋ˩ tsɤ˩

六、饮食

包谷泡儿(玉米膨化食品) pau˧ ku˩ pʰɤ˩

爆米花儿 pau˧˥ mi˨˩˦ xuɚ˥˥
冰粉儿 pin˥˥ fɚ˨˩˦
冰块儿 pin˥˥ kʰuɐ˨˩˦
抄手儿馄饨 tsʰau˥˥ sɚ˨˩˦
春卷儿 tsʰuən˥˥ tɕyɐ˨˩˦
蛋花儿汤 tan˨˩˧ xuɚ˥˥ tʰaŋ˥˥
蛋卷儿 tan˨˩˧ tɕyɐ˨˩˦
豆瓣儿 təu˨˩˧ pɚ˧˥。
豆腐干儿 təu˨˩˧ fu˨˩˦ kɚ˥˥
豆花儿 təu˨˩˧ xuɚ˥˥
盖碗儿茶 kai˨˩˧ uɚ˨˩˦ tsʰA˧˥
干油碟儿干碟子 kan˥˥ iəu˨˩˧ tiɚ˨˩˧。
瓜子儿 kuA˥˥ tsɚ˨˩˦
果汁儿 ko˨˩˦ tsɚ˥˥
海椒面儿 xai˨˩˦ tɕiau˥˥ miɚ˧˥。
红苕干儿 xoŋ˨˩˧ sau˨˩˧ kɚ˥˥
花卷儿 xuA˥˥ tɕyɐ˨˩˦
黄喉儿 xuaŋ˨˩˧ xɚ˧˥。
灰面儿面粉 xuei˥˥ miɚ˧˥。
火锅儿 xo˨˩˦ kuɐ˥˥
嚼头儿泡葱头 tɕiau˨˩˧ tʰɚ˧˥。
醪糟儿 lau˨˩˧ tsɚ˥˥
老白干儿白酒 lau˨˩˦ pe˨˩˧ kɚ˥˥
凉粉儿 liaŋ˨˩˧ fɚ˨˩˦
麻饼儿 mA˧˥ piɚ˨˩˦
麻花儿 mA˧˥ xuɚ˥˥
毛肚儿 mau˨˩˧ tuɚ˨˩˦

脑花儿 lau˨˩˦ xuɚ˥˥
藕粉儿 əu˨˩˦ fɚ˨˩˦
拼盘儿下酒菜 pʰin˥˥ pʰɚ˧˥。
气味儿 tɕʰi˨˩˧ uɚ˧˥。
肉丁儿 ʐəu˨˩˧ tiɚ˥˥
柿饼儿 sɿ˨˩˧ piɚ˨˩˦
汤包儿灌汤包 tʰaŋ˥˥ pɚ˥˥
汤圆儿 tʰaŋ˥˥ yɐ˨˩˧
蹄花儿 tʰi˧˥ xuɚ˥˥
吞口儿食量 tʰuən˨˩˧ kʰɚ˨˩˦
馅儿 ɕiɚ˧˥。
香味儿 ɕiaŋ˥˥ uɚ˧˥。
血旺儿 ɕye˨˩˧ uɚ˧˥。
烟头儿 iɛn˥˥ tʰɚ˨˩˧。
油渣儿猪油渣 iəu˨˩˧ tsɚ˥˥
油炸果儿糖油果子 iəu˨˩˧ tsA˨˩˧ kuɐ˨˩˦
鱼干儿 y˨˩˧ kɚ˥˥
月饼儿 ye˨˩˧ piɚ˨˩˦
杂包儿吃酒席带回的少量食物 tsA˨˩˦ pɚ˥˥
杂汇儿烩菜 tsA˨˩˦ xuɚ˧˥。
蘸碟儿蘸水 tsan˨˩˧ tiɚ˨˩˧。
菜汤汤儿 tsʰai˨˩˧ tʰaŋ˥˥ tʰɚ˨˩˧
吹吹儿稀饭 tsʰuei˥˥ tsʰuɚ˥˥ ɕi˥˥ fan˧˥
担担儿面 tan˨˩˧ tɚ˥˥ miɛn˧˥
罐罐儿饭 kuan˨˩˧ kuɚ˨˩˧ fan˨˩˧
泡泡儿糖 pʰau˨˩˧ pʰɚ˥˥ tʰaŋ˨˩˧
温温儿水 uən˥˥ uɚ˥˥ suei˨˩˦

转转儿饭轮流请吃饭tsuan˨˩ tsuɚ˨˩ fan˨˩˧ ｜｜ 拖拖鞋儿拖鞋tʰo˥ tʰo˥ xɚ˥˩
饼饼儿 pin˥˩ piɚ˥˩ ｜｜ 布巾巾儿 pu˥˩ tɕin˥ tɕiɚ˥˩
串串儿 tsʰuan˥˩ tsʰuɚ˥˩ ｜｜ 包包儿 pau˥ pɚ˥˩
饭饭儿（儿语）fan˨˩ fɚ˨˩ ｜｜ 噔噔儿鞋跟 ten˥ tɚ˨˩
水水儿（儿语）suei˥˩ suɚ˥˩ ｜｜ 兜兜儿 təu˥ tɚ˥˩
七、服饰 ｜｜ 褂褂儿 kuA˥ kuɚ˨˩
背带裙儿 pei˥ tai˨˩ tɕʰyɚ˥˩ ｜｜ 扣扣儿扣子 kʰəu˨˩ kʰɚ˨˩
背心儿 pei˨˩ ɕiɚ˥˩ ｜｜ 裤裤儿 kʰu˥˩ kʰuɚ˨˩
短裤儿 tuan˥˩ kʰuɚ˨˩ ｜｜ 链链儿 liɛn˨˩ liɚ˨˩
高蹬儿鞋 kau˥ tɚ˥˩ xai˥˩ ｜｜ 裙裙儿 tɕʰyn˨˩ tɕʰyɚ˨˩
汗衫儿 xan˥˩ sɚ˨˩ ｜｜ 帽帽儿（儿语）mau˨˩ mɚ˨˩
荷包儿 xo˥˩ pɚ˥˩ ｜｜ 八、房屋
花边儿 xuA˥ piɚ˥˩ ｜｜ 侧门儿 tsʰe˥˩ mɚ˥˩
夹衫儿 tɕiA˥˩ sɚ˥˩ ｜｜ 茶馆儿 tsʰA˨˩ kuɚ˥˩
坎肩儿 kʰan˥˩ tɕiɚ˥˩ ｜｜ 扯谎坝儿旧时的集会 tsʰe˥˩ xuan˥˩ pɚ˨˩
扣眼儿 kʰəu˨˩ iɚ˥˩ ｜｜ 大杂院儿 tA˨˩ tsA˨˩ yɚ˨˩
拉链儿 lA˥ liɚ˨˩ ｜｜ 地面儿 ti˨˩ miɚ˨˩
马褂儿 mA˥˩ kuɚ˨˩ ｜｜ 地摊儿 ti˨˩ tɚ˥˩
锁针儿 so˥˩ tsɚ˥˩ ｜｜ 饭馆儿 fan˨˩ kuɚ˥˩
躺底儿鞋垫 tʰaŋ˥˩ tiɚ˥˩ ｜｜ 后门儿 xəu˨˩ mɚ˨˩
围兜儿围嘴 uei˥˩ tɚ˥˩ ｜｜ 花园儿 xuA˥ yɚ˨˩
线头儿 ɕiɛn˨˩ tʰɚ˨˩ ｜｜ 酒店儿 tɕiəu˥˩ tiɚ˨˩
项链儿 xaŋ˨˩ liɚ˨˩ ｜｜ 旅馆儿 ly˥˩ kuɚ˥˩
项圈儿 xaŋ˨˩ tɕʰyɚ˥˩ ｜｜ 马路口儿 mA˥˩ lu˥˩ kʰɚ˥˩
窑（腰）裤儿内裤 iau˥˩ kʰuɚ˨˩ ｜｜ 门槛儿 men˨˩ kʰɚ˥˩
长衫儿 tsʰaŋ˨˩ sɚ˥˩ ｜｜ 门面儿 men˨˩ miɚ˨˩
针眼儿 tsen˥ iɚ˥˩ ｜｜ 坡坎儿 pʰo˥ kʰɚ˥˩

梯坎儿 tʰi˧˥kʰɚ˥˩
瓦片儿 uA˥˩pʰiɐ˧˥˚
望板儿 天花板 uaŋ˧˥pɚ˥˩
五金店儿 u˥˩tɕin˧˥tiɐ˧˥˚
戏院儿 ɕi˧˥yɐ˧˥˚
院坝儿 yan˧˥pɚ˥˩
院门儿 yan˧˥mɚ˩˧˚
死巷巷儿 死胡同 sʅ˥˩xaŋ˥˩xɚ˥˩˩˧
草棚棚儿 tsʰau˥˩pʰen˩˧pʰɚ˩˧˩˧
凼凼儿 水洼 taŋ˧˥tɚ˩˧˩˧
店店儿 tiɛn˧˥tiɐ˩˧˩˧
缝缝儿 foŋ˧˥fɚ˩˧˩˧
沟沟儿 kəu˧˥kɚ˩˧
坎坎儿 kʰan˥˩kʰɚ˥˩
空空儿 空位 kʰoŋ˥˩kʰuɐ˥˩˩˧
口口儿 口子 kʰəu˥˩kʰɚ˥˩
偏偏儿 简陋房子 pʰiɛ˧˥pʰiɐ˧˥˩˧
摊摊儿 tan˧˥tɚ˩˧˩˧
窝窝儿 o˧˥uɐ˩˧˩˧
巷巷儿 xaŋ˧˥xɚ˩˧˩˧

九、家具、日常用品

把手儿 pA˥˩sɚ˥˩
板凳儿 pan˥˩tɚ˧˥˚
礤板儿 礤床 tsʰA˥˩pɚ˥˩
菜墩儿 菜板 tsʰai˥˩tuɐ˩˧˩˧
撑花儿 tsʰen˧˥xuɚ˩˧˩˧
窗帘儿 tsʰuaŋ˧˥liɐ˩˧˚

搓衣板儿 tsʰo˧˥i˧˥pɚ˥˩
灯泡儿 teŋ˧˥pʰɚ˧˥˚
灯芯儿 teŋ˧˥ɕiɐ˧˥˩˧
抵针儿 顶针 ti˥˩tsɚ˧˥˩˧
斗碗儿 təu˥˩uɐ˥˩
对联儿 tuei˧˥liɐ˩˧˚
饭瓢儿 fan˧˥pʰiɐ˩˧˚
拐棍儿 kuai˥˩kuɐ˧˥˚
棺材板儿 kuan˧˥tsʰai˩˧pɚ˩˧˚
锅铲儿 ko˧˥tsʰuɐ˩˧˚
烘笼儿 暖手宝 xoŋ˧˥luɐ˩˧˩˧
红包儿 xoŋ˩˧pɚ˩˧˩˧
花盆儿 xuA˧˥pʰɚ˧˥˚
花瓶儿 xuA˧˥pʰiɐ˧˥˩˧
花圈儿 xuA˧˥tɕʰyɐ˧˥
火炮儿 xo˥˩pʰɚ˥˩˚
胶圈儿 tɕiau˧˥tɕʰyɐ˩˧˩˧
酒杯儿 tɕiəu˥˩pɚ˩˧˩˧
栏杆儿 lan˩˧kɚ˩˧˩˧
礳钵儿 捣蒜器具 luei˩˧pɚ˩˧˚
脸盆儿 liɛn˥˩pʰɚ˥˩˚
漏勺儿 ləu˩˧sɚ˩˧˚
猫眼儿 mau˧˥iɐ˥˩
炭花儿 tʰan˧˥xuɚ˩˧˩˧
炭圆儿 tʰan˧˥yɐ˩˧˚
煤油灯儿 mei˩˧iəu˩˧tɚ˩˧˩˧
门帘儿 men˩˧liɐ˩˧˚

门铃儿 mei↓ liɚ↓˚
奶嘴儿 lai˅ tsuɚ˅
尿片儿 liau↙ pʰiɚ↙
瓢羹儿 piau↙ kɚ↑
沙眼儿 sA↑ iɚ˅
摄像头儿 se↓ ɕiaŋ↙ tʰɚ↓˚
身份证儿 sen↑ fen↙ tsɚ↓˚
神龛儿 sen↓ kʰɚ˅
手绢儿 səu↙ tɕyɚ↙⊦
手套儿 səu˅ tʰɚ↙
寿碗儿 səu↙ uɚ↙
水管儿 suei˅ kuɚ˅
水龙头儿 suei˅ loŋ↓ tʰɚ↓˚
塑料袋儿 su↙ liau↙ tɚ↙
汤碗儿 tʰaŋ↑ uɚ↙
提笃儿_篮子 tʰi↓ tɚ↑⊦
推板儿_理发器具 tʰuei↑ pɚ↙
蚊烟儿_蚊香 uən↓ iɚ↑⊦
洗衣粉儿 ɕi˅ i↑ fɚ˅
橡皮筋儿 ɕiaŋ↙ pʰi↓ tɕiɚ↑⊦
孝顺儿_痒痒挠 ɕiau↙ suɚ↙
牙刷儿 iA [↙ suɚ↓˚
烟杆儿 iɛn↑ kɚ˅
眼镜儿 iɛn˅ tɕiɚ↙˚
洋火儿_火柴 iaŋ↓ xuɚ↙
衣柜儿 i↑ kuɚ↙
鸳笃儿_竹笃 yan↑ tɚ↑⊦

甑隔儿 tsen↙ kɚ↓˚
渣盘儿_碟子 tsA↑ pʰɚ↓˚
帐檐儿 tsaŋ↙ iɚ↙˚
摇篮儿 iau↙ liɚ↙˚
证件儿 tsen↙ tɕiɚ↙
纸壳壳儿 tsɿ˅ kʰo↓ kʰɚ˅⊦
壶壶儿 iəu↙ fu↙ fɚ˅⊦
杯杯儿 pei↑ pɚ↑⊦
奔奔儿_围嘴 pen↑ pɚ↑⊦
绷绷儿_绷具 poŋ↑ pɚ↙⊦
抽抽儿_抽屉 tsəu↑ tsɚ↑⊦
凳凳儿 ten↙ tɚ↑⊦
盖盖儿 kai↙ kɚ↙⊦
管管儿 kkuan˅ kuɚ˅
罐罐儿 kuan↙ kuɚ↙⊦
柜柜儿 kuei↙ kuɚ↙
缸缸儿 kaŋ↑ kɚ↑⊦
盒盒儿 xo↓ xuɚ↓⊦
篮篮儿 lan↙ lɚ↓⊦
笼笼儿 loŋ↓ luɚ↓
篓篓儿 liəu↑ liɚ↑⊦
帕帕儿_毛巾 pʰA↙ pʰɚ↑⊦
盘盘儿 pʰan↓ pʰɚ↓⊦
盆盆儿 pʰen↓ pʰɚ↓
瓶瓶儿 pʰin↓ pʰiɚ↓⊦
旗旗儿 tɕʰi↓ tɕʰiɚ↓⊦
刷刷儿（儿语）suA↓ suɚ↓⊦

索索儿绳子so↓ suɚ↓|
坛坛儿tʰan↓ tʰɚ↓|
桶桶儿tʰoŋ√ tʰuɚ√
碗碗儿uan√ uɚ√
舀舀儿水舀iau√ iɚ√
盅盅儿tsoŋ↑ tsuɚ↑|
奏奏儿塞子tsəu↙ tsɚ↙|
嘴嘴儿嘴状物tsuei√ tsuɚ√
碟碟儿tie↓ tiɚ↓|

十、工具、材料

棒槌儿paŋ↙ tsʰuɚ↙
撑竿儿篙tsʰen↑ kɚ↑|
秤杆儿tsʰen↙ kɚ↑|
秤花儿秤的重量标记tsʰen↙ xuɚ↑|
齿轮儿tsʰŋ√ lɚ↙
墨斗儿木工打直线的工具me↓ tɚ↓
钉锤儿tin↑ tsʰuɚ↙
滑竿儿两人抬的轿子xuA↙ kɚ↑|
鸡肠带儿细棉带tɕi↑ tsʰaŋ↓ tɚ↙
夹钳儿tɕiA↓ tɕʰiɚ↙
锯木面儿tɕy↙ mu↓ miɚ↙
开山儿斧子kʰai↑ sɚ↑|
磨心儿mo↙ ɕiɚ↑|
刨花儿pau↙ xuɚ↑|
炮砖儿火砖pʰau↙ tsuɚ↑|
枪子儿tɕʰiaŋ↑ tsɚ√
石板儿sŋ↓ pɚ√

石墩儿sŋ↓ tuɚ↑|
石磙儿sŋ↓ kuɚ√
鱼竿儿iu↓ kɚ↑|
鱼钩儿iu↓ kɚ↑|
砖头儿tsuan↑ tʰɚ↙
啄杆儿带弯钩的杆tsuA√ kɚ↑|
钻花儿钻子tsuan↙ xuɚ↑|
篾块儿竹块mie↓ kʰuɚ↙
篾片儿竹片mie↓ pʰiɚ↙
板板儿pan√ pɚ√
铲铲儿tsʰuan√ tsʰɚ√
锤锤儿tsʰuei↓ tsʰɚ√
担担儿tan↙ tɚ√
刀刀儿tau↑ tɚ↑|
竿竿儿kan↑ kɚ↑|
滚滚儿kuan√ kuɚ√
棍棍儿kuan↓ kuɚ↙
夹夹儿tɕiA↓ tɕiɚ↓
款款儿起阻碍作用的框kʰuan√ kʰuɚ↙
签签儿tɕʰiɛn↑ tɕʰiɚ↑|

十一、商业、邮电、交通

板板儿车pan√ pɚ√ tsʰe↓
车车儿（儿语）tsʰe↑ tsʰɚ↑|
零钱儿lin↓ tɕʰiɚ↓
钱儿tɕʰiɚ↓
三轮儿san↑ lɚ↓
推推儿车手推车tʰuei↑ tʰuɚ↑| tsʰe↑

十二、文化、娱乐

笔记本儿 pi↓ tɕi↓ pɚ˅
笔筒儿 pi↓ tʰə̃↓
单方儿_{偏方} tan˧ fɚ˧
电影儿 tiɛn˧ iə˅
风车儿 foŋ˧ tsʰɚ˧
风筝儿 foŋ˧ tsɚ˧
妇联儿_{妇女联合会} fu˧ liə˧
花灯儿 xuA˧ tɚ˧
零分儿 lin˧ fɚ˧
论文儿 len˧ uə˧
满分儿 man˅ fɚ˧
名片儿 min˧ pʰiə˧
墨水儿 me˧ suɚ˅
木偶儿 mu˧ ŋɚ˅
皮影儿戏 pʰi˧ iə˅ ɕi˧
窍门儿 tɕʰiau˧ mɚ˧
撒拉儿_{唢呐} sA˅ lɚ˧
三角板儿 san˧ ko˧ pɚ˅
师专儿_{师范学院} sʅ˧ tsuɚ˧
试卷儿 sʅ˧ tɕyɚ˧
耍玩意儿_{技能} suA˅ uan˧ iɚ˧
图钉儿 tʰu˧ tiɚ˧
相片儿 ɕiaŋ˧ pʰiɚ˧
信笺儿 ɕin˧ tɕʰiɚ˧
信壳儿 ɕin˧ kʰuɚ˧
言子儿_{谚语} iɛn˧ tsɚ˅

洋画儿 iaŋ˧ xuɚ˧
邮花儿_{邮票} iəu˧ xuɚ˧
语文儿 y˅ uɚ˧
作业本儿 tso˧ liɛ˧ pɚ˅
梭梭板儿_{滑梯} so˧ so˧ pɚ˅
蛐蛐儿话_{悄悄话} tɕʰy˧ tɕʰyɚ˧ xuA˧
本本儿 pen˅ pɚ˅
单单儿 tan˧ tɚ˧
飞飞儿_{纸条} fei˧ fɚ˧
哨哨儿_{哨子} sau˧ sɚ˅

十三、人体

单旋儿_{头上只有一个漩涡} tan˧ ɕyɚ˧
冻包儿_{冻疮} toŋ˧ pɚ˧
肚脐眼儿 tu˧ tɕi˧ iɚ˅
分头儿_{分分头} fen˧ tʰɚ˧
跟斗儿 ken˧ tɚ˧
汗毛儿 xan˧ mɚ˧
喉咙管儿 xəu˧ loŋ˧ kuɚ˧
鸡眼儿 tɕi˧ iɚ˅
脚板儿心 tɕio˧ pɚ˅ ɕin˧
脚板儿印儿 tɕio˧ pɚ˅ iɚ˧
脚底板儿 tɕio˧ ti˅ pɚ˅
脚后跟儿 tɕio˧ xəu˧ kɚ˧
近视眼儿 tɕin˧ sʅ˧ iɚ˅
磕膝头儿_{膝盖} kʰe˧ ɕi˧ tʰɚ˧
泪花儿 luei˧ xuɚ˧
脸包儿_脸 liɛn˅ pɚ˧

重庆话"儿"缀研究 · 229 ·

脸貌儿_{相貌} liɛn ˅ mɚ ˊ
毛病儿 mau ˅ piɚ ˊ
眯眼儿_{小眼睛} mi ˆ iɚ ˅
屁眼儿 pʰi ˋ iɚ ˅
平头儿_{男士发型} pʰin ˋ tʰɚ ˊ
扑爬跟斗儿_{跟斗} pʰu ˋ pʰA ˋ ken ˆ tɚ ˅
青春痘儿 tɕʰin ˆ tsʰuən ˆ tɚ ˋ
雀斑儿 tɕʰio ˋ pɚ ˆ⊢
嗓门儿 saŋ ˅ mɚ ˋ
舌头儿 se ˋ tʰɚ ˋ ⊢
手板儿 səu ˅ pɚ ˅
手腕儿 səu ˅ uɚ ˊ
双眼皮儿 suaŋ ˆ iɛn ˅ pʰiɚ ˋ
水痘儿 suei ˅ tɚ ˋ
水泡儿 suei ˅ pʰɚ ˋ
死肚三儿_{小肚子} sʅ ˆ tu ˋ sɚ ˆ ⊢
挑针儿_{麦粒肿} tʰiau ˆ tsɚ ˆ ⊢
兔唇儿 tʰu ˋ suɚ ˋ
腿肚儿_{腿肚子} tʰuei ˅ tuɚ ˋ
下巴儿 ɕiA ˋ pʰɚ ˋ ⊢
心坎儿 ɕin ˆ kʰɚ ˅
心口儿 ɕin ˆ kʰɚ ˅
血管儿 ɕye ˋ kuɚ ˅
眼珠儿 iɛn ˅ tsuɚ ˆ ⊢
样范儿_{样貌} iaŋ ˋ fɚ ˆ ⊢
幺指拇儿 iau ˆ tsʅ ˅ muɚ ˅
腰杆儿 iau ˆ kɚ ˅

鬼花花儿_{人影} kuei ˅ xuA ˆ xuɚ ˆ⊢
婆婆儿嘴_{爱啰嗦的人} pʰo ˋ pʰɚ ˋ ⊢ tsuei ˅
脑壳顶顶儿 lau ˅ kʰo ˋ tin ˅ tiɚ ˅
妹妹儿头_{齐刘海} mei ˋ mɚ ˋ ⊢ tʰəu ˋ
梭梭儿头_{女士短发发型} so ˆ suɚ ˆ ⊢ tʰəu ˋ
团团儿_{圆脸} tʰuan ˋ tʰuɚ ˋ ⊢ ɕiɛn ˅
娃娃儿脸 uA ˋ uɚ ˋ ⊢ ɕiɛn ˅
膀膀儿 paŋ ˅ pɚ ˅
搭搭儿_{辫子} tA ˋ tɚ ˋ ⊢
肚肚儿（儿语）tu ˋ tuɚ ˋ
个个儿_{个子} ko ˋ kuɚ ˋ ⊢
鬏鬏儿_{辫子} tɕiəu ˆ tɕiɚ ˆ ⊢
脸脸儿（儿语）liɛn ˅ liɚ ˅
腿腿儿 tʰuei ˅ tʰuɚ ˅
样样儿_{模样} iaŋ ˋ iɚ ˋ ⊢
纂纂儿_{发髻} tsuan ˅ tsuɚ ˅

十四、人品

矮壳钻儿_{矮子} ŋai ˅ kʰo ˋ tsuɚ ˋ
败家子儿 pai ˋ tɕiA ˆ tsɚ ˅
暴眼儿_{鼓眼儿} pau ˋ iɚ ˅
车夫儿_{驾驶员} tsʰe ˆ fɚ ˆ ⊢
党员儿 taŋ ˅ yɚ ˋ
独眼儿龙 tu ˋ iɚ ˅ loŋ ˋ
赌棍儿_{赌棍} tu ˅ kuɚ ˅
对眼儿 tuei ˋ iɚ ˅
风筝儿_{疯子} foŋ ˆ tɚ ˆ ⊢
服务员儿 fu ˋ u ˋ yɚ ˋ

干鸡儿_能言会道之人_ kan˧˩tɕiə˧˩˦

跟班儿 ken˧˩pɚ˧˩˦

光棍儿_单身汉_ kuaŋ˧˩kuɚ˧˥

光头儿 kuaŋ˧˥tʰɚ˥˩

哈宝儿_傻子_ xA˥˩pɚ˥˩

哈大个儿_傻大个_ xA˥˩tA˥˩kuɚ˥˩˦

好吃狗儿_好吃的小孩_ xau˥˩tsʰɿ˥˩kɚ˥˩

黑屁眼儿_黑心的人_ xe˥˩pʰi˥˩iə˧˩˦

鼽包儿_患哮喘的人_ xəu˧˩pɚ˧˩˦

吼班儿_助威的人_ xəu˥˩pɚ˧˩˦

荒篮儿_收破烂的人_ xuaŋ˧˩liə˥˩˦

火巴眼儿_急性结膜炎_ xo˥˩pA˥˩iə˥˩

家门儿_同姓同宗之人_ ɕiA˧˩mɚ˥˩

哭兮狗儿_爱哭的小孩_ kʰu˥˩ɕi˧˩kɚ˥˩

老板儿 lau˥˩pɚ˥˩

老庚儿_同年出生之人_ lau˥˩kɚ˧˩˦

老姑娘儿_过适婚年龄不结婚的女性_ lau˥˩ku˧˩liə˥˩˦

老坎儿老实人 lau˥˩kʰɚ˥˩

老头儿 lau˥˩tʰɚ˥˩

躺巴儿_瘦小的人_ laŋ˧˩pɚ˧˩˦

老壳儿 lau˥˩kʰɚ˥˩

流尿狗儿_尿床的小孩_ liəu˥˩liau˥˩kɚ˥˩

虾娃儿_胆小鬼_ ɕiA˧˩uɚ˥˩˦

莽娃儿_莽撞的人_ maŋ˧˩uɚ˥˩˦

闷登儿_不懂人情世故之人_ men˧˩tɚ˧˩˦

闷生儿_不爱说话的人_ men˥˩sɚ˧˩˦

摸包儿贼_扒手_ mo˧˩pɚ˧˩˦ tsuei˥˩

模特儿 mo˥˩tʰɚ˥˩˦

母蛋儿_偏女性气质的男士_ mu˥˩tɚ˥˩

奶娃儿 lai˥˩uɚ˥˩

男娃儿 lan˥˩uɚ˥˩

撵路狗儿_爱跟大人出门的小孩_ liɛn˥˩lu˥˩kɚ˥˩

农伙儿_庄稼汉_ loŋ˥˩xuɚ˥˩

女娃儿 ly˥˩uɚ˥˩

偏颈儿_歪脖儿_ pʰiɛn˧˩tɕi˥˩

瞟眼儿_眼斜之人_ pʰiau˥˩iɚ˥˩

平辈儿 pʰin˥˩pɚ˥˩˦

缺牙巴儿_缺牙的小孩_ tɕʰye˥˩iA˥˩pɚ˧˩˦

缺嘴儿_豁嘴_ tɕʰye˥˩tsuɚ˥˩

三脚猫儿 san˧˩tɕio˥˩mɚ˧˩˦

神头儿_滑稽幽默之人_ sen˥˩tʰɚ˥˩˦

耍娃儿_无所事事之人_ suA˥˩uɚ˥˩˦

死心眼儿 sɿ˥˩ɕin˥˩iɚ˧˩

堂倌儿_跑堂的_ tʰaŋ˥˩kuɚ˧˩˦

先人板板儿_祖宗_ ɕiɛn˧˩nɚ˥˩pan˥˩ɚ˥˩

贴心斗伴儿_好朋友_ tʰie˥˩ɕin˧˩təu˥˩pɚ˥˩

头儿 tʰɚ˥˩˦

拖斗儿_拖油瓶_ tʰo˧˩tɚ˥˩

驼背儿 tʰo˥˩pɚ˥˩˦

歪嘴儿 uai˧˩tsuɚ˥˩

五香嘴儿_吃饭让人觉有食欲之人_ vu˥˩ɕiaŋ˧˩tsuɚ˥˩

细娃儿_小孩_ ɕi˥˩uɚ˥˩˦

乡巴佬儿_乡下人_ ɕiaŋ˧˩pA˧˩lɚ˥˩

小伙儿 ɕiau˅ xuɚ˅
小毛头儿涉世未深的人 ɕiau˅ mau˩ tʰɚ˩。
小三儿 ɕiau˅ sŋ˩ ʔ
新郎倌儿 ɕin˧ laŋ˩ kuɚ˧ ʔ
烟灰儿烟瘾大的人 iɛn˧ xuɚ˧ ʔ
演员儿 iɛn˅ yɚ˧。
油嘴儿油嘴滑舌的人 iəu˩ tsuɚ˅
眨巴眼儿老是眨眼的人 tsA˩ pA˧ iɚ˅
知青儿 tsŋ˧ tɕʰiɚ˧ ʔ
啰嗦老婆婆儿 lo˩ so˧ lau˩ pʰo˩ pʰɚ˩ ʔ
婆婆儿客中年妇女 pʰo˩ pʰɚ˩ kʰe˩
病壳壳儿久病之人 pin˩ kʰo˩ kʰuɚ˩ ʔ
鬼胆胆儿对小孩的戏称 kuei˩ tan˅ tɚ˅
独苗苗儿独生子 tu˩ miau˩ miɚ˩ ʔ
独丁丁儿独生子 tu˩ tin˧ tiɚ˧ ʔ
跸跸儿瘸子 pai˧ pɚ˧ ʔ
棒棒儿搬运工 pan˩ pɚ˩ ʔ
穿穿儿票贩子 tsʰuan˧ tsʰuɚ˧ ʔ
混混儿 xuən˩ xuɚ˩ ʔ
头头儿领导 tʰəu˩ tʰɚ˩ ʔ
娃娃儿 uA˩ uɚ˩ ʔ
幺幺儿对子女的爱称 iau˧ iɚ˧ ʔ
十五、亲属称谓、社会关系
爱人儿 ŋai˩ ɚ˩。
表妹儿 piau˅ mɚ˅。
弟娃儿 ti˩ uɚ˩。
干老汉儿干爹 kan˧ lau˅ xɚ˩。

舅老倌儿小舅子 tɕiəu˩ lau˅ kuɚ˧ ʔ
舅母儿 tɕiəu˩ muɚ˩
老汉儿父亲 lau˅ xɚ˩。
俩娘母儿 liaŋ˅ liaŋ˩ muɚ˅
连襟儿 liɛn˩ tɕiɚ˩
女儿 lyɚ˅
亲家母儿 tɕʰin˧ tɕiA˧ muɚ˅
婶婶儿 sen˅ sɚ˅
孙儿 sɚ˧ ʔ
孙女儿 sen˧ lyɚ˅
媳妇儿 ɕi˩ fɚ˩。
小姨妹儿 ɕiau˅ i˩ mɚ˩。
幺爸儿 iau˧ pɚ˩。
侄女儿 tsŋ˩ lyɚ˅
姊妹儿 tsŋ˅ mɚ˩。
十六、方位
对门儿 tuei˩ mɚ˩。
河边儿 xo˩ piɚ˧ ʔ
正面儿 tsen˩ miɚ˩。
左边儿 tso˅ piɚ˧ ʔ
边边儿边缘 piɛn˧ piɚ˧ ʔ
心心儿 ɕin˧ tɕiɚ˧ ʔ
颠颠儿顶部 tiɛn˧ tiɚ˧ ʔ
十七、其他
尺寸儿 tsʰŋ˩ tsʰɚ˩。
斑点儿 pan˧ tiɚ˅
板眼儿花招 pan˅ iɚ˅

鬼板眼儿鬼花样 kuei˧˩ pan˧˩ iɚ˧˩ 　　偏心眼儿 pʰiɛn˧˥ ɕin˧˥ iɚ˧˩
黑点点儿 xe˧˩ tiɛn˧˩ tiɚ˧˩ 　　　　敲沙罐儿枪毙 kʰau˧˥ sA˧˥ kuɚ˥˩
灰灰儿灰尘（儿语）xuei˧˥ xuɚ˧˥ ɭ 塞炮眼儿当炮灰 se˧˩ pʰau˥˩ iɚ˧˩
螺纹儿 lo˥˩ uɚ˥˩ 　　　　　　　上班儿 saŋ˥˩ pɚ˧˥ ɭ
娃娃儿口大裂口 uA˥˩ uɚ˥˩ɭkʰəu˧˩ 使劲儿 sɿ˧˩ tɕiɚ˥˩
小日本儿 tɕiau˧˩ ʐɿ˥˩ pɚ˧˩ 　　收摊儿 səu˧˥ tʰɚ˧˥ ɭ

动词
一、日常生活 　　　　　　　　守嘴儿馋嘴 səu˧˩ tsuɚ˧˩
按手印儿 ŋan˥˩ səu˧˩ iɚ˧˩ 　　数罗汉儿旧俗 su˧˩ lo˥˩ xɚ˥˩
拔火罐儿 pA˧˩ xo˧˩ kuɚ˥˩ 　　锁边儿 so˧˩ piɚ˧˥ ɭ
掰指拇儿 pan˧˥ tsɿ˧˩ mɚ˧˩ 　　提虚劲儿虚张声势 tʰi˧˩ ɕy˧˥ tɕiɚ˥˩
摆摊儿 pai˧˩ tʰɚ˧˥ ɭ 　　　　　剃光头儿输得精光 tʰi˧˩ kuaŋ˥˩ tʰɚ˥˩
瘪嘴儿撇嘴 piA˧˩ tsuɚ˧˩ 　　　栽跟斗儿 tsai˧˥ ken˧˥ tɚ˧˥

串门儿 tsʰuan˧˥ mɚ˧˩ 　　二、交际、事务、人事
点灯儿 tiɛn˧˩ tɚ˧˩ 　　　　　安机关儿使绊子 ŋan˧˥ tɕi˧˥ kuɚ˥˩
费劲儿 fei˥˩ tɕiɚ˥˩ 　　　　　扳本儿回本 pan˧˥ pɚ˧˩
刮胎毛儿 kuA˧˩ tʰai˧˥ mɚ˥˩ 　办灯儿开玩笑 pan˧˩ tɚ˧˥ ɭ
拐弯儿 kuai˧˩ uɚ˧˥ ɭ 　　　　保本儿 pau˧˩ peɚ˧˩
光膀噔儿打赤膊 kuaŋ˧˥ pa˧˥ tɚ˧˥ ɭ 吹牛儿 tsʰuei˧˥ liɚ˥˩
开春儿 kʰai˧˥ tsʰuɚ˧˥ ɭ 　　　打啵儿亲嘴 tA˧˩ pɚ˧˩
开单份儿区别对待 kʰai˧˥ tan˧˥ fɚ˥˩ 打堆儿凑热闹 tA˧˩ tuɚ˧˩
开门儿 kʰai˧˥ mɚ˧˥ɭ 　　　　当官儿 taŋ˧˥ kuɚ˧˥ ɭ
吭声儿 kʰen˧˩ sɚ˧˩ ɭ 　　　　斗份子儿凑份子钱 təu˧˩ fen˥˩ tsɚ˧˩
困觉觉儿睡觉（儿语）kʰuən˥˩ kau˥˩ 嫁女儿 tɕiA˥˩ lyɚ˧˩
kɚ˥˩ ɭ 　　　　　　　　　　　垮杆儿垮台 kʰuA˧˩ kɚ˧˩
冒烟儿 mau˥˩ iɚ˧˥ ɭ 　　　　折本儿 se˧˩ pɚ˧˩
跑趟趟儿跑来回 pʰau˧˩ tʰaŋ˥˩ tʰɚ˥˩ 聊天儿 liau˧˩ tʰiɚ˧˥ ɭ
　　　　　　　　　　　　　　摸包儿扒窃 mo˧˥ pɚ˧˥ ɭ

拍板儿 做决定 pʰe ↓ pɚ ↘
配对儿 pʰei ↗ tuA ↗。
敲棒棒儿 敲竹杠 kʰau ↑ paŋ ↗ pɚ ↗↑
俏盘儿 要高价 tɕʰiau ↗ pʰɚ ↘
翘跟儿 去世 tɕʰiau ↑ kɚ ↘
亲嘴儿 tɕʰin ↑ tsuɚ ↘
耍板儿 愚弄人 suA ↘ pɚ ↘
耍板眼儿 耍花招 suA ↘ pan ↗ iɚ ↘
送信儿 soŋ ↗ ɕiɚ ↗。
梭边边儿 躲角落 so ↑ piɛn ↑ piɚ ↑↑
舔屁眼儿 巴结 tʰiɛn ↘ pʰi ↗ iɚ ↘
走街街儿 上街（儿语）tsəu ↗ kai ↑ kɚ ↑↑
走人户儿 吃席 tsəu ↗ ɹen ↘ fɚ ↗。
作拜拜儿 教小孩挥手 tso ↗ pai ↑ pɚ ↗↑
作伴儿 tso ↗ pɚ ↗。

三、文化娱乐

抽烟儿 tsʰəu ↑ ie ↗↑
打财谜儿 猜谜 tA ↘ tsʰai ↘ mɚ ↘
打觅头儿 扎猛子 tA ↘ mi ↘ tʰɚ ↗。
打摩登儿 打扮妆扮 tA ↘ mo ↑ tɚ ↗↑
逮猫儿 捉迷藏 tai ↘ mɚ ↗↑
灯儿晃 爱出风头 tɚ ↗↑ xuaŋ ↗
翻跟斗儿 fan ↑ ken ↑ tɚ ↘
翻手绳儿 游戏 fan ↑ səu ↘ suA ↗。
哈叽咕儿 搔腋下使其发笑 xA ↘ tɕi ↗ kuɚ ↗。
砍板儿 打乒乓球时的抽杀 kʰan ↘ pɚ ↘
看笑神儿 看热闹 kʰan ↗ ɕiau ↗ sɚ ↗。

骑马马肩儿 tɕʰi ↘ mA ↘ mA ↘ tɕiɚ ↗↑
啄键儿 踢毽 tsuA ↘ tɕiɚ ↘
跳绳儿 tʰiau ↘ suA ↘
攒言子儿 说谚语 tsan ↘ iɛn ↘ tsɚ ↘
转圈儿 tsuan ↘ tɕʰyɚ ↗↑

四、感受、思维

勾引儿 畏惧 kəu ↑ iɚ ↘
纳闷儿 lA ↗ mɚ ↗。
打幌幌儿 走神 tA ↘ xuaŋ ↘ xuɚ ↘

形容词

光鲜儿 kuaŋ ↑ ɕyɚ ↘
抠门儿 kʰəu ↑ mɚ ↘
摩登儿 时髦 mo ↑ tɚ ↗↑
破烂儿 pʰo ↘ lɚ ↘
怂烦儿 调皮 tɕʰiɛn ↘ fɚ ↗↑
热和儿 ɹe ↘ xuɚ ↘↑
体面儿 tʰi ↘ miɚ ↗。
洋盘儿 时髦 iaŋ ↘ pʰɚ ↘
妖艳儿 iau ↑ iɚ ↗。
病秧秧儿 pin ↘ iaŋ ↑ iɚ ↘
脆绷绷儿 tsʰuei ↗ poŋ ↑ pɚ ↗↑
肥溜溜儿 fei ↘ liəu ↑ liɚ ↘
光板板儿 形容光滑 kuaŋ ↑ pan ↘ pɚ ↘
红通通儿 xoŋ ↘ tʰoŋ ↑ tʰuɚ ↗↑
滑溜溜儿 xuA ↘ liəu ↘ liɚ ↘
活鲜鲜儿 xo ↗ ɕyan ↑ ɕyɚ ↗↑
苦茵茵儿 kʰu ↘ in ↑ iɚ ↗↑

冷嗖嗖儿 len↓səu↑sɚ↑↑ 圆墩儿圆墩儿 yan↓tuɚ↑↑ yan↓tuɚ↑↑
凉悠悠儿 liaŋ↓iəu↑iɚ↑↑ 趑趑儿倒倒偏偏倒倒 tsʰuan↑tsʰɚ↑↑tau↓tau
绿荫荫儿 lu↓in↑iɚ↑↑ 脏眉日眼儿 tsaŋ↑mi↓ȵ↓iɚ↓
麻麻儿黑形容天快黑了 mA↓mɚ↓↑xe↓ 贼眉贼眼儿 tsuei↓mi↓tsuei↓iɚ↓
麻麻儿亮形容天快亮了 mA↓mɚ↓↑liaŋ↓ **副词**
慢悠悠儿 man↓iəu↑iɚ↑↑ 差点儿 tsʰA↑tiɚ↓
青幽幽儿 tɕʰin↑iəu↑iɚ↑↑ 有点儿 iəu↓tiɚ↓
软绵绵儿 zuan↓miɛn↓miɚ↓↑↑ 当面儿 taŋ↑miɚ↓
松捞捞儿 soŋ↑lau↑lɚ↑↑ 争点儿差点 tsen↑tiɚ↓
酸溜溜儿 suan↑liəu↑liɚ↑↑ 点把点儿 tiɛn↓pA↑tiɚ↓
温嘟嘟儿 uən↑tu↑tuɚ↑↑ 丁点儿一点儿 tin↑tiɚ↓
乌喧喧儿形容乌烟瘴气 vu↑ɕyan↑ɕyɚ↑↑ 隔哈儿等一会儿 ke↓xɚ↑↑
眼鼓鼓儿眼睁睁 iɛn↓ku↓kɚ↓ 每回儿 mei↓xuɚ↓
硬生生儿 ŋen↓sen↑sɚ↑↑ 顺便儿 suan↓piɚ↓
痴眉痴眼儿 tsʰɿ↑mi↓tsʰɿ↑iɚ↓ 头回儿 tʰəu↓xuɚ↓
财眉豁眼儿 tsʰau↓mi↓xo↑iɚ↓ 下盘儿下一次 ɕiA↓pʰɚ↓
鼓眉鼓眼儿 ku↓mi↓ku↓iɚ↓ 先头儿起先 ɕiɛn↑tʰɚ↓
怪眉怪眼儿 kuai↓mi↓kuai↓iɚ↓ 压根儿 iA↓kɚ↑↑
假眉实眼儿 tɕiA↓mi↓sɿ↓iɚ↓ 遇缘儿碰巧 y↓yɚ↓
焦眉烂眼儿 tɕiau↑mi↓lan↓iɚ↓ 专门儿 tsuan↑mɚ↓
狂眉狂眼儿 kʰuaŋ↓mi↓kʰuaŋ↓iɚ↓ 滴滴儿一点儿 ti↑tiɚ↑↑
辣乎儿辣乎儿 lA↓fɚ↑↑lA↓fɚ↑↑ 点点儿 tiɛn↓tiɚ↓
懒眉懒眼儿 lan↓mi↓lan↓iɚ↓ 单单儿 tan↑tɚ↑↑
胖嘟儿胖嘟儿 pʰaŋ↓tuɚ↑↑pʰaŋ↓tuɚ↑↑ 刚刚儿 kaŋ↑kɚ↑↑
斯斯文文儿 sɿ↑sɿ↑uən↓uɚ↓↑ 哈哈儿等一会儿 xA↑xɚ↑↑
天远地远儿 tʰiɛn↑yan↑ti↓yɚ↓ 回回儿 xuei↓xuɚ↑↑
弯弯儿拐拐 uan↑uɚ↑↑kuai↓kuai↓ 慢慢儿 man↓mɚ↓↑

偏偏儿 pʰiɛn˧˥pʰiɚ˧˥

悄悄儿 tɕʰiau˧˥tɕʰiɚ˧˥

轻轻儿 tɕʰin˧˥tɕʰiɚ˧˥

偷偷儿 tʰəu˧˥tʰɚ˧˥

疑问代词

哪点儿_{哪里} lA˨˩˧tiɚ˨˩˧

嘞点儿_{这里} le˧˩˧tiɚ˨˩˧

嘞哈儿_{这时} le˧˩˧xɚ˧˥

那哈儿_{那时} lA˧˩˧xɚ˧˥

那点儿_{那里} lA˧˩˧tiɚ˨˩˧

哪年儿 lA˨˩˧liɚ˧˩˧

数词、量词

一遍儿 pʰiɚ˧˩˧

一顿儿 tuɚ˧˩˧

一班儿 pɚ˧˥

一半儿 pɚ˧˩˧

一瓣儿 pɚ˧˩˧

一本儿 pɚ˨˩˧

一串儿 tsʰuɚ˧˩˧

一点儿 tiɚ˨˩˧

一段儿 tuɚ˧˩˧

一对儿 tuɚ˧˩˧

一份儿 fɚ˧˩˧

一根儿 kɚ˧˥

一管儿 kuɚ˨˩˧

一罐儿 kuɚ˧˩˧

一件儿 tɕiɚ˧˩˧

一卷儿 tɕyɚ˨˩˧

一盘儿 pʰɚ˧˩˧

一盆儿 pʰɚ˧˩˧

一篇儿 pʰiɚ˧˥

一片儿 pʰiɚ˧˩˧

一圈儿 tɕʰyɚ˧˥

一碗儿 uɚ˨˩˧

一阵儿 tsɚ˧˩˧

重庆话儿尾词汇表

泡儿 pʰau˧˩˧le˧˩˧

鸽儿 ko˧˩˧le˧˩˧

狗儿 kəu˨˩˧le˧˩˧

耗儿 xau˧˩˧le˧˩˧

马儿 mA˨˩˧le˧˩˧

猫儿 mau˧˥le˧˩˧

鸟儿 liau˨˩˧le˧˩˧

兔儿 tʰu˧˩˧le˧˩˧

羊儿 iaŋ˨˩˧le˧˩˧

猪儿 tsu˧˥le˧˩˧

豆儿 təu˧˩˧le˧˩˧

胸儿_肉 kA˧˩˧le31

芋儿 y˧˩˧le˧˩˧

裤儿 kʰu˧˩˧le˧˩˧

帽儿 mau˨˩ le˨˩
刀儿 tau˥ le˨˩
锅儿 ko˥ le˨˩
瓢儿 pʰiau˥˩ le˨˩
挖耳儿_挖耳勺_ uA˥ ɚ˥˩ le˨˩
洋马儿_自行车_ iaŋ˨˩ mA˥˩ le˨˩
毽儿 tɕiɛn˨˩ le˨˩
屁儿_屎_ pA˥˩ le˨˩
个儿 ko˨˩ le˨˩
茧疤儿 tɕiɛn˥˩ pA˥ le˨˩
矮儿 ŋai˥˩ le˨˩
干猴儿_干瘦的人_ kan˥ xəu˥˩ le˨˩

告（教）化儿_乞丐_ kau˨˩ xuʌ˥ le˨˩
哈儿 xA˥˩ le˨˩
丘儿_伙计_ tɕʰiəu˥ le˨˩
偷儿 tʰəu˥ le˨˩
崽儿 tsai˥˩ le˨˩
妹儿 mei˨˩ le˨˩
妹娃儿 mei˨˩ uA˥˩ le˨˩
娃儿 uA˥˩ le˨˩
幺儿 iau˥ le˨˩
龟儿_秽语_ kuei˥ le˨˩
一哈儿_一会儿_ i˥˩ xA˥ le˨˩

图书在版编目（CIP）数据

语言历史论丛．第十九辑/四川师范大学文学院编．
—成都：巴蜀书社，2023.11
ISBN 978-7-5531-2119-2

Ⅰ．①语… Ⅱ．①四… Ⅲ．①语言学–文集 Ⅳ．
①H0-53

中国国家版本馆 CIP 数据核字（2023）第 229914 号

语言历史论丛（第十九辑）　　四川师范大学文学院　编

责任编辑	马　兰
出　　版	巴蜀书社
	成都市锦江区三色路 238 号新华之星 A 座 36 层　邮编 610023
	总编室电话：（028）86361843
网　　址	www.bsbook.com
发　　行	巴蜀书社
	发行科电话：（028）86361852
经　　销	新华书店
印　　刷	四川宏丰印务有限公司
	电话：（028）85726655　13689082673
版　　次	2023 年 12 月第 1 版
印　　次	2023 年 12 月第 1 次印刷
成品尺寸	203mm×140mm
印　　张	7.75
字　　数	200 千字
书　　号	ISBN 978-7-5531-2119-2
定　　价	32.00 元

本书如有印装质量问题，请与印刷厂联系调换